코로나19와
긴급재난지원금의 영향

취약계층을 중심으로

코로나19와 긴급재난지원금의 영향: 취약계층을 중심으로

This Edition was published by Jipmoondang in 2023, Seoul, Korea.

478
아산재단 연구총서

재난적 위기 시대의 복지

코로나19와 긴급재난지원금의 영향

취약계층을 중심으로

남재현

집문당

남재현(南在炫) 대구대학교 사회복지학과 졸업
경북대학교 사회복지학과 일반대학원 졸업
워싱턴 대학교 사회복지대학원 졸업(M.S.W.)
컬럼비아대학교 사회복지대학원 졸업(Ph.D.)
현재 부산대학교 사회복지학과 부교수

아산재단 연구총서 478

재난적 위기 시대의 복지

코로나19와 긴급재난지원금의 영향

취약계층을 중심으로

2023년 2월 10일 1판 1쇄

저자 | 남재현
발행인 | 임동규
발행처 | **(주)집문당**
등록 | 1971. 3. 23. 제2012-000069호
주소 | 03134 서울시 종로구 돈화문로 82, 5층
전화 | +82-1811-7567
이메일 | sale@jipmoon.com
홈페이지 | www.jipmoon.com

ISBN 978-89-303-1942-3 94330
978-89-303-1500-5(세트)

가격 19,000원

머리말

4차 산업 혁명 시대를 맞이하여 한껏 부풀어 있던 우리는 2020년 2월 창궐한 코로나19에 당혹감을 감출 수 없었다. 우리가 고대하던 미래는 지금과 같은 암울한 감염병의 시대가 아니었다. 한편, 아이러니하게도, 코로나로 인하여 우리가 상상하던 미래를 앞당겨 살게 되었다. 어렸을 적 한 번쯤은 등교하지 않는 날이 오면 좋겠다는 상상을 해 보았을 것이다. 이러한 바람이 코로나로 인해 현실이 되어버렸다. 시간과 장소에 구애받지 않는 미래사회의 근무환경이라고 여겼던 '온택트'가 코로나로 인하여 보다 빨리 보편화되었다. 코로나로 인한 비대면 활동의 증가는 여가와 소비문화를 바꾸고, 음식 배달과 유통 산업을 급격하게 변화시켰다. 코로나는 큰 충격이며 새로운 위기임은 분명하다. 하지만, 동시에 우리의 삶과 생활 방식에 획기적인 변화를 가져온 것도 사실이다. 이러한 미증유의 사태는 기존의 정책을 변화시키고 새로운 정책을 도입하는 기회로 작용할 수도 있을 것이다.

본 저서는 이러한 위기 상황 속에서 코로나로 인한 충격이 실제로 누구에게 집중되고, 여태껏 경험한 적 없는 대규모의 현금지원 정책이 우리 사회에서 어떤 방향으로 자리 잡아야 하는가에 대한 관심에서 출발하였다. 가구 경제뿐만 아니라 정신건강을 분석에 포함하여 보다 포괄적으로 코로나의 충격을 파악하고, 가구 형태, 종사상 지위, 소득계층 등의 특성에 따라 집단을 구분하여 코로나의 충격이 실제로 취약계층에게 집중되었는지를 살펴보았다. 데이터의 한계로 코로나의 영향을 실증적으로 파악하는 데에 어려움이 있는데, 본 연구에서는 가계동향조사, 가계금융복지조사, 한국복지패널조사 등의 공신력 있는 지정 통계자료들을 함께 활용하여 이러한 제약에서 벗어나고자 노력하였다. 아울러, 여러 차례 지급된 긴급재난지원금이 실제로 의도한 효과가 있는지, 그리고 취약계층에게 어느 정도 도움이 되었는지를 함께 분석하였다. 이 연구를 준비할 당시에는 정형화 데이터뿐만 아니라 비정형화 데이터인 빅데이터를 사용하여 전통적인 통계분석방법과 함께 머신러닝을 활용하여 다양한 실증분석을 할 계획이었다. 하지만, 처음 가졌던 원대한 구상과 달리 시간에 쫓기어 급하게 연구를 마무리하는 지금 이러한 분석을 모두 담아내지 못한 것이 아쉬움으로 남는다.

끝으로 이 저서가 나오기까지 많은 도움을 받았다. 이 자리를 빌려 감사의 마음을 전한다. 아직 코로나에 대한 실증연구가 충분하지 않던 상황에서 본 연구를 시작할 수 있었던 것은 전적으로 아산사회복지재단의 학술연구지원사업 덕분이다. 특히, 연구의 시작 단계부터 마무리까지 모든 지원을 아끼지 않았던 아산사회복지재단에 감사의 마음을 전하고 싶다. 아울러, 연구의 내용을 구체화하고 방향을 잡는 데에 많은 도움을 준 학술연구 자문위원들에게 감사 마음을 전한다. 무엇보다 1년이라는 짧은 기간에 방대한 자료를 수집하고 정리하는 데 힘써준 부산대학교 사회복지학과 송지현 학생에게 깊은 감사를 드린다. 마지막으로 오래 참고 연구에 매진할 수 있도록 독려해 준 사랑하는 아내에게 고마운 마음을 전한다.

2023년 1월 저자 드림

제4장 소득, 소비, 빈곤과 불평등에 미친 영향 분석 / 79

제5장 심리 및 정신건강에 미친 영향 분석 / 117

표/그림 차례

제1장 연구의 배경과 목적

제1장 연구의 배경과 목적

2020년 2월, 우리는 여태껏 경험해본 적 없는 감염병의 시대로 접어들게 된다. 기존 감염병과 전혀 다른 양상을 보인 코로나19(이하 '코로나'라 지칭함)는 빠르고 강력한 전염력으로 우리 모두의 삶에 큰 영향을 주었다. 소위 인류의 역사는 코로나 이전(BC, Before Corona)과 이후(AC, After Corona)의 시대로 나뉠 것이라고 할 만큼 전 세계인에게 끼친 영향은 과히 충격적이었다. 특히, 경제 영역에 큰 충격을 주었는데 2020년 전 세계 경제는 마이너스 성장(−3.5%)을 보였고, 경제선진국들은 더 큰 타격을 받았다(IMF[International Monetary Fund], 2021; OECD[Organization for Economic Cooperation and Development], n.d.). 코로나로 인한 경제 충격을 최소화하기 위하여 미국과 유럽을 비롯한 여러 선진국들은 발빠르게 재정 지원 방안을 내놓았다(Hale et al., 2021; 노대명, 2020). 예를 들어 미국은 2020년 3월 말 2조 2,000억 달러 규모의 경기부양책 법안을 신속히 통과시켜 중소기업의 고용유지, 실업보험 수당, 고소득층을 제외한 대다수 시민에게 현금을 지급하는 등의 경기부양 조치를 시행했다(Chetty et al., 2020; Baker et al., 2020).

코로나로 인한 충격은 한국을 비껴가지 않았다. K-방역이라는 수식어가 붙을 정도로 코로나에 대한 초기대응이 성공적이었음에도 불구하고

장기화된 사회적 거리두기와 고강도 방역 조치로 인해 전반적인 사회·경제 활동이 위축되었고, 전염병 확산과 재유행으로 미래에 대한 불확실성과 불안 심리가 커졌다. 이러한 여파로 한국도 마이너스 경제성장을 기록하게 된다(한국은행, 2021a. 2. 16.; OECD, n.d.). 코로나로 인한 경제 충격에 대처하기 위해 한국 정부도 여러 재정 지원 방안을 신속히 마련했다. 2020년 3월 중순부터 코로나로 인해 1차 피해가 예상되는 업종과 분야를 선정해 지원하고, 고용 위기 및 불안정 노동자와 취약계층에 대한 고용유지 지원금과 소비쿠폰 지급 방안 등을 내놓았다(노대명, 2020). 아울러, 지원대상을 확대하여 2020년 5월에는 전 국민을 대상으로 제1차 긴급재난지원금을 가구원 수에 따라 차등 지급했다(기획재정부, 2020a).

그 이후 추가 지급이 이루어졌는데, 추가로 지원된 긴급재난지원금은 코로나로 인해 직접적인 피해를 받은 집단을 선별하여 지원했다는 점에서 제1차 긴급재난지원금과는 구별된다. 특수형태근로종사자와 영세자영업자 및 무급휴직자들을 위해 2020년 6월부터 코로나 긴급 고용안정지원금이 지급되었고(제2차), 10월부터 매출 감소 소상공인과 자영업자, 고용 취약계층, 생계위기 육아부담가구에 맞춤형 긴급재난지원(제3차)이 이루어졌다(고용노동부, 2021a. 2. 16.; 기획재정부, 2020a). 아울러, 2021년 4월 말부터 특고 및 프리랜서 등의 고용보험 미가입자를 대상으로 제4차 긴급 고용안전지원금이 지급되었고(고용노동부, 2021b. 5. 6.), 9월에는 소득 하위 80%를 대상으로 코로나 상생 국민지원금(제5차)이 지급되었다(행정안전부, 2021a). 가장 최근인 2022년 2월 말부터는 코로나 재확산으로 인한 영업시간 제한 등 고강도 거리두기로 인해 큰 어려움을 겪고 있는 소상공인과 소기업을 위해 방역 및 손실 지원금이 지급되었다(제6차). 현재까지 총 여섯 차례에 걸쳐 긴급재난지원금이 지급되었고, 그 과정에서 정치권과 학계를 비롯하여 여러 분야에서 보편복지와 선별복지에 대한 논쟁이 일어나기도 했다.

이러한 정부의 대규모 현금지원 정책은 코로나로 인한 고용 불안정과 가구 소득 및 소비 감소를 완화하여 전반적인 경기 회복을 목표로 하였다. 하지만, 긴급재난지원금은 기존의 사회보장정책과는 기본적으로 다른 형태의 재정 정책이기 때문에 사회적 당위성에 대한 통일된 합의를 이끌어 내는 것이 쉽지 않고, 이미 지급된 지원금의 효과도 제대로 파악되지 않은 상태에서 추가 지원에 대한 논의는 정치(精緻)한 분석에 기반한 것이 아니라 정치적 판단과 행정적 편의에 의해 결정된 것으로 비춰질 수 있다. 따라서 코로나가 가구 경제에게 미친 충격을 면밀히 파악하고, 긴급재난지원금이 이러한 충격을 줄이는 데에 어떤 역할을 했는지에 대한 실증적 근거를 확보하는 것이 필요하다.

하지만, 데이터의 제약으로 인해 현재까지 코로나와 긴급재난지원금의 사회경제적 영향을 실증적으로 분석한 국내 연구는 부족하며, 특히 취약계층을 고려한 연구가 미흡한 실정이다. 따라서 본 연구에서는 대표성 있는 지정통계 데이터[1])를 활용하여 코로나와 긴급재난지원금의 사회경제적 영향을 다각도로 파악하고자 한다. 코로나가 가구 경제와 가구주의

---

1) 지정통계는 중앙행정기관이나 지방자치단체의 주요 인구사회 및 경제 정책을 수립하고 평가하는 데에 널리 활용되는 자료 중 통계청장이 지정하여 고시하는 통계를 지칭한다 (통계청, n.d.).

정신건강에 미친 전반적인 영향을 분석하고 코로나의 충격을 완화하는 데에 긴급재난지원금이 효과적이었는지를 분석한다. 이를 통하여 추후 다양한 형태의 감염병 및 경제위기가 발생할 경우 근거 자료로 사용하고자 한다. 특히, 코로나와 같은 재난 사태는 언제라도 다시 발생할 수 있다는 보건 · 의료 전문가들의 경고에 비추어 볼 때 보편적인 사회보장제도를 확충하는 한편 국가적 재난 상황에서 신속히 피해 계층을 파악하여 효과적인 지원을 제공할 수 있는 사회보장체계를 설계하는 작업이 요구된다. 더욱이, 긴급재난지원금과 같이 시의성이 요구되며 전 국민 모두에게 상당한 경제적, 정치적 영향을 주는 정책에 대해서는 행정부의 편의와 정치적인 판단이 아니라 실증적인 근거를 바탕으로 설계될 필요가 있다. 이를 통하여 긴급재난지원금과 같은 대규모의 현금지원 정책이 한국 사회에서 어떤 방향으로 자리 잡아야 하는가에 대한 논의가 필요하다.

이러한 문제의식 아래 본 연구에서 수행하고자 하는 과업은 다음과 같다. 첫째, 2020년 2월부터 국내에서 창궐한 코로나의 전반적인 충격과 취약계층에게 미친 영향을 분석한다. 둘째, 중앙정부 및 지방자치단체에서 지급한 코로나 관련 긴급재난지원금의 전반적인 효과를 평가한다. 현재까지 총 여섯 차례에 걸쳐 긴급재난지원금이 지급되었는데, 제1차 지원금은 보편적으로 지급된 반면 제2-6차 지원금은 선별적으로 지급되었다는 점에서 대비가 된다. 따라서 이들의 영향을 면밀하게 분석하여 평가할 필요가 요구되며, 취약계층에게 미친 영향을 구분할 필요가 있다. 아울러, 여러 차례에 걸쳐 제공된 긴급재난지원금이 실제 사회구성원들의 경제적 욕구를 충족시키는 데에 도움이 되었는지에 대해서 평가를 한다. 마지막으로 코로나의 충격은 경제적인 차원에만 국한된 것이 아니라 심리 사회적인 측면을 포함하여 사람들의 고립감과 미래에 대한 불안감을 키웠다. 이러한 점을 고려하여, 분석 범위를 확장하여 정신건강 영역까지 분석에 포함하였다.

코로나와 같은 재난 상황에서는 대체로 취약계층에게 위험이 집중되는 경향이 있다. 통상적으로는 인구학적 특성에 따라 근로 능력이 없거나 부족한 계층을 일차적인 보호가 필요한 대상으로 간주하는데, 여기에는 아동, 장애인, 노인 등이 포함된다. 아울러, 코로나로 인해 한국의 사회보장정책의 민낯이 드러났다고 볼 수 있는데, 전통적인 취약계층 이외에 중산층도 코로나의 충격에 취약한 것으로 나타났다. 즉 기존의 소득보장제도에서는 그 대상으로 고려하지 않았던 청년층, 중장년층, 자영업자 및 예술인을 비롯한 특수고용종사자들이 코로나 팬데믹과 함께 새로운 위험집단으로 부상했다. 현 상태의 소득보장제도 체제하에서는 경제위기가 닥쳤을 때 '더 자주 더 큰 위험'에 노출되는 사람들을 포괄하지 못하고 있는데, 특히, 비정규직 노동자나 특수형태고용 종사자, 그리고 청년 및 고령층 실업자들이 사회보장에서 배제되어 왔다(진재문 외, 2021). 따라서 전통적 취약집단과 함께 새롭게 부각되는 취약집단인 소위 신위험집단을 함께 분석 대상으로 포함했다.

본 저서의 구성은 다음과 같다. 먼저 2장에서는 긴급재난지원금에 대한 소개를 한다. 긴급재난지원금의 도입 배경, 개념 정의 및 법적 근거, 철학적 성격 규명 및 차수별 긴급재난지원금의 현황과 특징을 소개한다. 아울러, 코로나의 충격과 주요국들이 어떻게 코로나에 대응했는지에 대한 문헌 고찰을 한다. 코로나 팬데믹이 세계 경제에 미친 영향을 확인하고, 미국, 일본, 독일, 영국에 주목하여 이들의 대응을 살펴본다. 3장에서 5장까지는 지정통계 데이터를 활용하여 실증 근거를 도출한다. 3장에서는 가계금융복지조사를 활용하여 소득, 자산, 부채에 중점을 두고 분석하고, 4장에서는 가계동향조사를 사용하여, 소득, 소비, 빈곤, 불평등에 초점을 둔다. 5장에서는 정신건강에 중점을 두고 우울, 자아존중감, 가족관계 만족도를 중심으로 분석한다. 마지막으로 6장에서는 이러한 결과를 토대로 결론을 짓고 관련 논의를 진행한다.

제2장 긴급재난지원금 개관

제2장 긴급재난지원금 개관

1. 도입 배경

전 세계적으로 코로나가 급속히 확산되는 가운데, 일부 국가에서는 고용과 소득 충격으로부터 국민들을 보호하기 위한 재정 정책의 일환으로 보편적 또는 준보편적 이전급여(Universal or Near-universal transfers)에 큰 관심을 보였다(Prady, 2020). 그 동안 겪어보지 못한 미증유의 국가 위기 상황에서 긴급하게 대규모 재정을 투입하여 국민의 생활을 안정시키고, 경기를 다시 활성화시키고자 학계를 중심으로 2020년 3월 중순을 전후하여 본격적인 논의가 시작하였다. 이러한 재정 정책은 역사적으로 보더라도 그 전례를 찾아보기 어려운 만큼 대규모 수준이었음에도 불구하고 이러한 아이디어는 상당한 설득력을 얻었다. 하지만, 전통적으로 코로나와 같은 경제위기가 발생했을 때 사회적 위험에 직면한 경제 행위자들의 소득 변동성을 줄이고 경제 충격 흡수에 효과적인 것은 실업 보험(또는 실업수당)[1]이었다(최한수, 2020). 유럽의 주요국들은 전 국민을 대상으로 일정액의 현금을 지급하는 대신 실업보험 지급 기준을 완화하여

---

1) 우리나라의 경우 고용보험으로 불리어진다.

실업수당을 강화하는 동시에 직접적으로 피해를 입은 소상공인에게는 상당한 수준의 현금 지원을 제공하는 방식을 취하였다(노대명, 2020). 보편적 사회보장제도가 이미 잘 갖추진 유럽의 국가들은 전체를 대상으로 지원하기보다는 코로나19로 직접적인 타격을 받은 대상을 선별하여 재정지원을 하는 것이 보다 효율적이었기 때문이다(노대명, 2020).

이와 달리 미국을 비롯한 홍콩, 싱가폴, 일본 등의 국가에서는 코로나19로 인한 경제위기에 대한 초기대응으로 대규모의 현금 급여를 제공하였다(노대명, 2020; Prady, 2020). 적용 범위와 급여 수준은 국가별로 상이하였지만 주된 목적은 코로나로 소득감소를 경험한 가구에 식품, 연료, 주택 및 임대료, 의료비, 교통비, 공과금 등과 같은 필수 지출을 일부 충당할 수 있도록 일시적인 지원을 제공하는 것이었다(Prady, 2020). 보편적 급여와 선별적 급여에 대한 논쟁은 잠시 미루어두더라도, 코로나로 인한 경제위기의 특성을 고려할 때 전 국민에게 현금 급여를 제공하는 것은 직접적인 피해를 입은 대상을 보호하는 데 효과적이지도 효율적이지도 않다는 견해(최한수, 2020; 노대명, 2020)와 저소득층의 빈곤과 경제적 어려움을 줄이는 데에 도움이 된다는 연구(남재현 · 이래혁, 2021; 이승호 · 홍민기, 2021)로 나뉜다. 전자의 견해에 따르면 현재의 경제위기 상황에서는 실업보험의 기능을 강화하는 한편 선별적 형태로 지원하는 방안이 효과적이다(최한수, 2020).

그럼에도 불구하고 한국을 포함한 일부 국가는 코로나에 대한 초기 대응책으로 대규모 현금을 지원하는 방식으로 재정 정책을 펼쳤다. 이러한 결정에는 정치, 사회, 경제 및 여러 요인들이 복합적으로 작용한 결과이지만 기본적으로는 복지국가의 역할, 즉 사회보장제도와 관련이 있다. 이와 같은 경제 위기가 발생 했을 때 완충제 역할을 담당하는 사회보장제도, 특히 고용안전망이 보다 포괄적이고 촘촘하게 잘 갖추어져 있었더라면 우리도 유럽 국가들이 취한 방식으로 초기 대응을 할 수 있었을 것이다(최한수, 2020). 그렇지만 대규모 현금 지원책을 단행할 수밖에 없었던 근본적인 원인 중 하나는 정확한 소득 파악이 어려웠기 때문이다. 재난지원금의 당초 계획은 선별적으로 지원하는 것이었고, 건강보험료를 기준으로 소득 및 자산의 기준선을 설정하고자 했다. 재난지원금 도입 논의 시 가구형태(1인 가구 및 맞벌이 가구)와 가입유형(지역가입자와 직장가입자) 등에 따른 형평성 논란이 제기되기도 했으나, 이보다 더 근본적인 문제는 현재의 소득 상황과 가계가 당면한 현실을 전혀 반영하지 못한다는 것이다. 건강보험료를 포함한 사회보험 프로그램은 통상적으로 연간 소득 또는 지난해(1년) 소득을 기준으로 보험료를 책정하게 된다. 구체적으로 지역가입자와 직장가입자로 구분이 되는데, 지역가입자의 경우 매년 5월 종합신고세를 기준으로 11월에 보험료가 책정되므로 2018년의 소득/재산이 기준으로 잡히게 되는 문제가 발생한다. 직장가입자의 경우도 통상적으로 연간 한 차례의 소득 신고를 하기 때문 2019년 3월 보험료가 기준이 되는 문제가 발생한다. 즉, 현 상태를 제대로 반영하지 못한 기준을 토대로 급여 대상자를 선별하기 때문에 문제가 발생한다.

코로나로 인한 경제적 어려움에 대한 대처는 시의성이 요구되는 일이었기에 지난해 또는 연간 소득을 토대로 대상자 선정 및 급여 수준을 정하는 데에는 상당한 무리가 있었다. 즉, 코로나로 인해 현재 어려움에 직면한 사람들을 구별하여 지원하기 위해서는 주간 또는 월별 소득 정보가 필요한데 현실적으로 가능한 정보는 연간 또는 지난해의 정보였기 때문에 코로나로 인해 직접적인 충격을 받은 대상을 정확히 분별하는 데에 어려움을 겪었다(남재현 · 이래혁, 2020). 코로나와 같은 사건이 발생했을 때 어떤 집단에서 어떤 욕구가 있는지 신속하게 파악하고 이들을 위한 적절한 지원방안을 마련하기 위해서는 정확한 소득정보가 확보되어야 한다. 그러나 이번 코로나 사태로 여실히 드러났듯이 우리나라의 조세 관련 데이터베이스가 산재해 있을 뿐 아니라 소득을 신속하고 정확하게 파악하는 데에 기존 데이터에 여러 한계가 있는 것으로 확인되었다(여유진 외, 2021).

이에 더하여, 한국경제 구조의 특성, 이중노동시장 구조, 외국의 선례와 국제기구의 재난지원금 활용의 유용성, 그리고 제1차 재난지원금이 지원될 당시 상황, 즉 코로나의 초기 공포와 사회 · 경제적 충격이 최고조였던 상황 등이 복합적으로 작용하여 보편적 형태의 재난지원금이 도입되는 데에 중요한 역할을 하였다(여유진 외, 2021). 아울러, 기본소득 논쟁 또한 보편적 형태의 대규모 현금 급여가 제공되는 데 한몫했다. 2000년대 중반부터 학계를 중심으로 시작된 기본소득 논의는 2017년 대선을 전후해서 정계로까지 확대되면서 가시화되었다(여유진 외, 2021). 4차 산업혁명시대의 도래와 함께 이중노동시장 구조의 심화, 플랫폼 노동자를 비롯하여 특수형태 고용종사자, 영세자영업자, 청년 및 일하는 노인 등 수많은 형태의 불안정 노동자 등의 문제는 기존의 사회보험체계로 대처하기에는 역부족이었다. 이런 가운데 코로나로 인해 취약계층뿐만 아니라 중산층과 같이 사회경제적으로 안정적인 위치에 있던 사람들도 경제위기의 충격에 직면함으로써 기존의 소득보장체계에 대한 문제의식이 증폭되었다. 1997년 IMF 외환위기 이후 한국의 소득보장제도는 외형상으로는 상당히 진일보한 면이 있지만 코로나로 인한 재난적 상황에서는 제대로 된 역할을 하지 못했다는 것이 지배적이다(진재문 외, 2021). 양적 확대와 질적 개선에도 불구하고 코로나로 인한 경제위기에 충분히 대응하지 못하였으며, 특히 제도 간 연계 부재로 인해 새로운 위험군을 포괄하지 못하는 사각지대문제가 여실히 드러났다(김태완, 2021; 진재문 외, 2021). 이러한 가운데, 기본소득은 기존의 소득보장체계를 대처하는 대안으로 부각되었다. 그 실행에 있어 기본소득 찬성자들 사이에서도 일치된 의견을 보이지 않았지만, 새로운 소득보장제도의 대안 또는 보완제로서 기본소득은 보편복지에 대한 국민들의 태도 변화와 사회복지에 대한 전반적인 인식을 전환하는 계기가 되었다. 코로나 팬데믹 이전부터 꾸준히 논쟁이 되었던 기본소득은 선별적 복지와 보편적 복지에 대해 우리 국민들이 어느 정도 학습하고 고민할 수 있는 기회를 제공했고, 이러한 경험은 전 국민을 대상으로 한 보편적 형태의 재난지원금 논의와 도입을 비교적 용이하도록 만들었다(여유진 외, 2021).

2. 개념 정의 및 법적 근거

긴급재난지원금 도입 배경과 함께 명확히 할 점은 긴급재난지원금의 개념을 규정하는 일이다. 온라인/오프라인 언론 매체 및 뉴스 등을 통해서 긴급재난지원금이 기본소득, 재난기본금, 기본재난소득 등으로 종종 소개되는 것을 보았을 것이다. 또한 지역에 따라서는 재난기본소득으로도 불리기도 하였다. 코로나 팬데믹 상황에서 이러한 용어들이 언론을 통해 무분별하게 사용됨으로써 긴급재난지원금이 기본소득과 서로 비슷하거나 유사한 개념으로 오해되어 혼란을 초래했으며, 정책의 본질을 파악하는 데 어려움을 주기도 했다(노호창 · 김영진, 2021). 하지만, 이들은 기본적으로 구별이 되는 개념이다. 긴급재난지원금은 근래에 등장한 용어로 아직 법적 개념으로 명확히 정착이 되지 않은 상태이다. 이와 달리 기본소득은 국제네트워크인 기본소득지구네트워크(Basic Income Earth Network, 약칭 BIEN)를 통해 체계적으로 그 개념이 정립되었다. 기본소득은 자산조사나 근로 요구 없이 모든 사람에게 무조건적으로 지급되는 주기적인 현금으로 정의된다(김교성 외, 2018). 기본소득 주요 원칙은 보편성, 무조건성, 개별성, 충분성, 정기성, 현금성 등(김교성 외, 2018)이며 이들이 의미하는 바는 다음과 같다.

- 보편성은 기본소득의 가장 핵심적인 원칙으로 시민권에 기초하여 자산조사 없이 모든 시민에게 지급되어야 함을 의미한다.
- 무조건성은 노동이나 기여를 조건으로 하지 않고 소득으로부터 독립되어 결정되어야 함을 의미하는데, 노동으로부터 자유라는 기본소득의 이념을 반영한 원칙이다.
- 개별성은 가구가 아닌 개인 단위로 지급이 이루어져야 함을 의미한다.
- 충분성은 대상자의 기본적 욕구를 충족시키고 실질적 자유를 실현할

수 있을 정도로 지급되어야 함을 의미한다.

- 정기성은 월 단위 또는 주, 연, 분기 등 정기적으로 생애 전 기간 동안 지급되어야 함을 의미한다.
- 현금 지급은 시민들 스스로 소비와 투자의 내용을 결정하여 개인의 선택권을 최대화할 수 있도록 현금 지급을 원칙으로 급여를 제공하는 것을 의미한다.

지금까지 경험해보지 못한 감염병 상황에서 한국 정부는 방역과 경제 회복이라는 두 마리 토끼를 동시에 잡기 위해 특별한 조건 없이 전 국민을 대상으로 제1차 긴급재난지원금을 지급하였다. 무조건적(unconditional)이며 보편적(universal)인 현금 급여(cash) 형태로 긴급재난지원금이 지급되었기 때문에 기본소득과 혼동이 될 여지는 있을 수 있다. 긴급재난지원금이 전 국민을 대상으로 자산조사 없이 보편적 급여 형태로 지급된 점과 노동 또는 기여에 대한 조건 없이 현물이 아닌 현금 급여로 지급되었다는 점에서 기본소득의 보편성, 무조건성, 그리고 현금성의 원칙과 겹치는 부분이 있다. 하지만, 불일치하는 원칙들도 있는데, 우선 기본소득의 정기성 원칙과는 상반된다. 코로나 팬데믹이라는 재난 상황에서 급하게 마련된 긴급재난지원금은 체계적으로 준비된 것이 아니라 당면한 문제를 우선적으로 해결하기 위해 사용된 임시수단의 성격이 강하다(진재문 외, 2021). 아울러, 제1차 긴급재난지원금은 가구를 단위로 현금 급여가 지급되었으며, 심각한 경제적 타격을 입은 국민들의 기본적 욕구를 충족시킬 정도로 급여가 충분했는지에 대해서는 여전히 의문이 든다. 미국[2)]과 비교해 볼 때 한국의 긴급재난지원금은 상당히 적은 수준이었다는 것을 알 수 있다.

지금까지 전통처럼 이어져 온 "노동할 수 있는 사람은 모두 노동에 종사하여야 한다"라는 복지국가의 기본적인 운영방식과 근본적으로 다른 접근을 시도한 기본소득은 코로나 팬데믹이라는 미증유의 사태와 조우하면서 2020년 우리 사회에서 가장 큰 화두 거리 중 하나가 되었다. 기본소득을 옹호하는 입장에서는 긴급재난지원금이 보편적 기본소득으로 이어지는 진행 과정 또는 마중물로 받아들이기도 했다(김공회, 2020). 하지만, 앞서 살펴보았듯이 기본소득은 긴급재난지원금과는 여러 측면에서 구분되는 개념이며, 제도적으로 양자는 완전히 다른 것이다.

한편, 긴급재난지원금이 도입되는 과정에서 여러 정책적 논의는 있었지만 법적 근거에 대한 논의는 부족했다. 긴급재난지원금이 지급될 당시 그 내용과 지급요건에 대한 법적 근거가 미비한 상태였기 때문에 권리로 보기 어려운 측면이 있다(노호창 · 김영진, 2021). 그럼에도 불구하고, 헌법 및 현행 법령에서 관련 법적 근거를 찾아 볼 수 있다. 우선, 헌법적 관점에서는 다양한 검토가 가능한데, 헌법 제34조 제1항의 인간다운 생활권과 제119조 제2항의 사회적 시장경제질서와 실질적 평등의 문제 등에서 관련 근거를 찾아볼 수 있다(노호창 · 김영진, 2021). 대한민국헌법 제

---

2) 미국의 경우 전 국민을 대상으로 보편적 형태로 지급된 것이 아니기 때문에 직접적으로 비교하는 데에는 무리가 있음을 밝혀둔다. 하지만, 2021년 9월에 지급된 제5차 긴급재난지원금(소위 국민지원금으로 알려짐)은 선별적으로 지급되었음에도 불구하고 제1차 긴급재난지원금의 지급액과 특별한 차이가 나지 않았다. 이런 점에 비추어 볼 때 한국 정부에서 지급한 재난지원금은 낮은 수준이라고 볼 수 있다.

34조 제1항("모든 국민은 인간다운 생활을 할 권리를 가진다")에서 인간다운 생활을 할 권리에 대하여 명시하고 있다. 이 권리는 인간의 존엄에 상응하는 최소한의 물질적인 삶을 유지하기 위하여 필요한 급부를 요구할 수 있는 권리를 의미하는데, 코로나와 같은 재난적 상황에서 긴급재난지원금과 같은 공적 이전을 통해 일상생활에 필요한 최소한의 재화와 서비스를 구입 가능토록 함으로써 일상생활을 유지할 수 있도록 돕는 것은 인간다운 생활을 실현하는 하나의 방법으로 간주할 수 있을 것이다(노호창 · 김영진, 2021). 또한 헌법 제119조 제2항("국가는 균형 있는 국민경제의 성장 및 안정과 적정한 소득의 분배를 유지하고, 시장의 지배와 경제력의 남용을 방지하며, 경제 주체 간의 조화를 통한 경제의 민주화를 위하여 경제에 관한 규제와 조정을 할 수 있다")에 명시되어 있듯이 실질적 평등과 사회적 시장경제 질서를 위하여 국가가 경제에 관한 규제와 조정을 가할 수 있다(노호창 · 김영진, 2021). 긴급재난지원금과 같은 공적 지출은 실질적 평등을 추구하는 수단으로 사용될 수 있으며 이러한 국가의 역할은 감염병과 같은 경제위기로 인하여 모두가 어려운 시기에 더욱 두드러져야 한다.

제21대 국회 출범 이후 긴급재난지원금과 관련된 법안들이 제출되었으며, 기존의 '재난 및 안전관리 기본법(약칭 재난안전법)'이 몇 차례 개정되면서 「감염병의 예방 및 관리에 관한 법률」에 근거한 감염병을 법상의 사회재난에 포함시켰고, 감염병 등으로 인한 피해가 발생했을 때 지원금을 지급할 수 있는 법률적 근거가 마련되었다(노호창 · 김영진, 2021; 진재문 외, 2021). 그러나, 코로나19와 같은 감염병으로 인한 사회적 재난은 자연재해와 그 성격을 달리하기 때문에 모든 국민을 대상으로 지원하는 것에 대한 법적 근거가 될 수 있는지는 분명하지 않다(노호창 · 김영진, 2021; 진재문 외, 2021). 오히려 코로나 팬데믹과 같은 상황에서 경제적 타격에 더 취약한 빈곤계층을 보호하고 정부의 정책(e.g., 사회적 거리두기 및 방역 지침 등)으로 직접적으로 피해를 입은 소상공인 및 영세자영업자에게 긴급재난지원금의 사용처를 한정시킴으로써 지역사회 소비 활성화 및 경기부양 효과를 의도하는 것으로 이해할 수 있다(노호창 · 김영진, 2021).

한편, 현행 법률인 '긴급재난기부금 모집 및 사용에 관한 특별법(약칭, 긴급재난기부금법)'에서 긴급재난지원금의 목적과 정의에 대한 근거를 찾아볼 수 있다. 이 법에 따르면 긴급재난지원금은 코로나로 인한 고용위기 극복을 지원하고 재원을 효율적으로 활용하는 것을 목적으로 하며, 국가 또는 지방자치단체가 코로나로 인한 국민의 생계 안정과 소비 촉진 등을 위하여 지원하는 금액으로 정의하고 있다. 그러나 이 법에서는 긴급재난지원금의 모집과 사용에 대한 근거를 언급할 뿐 수급 대상과 요건에 대한 규정은 명시하지 않고 있다(노호창 · 김영진, 2021).

지금까지 살펴보았듯이 긴급재난지원금은 법적으로 그 근거가 완비되어 있지 않다. 다만, 감염병으로 인한 재난 시기에 더욱 취약할 수밖에 없는 사회적 약자에 대한 보호와 침체된 경제의 활성화라는 목적을 동시에 추구하고 있다(진재문 외, 2021). 코로나가 발생한 지 2여 년의 시간이 흘렀다. 백신의 보급과 의료 기술의 혁신으로 인해 코로나 감염병 시대가 빨리 종식될 것이라 희망했던 것과 달리 코로나는 여러 변종의 형태로 진화하여 끝없이 퍼지고 있으며, 최근 오미클론 변종까지 유입되어 코로나 확진자는 폭발적으로 증가하고 있다. 2021년 11월부터 '위드 코로나'를 단행하였던 정부는 다시 고강도의 사회적 거리두기를 통해 방역을 강화하는 정책으로 회귀하고 있다. 이러한 추세대로라면 코로나 초기 때와 같은 경기 침체가 재발할 수 있으며, 방역 조치에 따른 N차 재난지원금이 지급될 가능성이 높다. 긴급재난지원금은 코로나 팬데믹이라는 초유의 사태에서 급하게 마련된 재정 정책으로 비체계적이며 법적 근거도 마련되지 않은 임시방편적인 성격이 강하다(진재문 외, 2021). 따라서 긴급재난지원금에 대한 법적 근거와 내용이 완비되어야 하며, 특히 자연 재난과 구별되어 좀 더 포괄적이며 합리적으로 운영될 필요가 있다(진재문 외, 2021).

3. 철학적 논의 및 성격 규명

긴급재난지원금과 같이 대규모 경기부양책(stimulus packages)을 최초로 도입한 국가는 미국으로 알려져 있다. 익히 잘 알려져 있듯이, 1929년 대공황으로 인한 경제위기를 타개하기 위한 방안으로 루즈벨트 행정부(Roosevelt administration)는 뉴딜 프로젝트(제1차 뉴딜, 1933-1934; 제2차 뉴딜, 1935-1936)에 착수했고 대대적인 공적 자금을 투입하게 된다(Center Forward Basics, 2020). 침체된 경기를 부양시키고 일자리를 창출하기 위하여 교량, 도로 및 댐 건설과 같은 대규모의 기반시설 사업에 공적 자금을 투입하여 재정적으로 어려움에 처한 사람들에게 일자리와 현금 급여를 제공하는 동시에 현대화에 필요한 여러 조치들을 시행하였다(Center Forward Basics, 2020). 개인의 자유와 책임을 매우 강조하는 국가인 미국에서 정부가 경제, 보건, 사회 문제에 적극적으로 개입하였다는 점에서 뉴딜 정책은 미국 역사에 있어 파격적인 사건이며, 오늘날 사회보장제도 형성에 중요한 선례가 되었다.

한편, 소위 '헬리콥터 머니' 또는 '현금살포' 형태의 대규모 재정 지원이 처음 등장한 것은 부실 주택담보 대출 문제로 촉발된 2008년 세계금융위기 때부터이다(김태근, 2020). 2008년 세계금융위기 당시 부시 행정부는 경기 침체를 극복하기 위한 방편으로 경기부양법(Economic Stimulus Act)을 시행하였으며, 이 법안에 경기부양지원금(Stimulus Payments or Stimulus Checks)으로 알려진 현금 급여가 포함되었다(김태근, 2020). 현금 급여로 제공된 경기부양지원금의 주요 목적은 소비 진작이며, 이를 통해 경기를 다시 회복시키는 데에 있었다. 2020년 코로나 팬데믹으로 인한 경제 충격에 대응하여 트럼프 행정부는 2조 달러(대략 2,000조 원가량)가량의 재정을 신속히 투입하였는데, 그 것이 코로나바이러스 보조 구호 및 경제보장법(이하, CARES Act: Coronavirus Aid, Relief, and Economic Security Act)이다. CARES는 '소비-고용-정상화'라는 3가지의 정책 목표를 달성하기 위해 '개인(가구)-시장(기업)-공적영역'을 포괄적으로 지원하는 법안으로, 이 중 현금 지원정책인 EIP(Economic Impact Payment)는 2008년 경기부양자금(SP)의 개선된 형태라고 할 수 있다(김태근, 2020). 실업급여 확대 정책과 함께 지급된 EIP는 개인과 가구의 소득을 유지시켜 경제적 안정을 도모하여 궁극적으로는 소비를 진작시키기 위한 정책

수단으로 이용되었다(김태근, 2020).

지금까지 살펴본 바로는 코로나 관련 현금지원금은 기본적으로 경기 침체 시 소비둔화를 방지하기 위한 정책 수단으로 사용되어 온 것으로 파악이 된다. 특히, 코로나 바이러스가 급속하게 확산되는 가운데 미국이 처한 상황을 고려할 때, 이를 방지하기 위한 유일한 대책은 국가 봉쇄였으며, 이러한 조치로 피해를 입은 사람들을 구제하는 데에 우선순위를 둘 수밖에 없었다(김태근, 2020). 이런 측면에서 볼 때 미국에서 이루어진 코로나 관련 재정 정책은 선별적인 성격이 강하다. 하지만, 원칙적으로는 재분배의 수단으로서 보편적 현금 급여가 고려될 때에는 반드시 일회적이거나 일시적일 필요는 없다(Prady, 2020). 현재 우리가 처한 위기 상황에서 벗어나기 위해서는 기존의 소득보장체계의 틀을 뛰어넘어 모든 국민을 포괄하고 충분한 수준으로 보장할 수 있는 세련된 정책적 발상과 과감한 실천이 요구된다(노대명, 2020). 1997년 IMF 외환 위기와 2008년 세계금융위기와 같은 과거의 경험은 우리에게 큰 교훈을 남겼는데, 그 것은 보편적이고 강력한 사회보장제도를 구축하여 경제 충격을 흡수하는 첫 번째 방파제를 만들어야 한다는 것이다(노대명, 2020). 주지하다시피 코로나와 같은 감염병 사태로 경제 위기가 반복될 가능성이 높으며, 각국의 백신 이기주의 사태에서 경험하였듯이 불확실한 위기 상황에서는 선진국이든 아니든 여하를 막론하고 자국 보호 우선주의에 따라 행동한다는 것을 다시금 깨닫게 되었다. 따라서 불확실한 미래의 경제 충격에 대비하여 보다 포괄적이고 탄탄한 사회보장제도를 구축하기 위해 현시스템을 전반적으로 개편하는 일이 시급하게 요구된다.

4. 차수별 긴급재난지원금의 현황과 특징

2020년 5월 전 국민 대상으로 지급된 제1차 긴급재난지원금을 시작으로 최근까지 총 6차례에 걸쳐 긴급재난지원금이 지급되었다. 제1차 긴급재난지원금은 전 국민을 대상으로 지급된 보편적인 급여의 형태였지만, 제2-6차 긴급재난지원금은 코로나19로 인해 직접적인 피해를 받은 집단을 선별하여 지원된 선별적인 급여 형태였다. 여기서는 현재까지 지급된 차수별 긴급재난지원금의 현황과 특징에 대해 개괄적으로 살펴본다.[3)]

1) 제1차 긴급재난지원금

코로나와 정부의 방역 조치에 따른 경기 침체 현상이 가시화되면서 민간부문과 지방자치단체장들을 중심으로 제1차 긴급재난지원금 도입의 필요성이 제기되었다. 2020년 3월 30일 제3차 코로나19 비상경제회의에서 긴급재난지원금의 개괄적인 내용이 발표되었고, 4월 초 정부 산하의 여러 관계부처가 참여한 범정부 TF팀이 구성되어 구체적인 도입 방안이 제시되었다(관계부처합동, 2020a). 계획 초기 지원대상을 소득 하위 70% 이하로 제한하고자 했으나, 소득 파악 문제와 정치권 및 전반적인 여론 등의 영향으로 지급대상을 전 국민으로 확대하게 되었다(기획재정부, 2020b; 남재현 · 이래혁, 2021). 보편적 급여인 제1차 긴급재난지원금은 가구원 수에 따라서 차등적(1인 40만 원, 2인 60만 원, 3인 80만 원, 4인

---

3) 제1차–제6차 긴급재난지원금에 대한 구체적인 내용은 부록을 참고하기 바란다.

이상 100만 원)으로 지급되었는데, 2020년 5월 중순부터 지급되기 시작하여 9월 기준으로 총 2,216만 가구에 14조 2,357억 원의 재원(전체 중 99.9%)이 소요되었다(기획재정부, 2020c; 행정안전부, 2020a).

제1차 긴급재난지원금은 가계의 소비를 활성하고 코로나의 피해가 큰 소상공인들의 손실을 보전하려는 목적으로 지원되었다(김미루 · 오윤해, 2020). 이러한 목적을 달성하기 위하여 긴급재난지원금의 설계에 있어 몇 가지가 고려되었다. 예를 들어, 사용처는 거주 지역(시 · 도) 내 가맹점으로 제한되었고, 사용 기한(지원금 신청일부터 2020년 8월 31일까지)을 한정하였다(행정안전부, 2020b.5.14). 또한, 사용 가능한 업종과 불가능한 업종도 구분하였으며(부록 1 참조), 지급수단도 현금뿐만 아니라 전자바우처 및 지역화폐로도 지급하여 다양한 형태로 구성하였다.

긴급재난지원금이 지급되면서 경직되었던 사회 · 경제적 지표들이 어느 정도 개선되었다. 8개의 카드사 자료를 바탕으로 제1차 긴급재난지원금 지급 전과 후의 매출액 비율과 업종별 금액 사용률을 분석한 자료에 따르면, 카드사와 제휴한 가맹점의 매출액이 지원금 지급 이전(5월 첫 주)과 비교해 21.2%가량 증가했고, 전년 동월과 비교해도 더 높은 증가율(26.7%)을 보였다(행정안전부, 2020c). 또한, 제1차 긴급재난지원금의 정책효과를 분석한 연구들(남재현 · 이래혁, 2021; 이승호 · 홍민기, 2021)에 따르면, 긴급재난지원금이 가구 소득과 지출을 증가시키는 데에 기여한 것으로 나타났다. 이와 같은 결과는 보편적 방식으로 지급된 지원금이 소기의 성과를 어느 정도 달성한 것이라 볼 수 있다. 그러나, 일회적이고 소규모로 지급된 긴급재난지원금이 전반적인 경기 침체를 해소하는 데에는 한계가 있으며, 장기적인 소비동력으로도 이어지지 못하였다.

2) 제2-4차 긴급재난지원금

2020년 8월 중순부터 수도권을 중심으로 코로나의 재확산 위기가 고조되면서, 1차 대유행 때보다 확산 규모가 훨씬 클 것이라는 우려가 제기되었다(보건복지부, 2020a). 정부는 사회적 거리두기 조치를 강화하여 감염 규모를 최소화하고자 하였으나, 코로나 사태와 방역조치가 장기화되면서 내수경제에 부정적 영향(경제성장률 -3.8%, 민간소비 -3.7%)을 미칠 것이라는 전망이 보고되었다(이승석, 2020). 또한, 코로나 상황에서 비필수 · 비재택 · 고대면접촉 일자리의 취업자 수가 대폭 감소했고, 대부분이 취약계층(청년, 여성, 저소득, 저학력 등)인 것으로 나타났다(한국은행, 2020a).

정부는 위축된 소비를 활성화하고 충격이 집중된 고용취약계층의 어려움을 완화할 수 있는 추가적인 지원방안을 마련해야 했다. 특히, 국가의 재정적 여건을 고려해야 하는 상황에서 정부는 재난지원금의 효율성을 높이자는 명목으로 제2차 긴급재난지원금부터는 선별적인 형태로 지급대상을 제한하였다. 그 결과, 대상별로 다양한 종류(현금급여, 융자 · 보증, 서비스 연계 등)의 사업들을 묶어서 제공하는 '맞춤형 긴급재난지원 패키지'가 구성되었다(기획재정부, 2020d). 따라서, 2차 지원금부터는 피해가 집중된 소규모 경제 주체와 고용취약계층을 선별하여 코로나로 인한 민생문제를 해소하고자 하였다(기획재정부, 2020d).

제2차 긴급재난지원금의 예산은 7조 8천억 원으로 편성되었고, 대상자별 맞춤형 지원을 제공하기 위해서 '소상공인 · 중소기업 긴급 피해지원', '긴급 고용안정', '저소득층 긴급 생계지원', '긴급돌봄 지원' 등의 4가지 패키지로 구성되었다(기획재정부, 2020e). 먼저 '소상공인 · 중소기업 긴급 피해지원'은 소상공인과 중소기업의 안정된 사업운영(경영안정, 재기 지원, 유동성 공급)을 지원하는 현금 급여 및 금융지원 사업이 포함되었다. 두 번째로 '긴급 고용안정'은 고용 취약계층의 취업을 지원하는 사업(일상생활 유지, 취업상담, 직업교육, 일자리 연계 등)으로 구성되었다. 세 번째 '긴급 생계지원'은 저소득층의 생활보장 및 일자리 지원사업을 제공하고, 네 번째인 '긴급돌봄 지원'에는 교육기관의 휴교 · 휴업으로 육아부담이 가중된 가구를 직 · 간접적으로 지원하는 사업(아동 돌봄 및 교육비 지원, 휴가 기간 확대, 유연근무제 간접노무비 지원 등) 등이 포함되었다(자세한 내용은 부록 1 참고).

제2차 긴급재난지원금의 제도적 틀은 제3차와 4차 긴급재난지원금에서도 그대로 활용되었다. 세부 사업별 지원대상, 지원범위, 지원수준 등에서 차이가 있을 뿐, 선별적 형태의 지원방식은 사업목적이나 사업구조(패키지형) 및 제도적 특징 대부분이 2차 지원금의 사업형식을 그대로 유지하였다. 제3차 긴급재난지원금은 총 9조 3천억 원의 예산이 책정되었고, '긴급피해지원(5조 6천억 원)', '방역강화(8천억 원)', '맞춤형 지원패키지(2조 9천억 원)' 등의 3가지 패키지로 단순화되었다(부록 1 참고). 지원대상은 코로나 피해가 집중된 소상공인 · 중소기업, 고용 취약계층 약 580만 명이며, 대상자를 기준으로 패키지별 하위 사업이 구분되어 있다. 제3차 긴급재난지원금은 2021년 1월 6일에 사업 공고를 내고, 제2차 긴급재난지원금 수령자를 대상으로 문자 안내를 통해 신청을 받았다. 2021년 1월 11일부터 지급되기 시작하였는데, 불과 두 달 만에 현금성 지원 사업의 96.6%가량이 소요되었다.

제4차 긴급재난지원금의 예산은 19조 5천억 원으로 앞선 제2차와 제3차 긴급재난지원금과 비교하여 훨씬 더 큰 규모로 편성되었다. 구성 패키지는 예산별로 이분화되어 추경예산을 기반으로 편성된 패키지('소상공인 긴급 피해지원', '긴급 고용대책', '방역대책')와 기정예산을 바탕으로 편성된 패키지('소상공인 · 중소기업 지원', '고용지원', '저소득층 · 취약계층 지원')로 총 6가지로 구성되었다(부록 1 참고). 제4차 지원금은 3월 29일부터 지급이 시작되었으며, 일반업종과 특별피해업종을 구분하여 지원액에 차등을 두었다.

제2차-제4차 긴급재난지원금은 1차 때와 달리 선별적 지급구조를 채택했다는 것과 피해 계층을 위한 맞춤형으로 설계되었다는 것이 특징이다. 전 국민에게 일률적으로 제공하는 단일사업에서 여러 형태의 피해 계층을 위해 다양한 사업으로 나누어 피해가 더 큰 사람에게 더 많은 수혜가 돌아가도록 의도하였다. 또한, 특정한 사업은 정책적 목적(취업, 재창업 등)을 효과적으로 달성하기 위해서 수급 조건(교육이수, 취업상담 연계 등)을 부여하기도 했다. 즉, 제2-제4차 긴급재난지원금은 선별적 지급구조의 효율성과 효과성을 최대한 높일 수 있도록 하위 사업들을 구조화하여 피해가 큰 집단에 대한 보장성을 강화하고자 하였다(기획재정부, 2020d).

3) 제5-6차 긴급재난지원금

거듭되는 재유행과 방역 조치의 강화로 국민적 피로감이 상당한 상황에서 청와대와 여당은 30조 원이 넘는 초과 세수를 바탕으로 제5차 긴급재난지원금에 대한 논의를 시작하였다(매일경제, 2021.06.06). 그동안 코로나 사태를 진정시키기 위한 방역 대책과 경제적 피해를 극복하기 위한 대응책을 마련하는 데 발목을 잡았던 국가부채의 부담을 초과 세수가 줄여주었다. 따라서 정부와 여당은 추가적인 국채발행 없이 20~30조 원 규모의 추경안 편성을 논의할 수 있었다(매일경제, 2021.06.06). 또한, 2021년 6월 28일에 열린 '제2차 확대경제장관회의'에서 문재인 대통령이 2차 추경의 신속한 추진을 주문하면서 제5차 재난지원금에 대한 논의는 급물살을 타게 되었다(서울파이낸스, 2021.06.28).

제5차 긴급재난지원금의 예산은 34조 9천억 원으로 지금까지 지급된 지원금 중 가장 큰 규모로 책정되었다. 정부는 추경예산을 토대로 '코로나19 피해지원', '백신 · 방역 보강', '고용 및 민생안정 지원', '지역경제 활성화' 등의 총 4가지 패키지를 구성하였다(기획재정부, 2021c). 제5차 긴급재난지원금의 특징은 소규모 경제주체 및 취약계층에 대한 선별적 지원과 함께 보다 많은 사람들(국민 대부분)이 급여의 대상으로 고려된 것이다. 또한, 준보편적 급여인 '코로나 상생 국민지원금'은 제1차 긴급재난지원금과 유사한 사용 조건(사용처 · 사용지역 · 사용기간)을 정하여 특정 업종에 대한 소비 진작 효과가 단기간에 나타날 수 있도록 유도하였다. 행정안전부 자료에 따르면 2021년 12월 3일을 기준으로 4,303만 명

(예정 대상의 98.7%)에게 10조 7,565억 원이 지급된 것으로 나타났다(행정안전부, 2021b).

한편, 2021년 12월 초에 델타 변종보다 2배 이상 전파력이 높은 오미크론 변이체의 감염이 보고되면서 확진자 수는 급증하기 시작하였다. 실제로 12월 1일을 기준으로 주간 신규 확진자 수는 4천 명대였으나 2022년 1월 중순에는 1만 명을 돌파했다. 정부는 오미크론의 확산에 대응하고자 2021년 11월 1일부터 시행되어온 '단계적 일상회복' 조치를 12월 3일부로 잠정 중단했고, 사회적 거리두기와 집합금지, 영업 및 시설 내 인원 제한 등의 방역방침을 다시 강화했다(국회예산정책처, 2022). 아울러, 12월 23일 정부는 피해가 집중된 소상공인과 자영업자(320만 명)를 지원하고자 3조 2천억 원 규모의 '소상공인 방역지원금' 지급계획(방역지원금 100만 원 지급)을 발표였고, 이후 27일부터 신청을 받아 2022년 2월까지 총 5차례에 걸쳐 순차적 지원이 이루어져 2월 21일을 기준으로 304.6만 개의 사업체에 3조 464억 원(전체 예산의 95.2%) 규모의 방역지원금이 지급되었다(중소벤처기업부, 2022).

위와 같이 코로나의 재유행과 강화된 방역 조치가 이행되고 있는 상황에서 안정된 회복세를 보이던 경제적 여건이 다시 위축될 것이라는 부정적 전망이 보고되었다. 기획재정부는 2022년 1월 21일 제1회 추가경정예산안을 발표하였고, 2월 중순 국회에서 의결되어 3월부터 제6차 재난지원금 지급되었다. 6차 지원금의 주된 대상은 피해가 집중된 계층(소상공인, 사각지대의 피해업종, 고용취약계층 등)이며, 피해 계층에 대한 맞춤형 지원과 방역망 보강이 주된 목적이라는 점에서 앞서 제공된 2차-4차까지의 긴급재난지원금과 유사한 형태였다(기획재정부, 2022). 예산은 16조 9천억 원(국채 11.3조 원, 기금재원 3.3조 원, 특별회계 세계잉여금 2.3조 원)으로 소상공인 및 취약계층에 대한 지원 패키지인 '소상공인 및 사각지대 지원(13조 5천억 원)'과 오미크론의 본격적인 확산에 대응하기 위한 '방역 지원(2조 8천억 원)' 패키지 및 '예비비(6천억 원)'로 구성되었다(기획재정부, 2022). 제6차 긴급재난지원금은 피해 계층을 선별하여 지원을 집중했다는 점에서 기존에 제공되었던 선별적 재난지원금(2차 · 3차 · 4차)의 제도적 방향성을 그대로 계승하였고, '손실보상법'개정안이 시행됨에 따라 손실이 발생한 소규모 경제주체들의 보상이 체계적으로 정비되면서 6차 지원 패키지의 구성사업은 이전(2차 · 3차 · 4차 지원)과 비교해 훨씬 간소화되었다는 특징이 있다.

표 2-1 차수별 긴급재난지원금의 현황 및 특징

구분	지원목적	지원대상	지원내용	지급시기 및 규모
1차 재난지원금	사회적 안전망 보강, 소득 · 생계보장, 소비 진작	전 국민 (2,171만 가구)	ㅇ 긴급재난지원금 -1인 40만 원, 2인 60만 원, 3인 80만 원, 4인 이상 100만 원 (가구원 수별 차등 지급)	2020년 5월 14조 3천억 원
2차 재난지원금	피해계층 중심의 직접적 · 실질적 지원, 선별적 대상에 대한 맞춤형 지원	소상공인 · 소기업(291만 개), 고용 취약계층(70만 명), 미취업 청년(20만 명), 생계위기가구(55만 가구), 육아부담가구(532만 명)	ㅇ 소상공인 경영안정 및 재기지원 -소상공인 새희망자금(업종 및 매출감소 수준에 따라 100~200만 원 지원) -폐업점포 재도전 장려금 50만 원 ㅇ 긴급 고용안정 -근로자 고용유지지원금(특수형태근로종사자 · 프리랜서 50~150만 원) -청년 특별취업지원(만18~34세 청년, 특별 구직지원금 50만 원) ㅇ 저소득층 긴급 생계지원 -위기가구 긴급 생계지원(4인 이상 100만 원) ㅇ 긴급돌봄 지원 -아동 특별돌봄 지원 20만 원	2020년 9월 7조 8천억 원
3차 재난지원금	코로나19 3차 재확산에 따른 긴급지원, 피해계층에 대한 맞춤형 지원	소상공인 · 소기업(280만 개), 고용 취약계층(70만 명), 방문 · 돌봄서비스 종사자(9만 명), 법인택시 기사(5만 명)	ㅇ 긴급피해지원 -소상공인 버팀목 자금(업종 및 매출감소 수준에 100~300만 원 지원) ㅇ 고용 취약계층 소득안정자금 -긴급고용안정지원금(특수형태근로종사자 · 프리랜서 50~100만 원) -방문 · 돌봄서비스 종사자 생계지원금 50만 원 -법인택시 기사 소득안정자금 50만 원 ㅇ 맞춤형 지원 패키지 -폐업소상공인 재도전 · 재취업 등 재기 지원 50만 원	2021년 1월 9조 3천억 원

4차 재난지원금	피해 사각지대 최소화, 피해계층에 대한 맞춤형 지원	소상공인 · 소기업(385만 개), 고용 취약계층(80만 명), 한계근로빈곤층(80만 명), 노점상(4만 명), 생계위기가구 대학생(1만 명), 돌봄서비스 종사자(6만 명), 법인택시 기사(8만 명)	ㅇ 소상공인 등 긴급 피해지원 -버팀목 플러스 자금(업종 및 매출감소 수준에 따라 100~500만 원 지원) ㅇ 고용취약계층 등 피해지원 -고용안정지원금(특수형태근로종사자 · 프리랜서 50~100만 원, 법인택시기사 70만 원, 돌봄서비스 종사자 50만 원) -생계지원금(한계근로빈곤층 50만 원, 노점상 50만 원, 생계위기가구 대학생 5개월간 250만 원)	2021년 3월 14조 9천억 원
5차 재난지원금	코로나19 및 방역조치 장기화에 따른 피해지원, 소비증대, 민생경제 여건 개선, 전 국민 체감 가능한 포용적 회복	소득하위 80% 국민(1,994만 가구), 소상공인 · 소기업(195만 개)	ㅇ 코로나19 피해지원 3종 패키지 -코로나 상생국민지원금(1인당 25만 원 지급, 4인 가구 기준 100만 원) -저소득층 소비플러스 자금(저소득층 1인당 10만 원 추가 -상생소비지원금(2분기 월평균 카드사용액 대비 3% 초과 사용자에 대한 10% 캐시백 환급, 최대 30만 원) -소상공인 희망회복자금(업종 및 매출감소 수준에 따라 50~900만 원 지원)	2021년 9월 34조 9천억 원
6차 재난지원금	오미크론 확산과 사회적 거리 두기 방침 재실행으로 매출이 감소한 소상공인 · 중소기업 지원, 고용안정, 사각지대 보완	소상공인 · 소기업(371만 개), 고용 취약계층(68만 명), 법인택시 · 버스 기사(16만 2천 명), 문화예술인(4만 명), 돌봄서비스 제공자(37만 명)	ㅇ 소상공인 지원 -소상공인 손실보전금(손실보상 보정률 80% → 90%, 하한액 10 → 50만 원으로 인상, 업체별 매출액 규모 및 매출감소율에 따라 600~800만 원 지급) -방역지원금(매출감소 여부에 따라 300만 원 지급) ㅇ 취약계층 등 사각지대 보완 -고용안정지원금(특수형태근로종사자 · 프리랜서 50~100만 원) -소득안정자금(법인택시 및 전세버스 · 비공영제 노선버스 기사 100만 원) -활동지원금(문화예술인 100만 원) -돌봄서비스 제공자(요양보호사, 장애인 돌보미 등 20~50만 원)	2022년 2월 16조 9천억 원

자료: 김준헌 · 박인환(2021)의 자료와 기획재정부 자료를 바탕으로 작성.

5. 주요국의 코로나19 대책과 특징

코로나 바이러스의 유입에서부터 대규모 확산에 이르기까지, 코로나의 전개 과정은 모든 국가에서 유사한 패턴을 보였다. 코로나의 확산세가 거세지면서 국가별로 시기적인 차이는 있으나 대부분의 국가에서 봉쇄 및 모임 제한 조치를 취하였다. 그러나 코로나에 대한 유사한 대응 전략을 구사했다 하더라도 대규모 전염병의 파급력은 국가별로 차이를 보였다. 가령 중앙정부와 주 정부가 협력하여 코로나에 대한 적극적인 봉쇄정책(이동 및 활동 제한, 영업금지 등)을 신속하게 전개한 독일은 다른 유럽 국가들에 비해 상대적으로 피해 규모가 작았다. 반면, 경제선진국으로 알려진 미국, 영국, 일본은 기대와 달리 코로나 발생 초기에 소극적인 대처(외부유입 차단, 검역체계 강화, 위생관리 권고 등)를 했고, 그로 인해 코로나 확진자와 사망자 수가 급증하는 결과를 초래했다.

코로나로 커진 사회불안과 봉쇄조치가 경제와 노동시장에 미친 부정적 영향도 정도의 차이는 있으나 대부분의 국가에서 유사한 양상을 보였다. 예를 들어, 코로나가 본격적으로 확산된 2020년 상반기에는 마이너스 성장세를 보였고, 개별가구의 경제활동 및 소비수준은 상당히 위축되었다. 또한, 고용률과 실업률은 악화되었고 이로 인한 경제적 충격은 교육수준이 낮고 저임금 · 계약직 근로자와 같이 고용불안정성이 높은 취약계층에게 집중되는 경향을 보였다. 따라서 각국 정부는 코로나로 인해 위축된 경제를 활성화하는 동시에 경제적 어려움을 겪고 있는 가구를 지원하기 위해서 다양한 경기부양책을 발표했다.

미국과 일본의 경우 (준)보편적 특징을 가진 경제부흥금을 제공하여 개별가구의 경제적 어려움을 완화하고 소비를 촉진하는 형태로 위축된 경제를 활성화하고자 하였다. 이와 달리, 보편적 사회보장제도가 잘 갖추어진 독일과 영국을 비롯한 유럽국가는 대규모 현금지원금을 지급하는 대신에 기존의 사회보장제도를 확충하고 코로나의 충격이 집중되었던 소규모 경제주체를 선별하여 지원하는 방법을 선택하였다.

미국은 대규모 현금지원금을 제공한 대표적인 나라로 알려져 있다. 초기 안일한 대처로 인해 코로나가 걷잡을 수 없는 속도로 확산된 가운데 연방정부 차원의 봉쇄조치는 불가피한 선택이었다. 하지만, 그에 따른 결과는 생산성 감소와 민간소비의 위축으로 이어져서 미국의 실물경제와 노동시장에 심각한 타격을 주었다. 실제로 2020년 미국은 마이너스 경제성장률(-3.5%)을 보였고, 전년 대비 소비자 지출 수준은 2.7% 감소했다(U.S. Bureau of Labor Statistics[BLS], 2020). 아울러, BLS의 자료에 따르면 2020년 4월 미국의 실업률은 14.7%로 코로나 이전 시기인 2019년 4분기 실업률(3.6%)보다 상당히 악화된 것으로 나타났다. 이러한 경제적 충격으로 미정부는 경기를 회복하기 위한 부양책 마련이 필요했고, '방역정책' 및 '사회적 거리두기'를 유지한 채 경기 회복을 위한 대안이 요구되는 상황이었다.

이러한 상황을 해결하기 위해, 트럼프 행정부는 연방정부 차원의 대규모 재정 투입을 결정했다. 트럼프 행정부는 임기 중 총 5차례의 경기부양책을 편성했는데, 1차와 2차 지원책에 따른 추가경정예산안은 코로나 확산 이전에 편성되었기 때문에 주로 의료적 차원의 지원이나 코로나 검역과 관련된 항목을 중심으로 구성되었다(한국조세재정연구원, 2021). 반면 3-5차 추가경정예산안은 코로나의 가파른 확산 속에서 논의가 이루어졌기 때문에 일반 가구와 중소기업 및 직접적인 피해를 받은 소수 대기업을 대상으로 편성되었다(한국조세재정연구원, 2021). 특히, 3차 지원정책인 '코로나 바이러스 보조구호 및 경제보장법(Coronavirus Aid, Relief, and Economic Security[CARES] Act)'은 코로나가 본격적으로 확산되기 시작한 3월에 편성되어 바로(3월 27일) 발효되었다(Misra, Singh & Zhang, 2021). CARES Act는 트럼프 행정부가 추진한 다섯 차례의 지원정책 중 가장 큰 예산(2.2조 달러)이 투입된 종합경기부양책으로, 일반가구를 대상으로 하는 경제부흥금(recovery rebates)과 실업보험(unemployment insurance) 확대, 중소기업의 고용유지를 위한 급여보호 프로그램(Paycheck Protection Program[PPP]) 도입, 직접적 피해를 입은 소수 대기업에 대한 대출 및 보조금 지원 등의 하위 사업으로 구성되었다(윤성주 · 구윤모, 2021). 이후 발효된 4차와 5차 지원법안들은 코로나의 장기화에 대응하는 차원에서 CARES Act 하위 사업들의 효력을 지속시키기 위한 후속적 조치(예산 증액, 수급 기간 연장, 지원 방법 조정 등)의 성격을 띠었다(김준헌, 2020).

일본은 코로나 초기 섬이라는 지리학적 특성을 고려하여 자국 본토로 유입될 수 있는 감염원을 차단하는 것에 초점을 맞추었다. 코로나 발생 초기에는 적극적인 방역보다는 외부유입 차단 및 검역 강화, 감염자 격리 등 소극적인 대응을 하였는데, 이로 인해 첫 코로나 확진자 발생 이후 급속한 확산으로 이어졌다(최은미, 2021). 이와 같은 상황에서 아베 내각은 외부유입을 차단하는 것에서 점차 감염확산을 완화하는 것에 더 큰 비중을 두기 시작하였다. 하지만, 일본은 방역 조치로 인한 시장경제 위축을 상당히 우려했기 때문에 인구이동 및 사회활동 제한에 있어서 미국이나 유럽과 같이 강력한 봉쇄조치를 취하진 않았다(다카미, 2021). 실제로, 강력한 도시 봉쇄정책을 폈던 미국이나 유럽국가들과 비교할 때 일본의 경제 피해는 상대적으로 낮았다(배준섭, 2021). 그러나, 긴급사태선언 이후 접촉률을 낮추기 위해 실시한 방역조치는 일본의 실물경제를 위축시킬 수밖에 없었다.

일본도 코로나로 인해 침체된 경기를 회복하기 위하여 고용유지와 생계지원, 대외의존도가 높은 산업의 공급망 재구축 등에 지원을 늘리는 한편 중앙은행의 양적완화를 확대하고 기업을 지원하기 위한 특별 대책 등을 강구했다. 일본은 코로나 유입을 대비하는 차원에서 2019년 12월 '종합경제대책(13.2조 엔)'을 책정했고, 2020년 초기(2월과 3월)에 코로나를 대응하기 위한 긴급대책 발표했다. 긴급대책 1탄은 153억 엔 규모로 책정되어 직접적인 피해를 입은 귀국자나 중소기업에 대한 긴급 대응(저이자 대출 및 보증지원), 국내 감염대책 및 미즈기와 대책 강화에 주로 사용되었다(대외경제정책연구원, 2020). 긴급대책 2탄은 2조 엔 규모의 예산안으로 편성되어 기존의 피해 기업(소규모 사업자, 중소기업, 대기업)에 대한 금융과 재정 지원을 대폭 강화하고, 감염확대방지 및 의료제공체제 정비와 각종 긴급조치 등의 내용을 포함했다(대외경제정책연구원, 2020). 추가적으로 국민의 생활 불안정을 완화하기 위해 각종 개인 및 가계 지출(공과금, 사회보험료 등)에 대한 지원 및 유예하는 긴급조치를 발표했다

(대외경제정책연구원, 2020; 최은미, 2021).

코로나의 대규모 확산에 대응하고자 일본 정부는 과감한 재정 투입을 단행하였는데, 2020년 4월 7일에 긴급사태를 선언함과 동시에 '신종코로나바이러스 감염증 긴급경제대책(이하 긴급경제대책)'을 발표하였다(대외경제정책연구원, 2020). 긴급경제대책은 이전에 발표된 종합경제대책(2019년 12월)과 긴급대책(1 · 2탄)의 내용을 포괄하는 정책으로 감염병 확산에 대한 예방조치와 의료체제 정비(백신개발, 검역 및 수용체제 강화 등), 고용 보조 및 사업 지속(고용유지 및 자금조달 대책, 기업 및 가계 지원, 세제조치 등), 민간 경제활동 회복 및 경제구조의 안정성 회복(관광 · 운수업 · 음식업 등 지원, 지역경제 활성화, 공급망 개혁, 공공투자 조기 집행 등) 및 향후 예비비 등으로 구성되었다. 아울러, 일본 국회는 긴급경제대책을 실행하기 위해서 4월 30일 1차 추경안(최종 25조 6,910억 엔)을 통과시켰으며, 연이어 5월 27일 총액 31조 9,114억 엔 규모의 2차 추경예산을 추가로 통과시켰다(박준희, 2020).

2020년 1월 24일 프랑스에서 코로나 확진자가 확인되면서 유럽 내 첫 확진 사례가 보고되었고, 이후 1월 27일 독일 바이에른 주에서 첫 확진자가 확인되었다. 독일 당국은 보건부 산하에 TF팀을 설치하고 2월 말까지 코로나에 대응하기 위해 의료체계(검역, 역학조사, 환자관리 등)를 정비했고, 기저질환자에 대한 마스크 착용을 권장하거나 개인의 위생관리를 권고했다(Buthe, Messerschmidt & Cheng, 2020; Naumann et al., 2020). SARS와 비교해 코로나 바이러스의 위험성이 낮다고 판단한 독일은 위생 및 질병 관리에 관하여 대략적인 가이드라인을 제공했다(OWID, 2020. 6.

30). 그러나 코로나 확진자와 사망자가 급속히 증가함에 따라 독일은 강력한 접촉 제한조치를 잇달아 발표했고, 인접 국가(프랑스, 오스트리아, 스위스, 룩셈부르크, 덴마크 등)와의 국경을 폐쇄하였다(산업통상자원부, 2020). 독일은 3월 18일에 팬데믹을 선언하였고 전국에 걸쳐 잠정적인 휴교령 및 기업의 재택근무 전환, 마스크 의무화, 일시적 외출 제한, 국경봉쇄 강화와 같은 이동제한 및 봉쇄조치를 발표했으며, 3월 22일에는 메르켈 총리와 16개 주의 주지사들은 '사회적 접촉의 제한에 관한 지침'을 확대하기로 합의하였다(서왕진, 2020).

독일도 다른 국가와 마찬가지로 코로나 확산을 방지하기 위해서 단행한 봉쇄 및 접촉 제한 조치로 인해 경기를 침체시키는 결과를 가져왔다. 이에 대한 대응으로 경제대책을 시행하였는데, 1차 경제대책은 3월 26일부터 시행되었다. 1조 유로 이상의 규모로 편성된 제1차는 긴급지원금(Soforthilfe)과 근로시간단축지원제도(Kurzarbeit), 직접적인 타격을 입은 기업에 대한 특별대출 및 긴급 대출과 정부 보증(Bürgschaften) 확대 등을 포함했다(양돈선, 2020; 이승현, 2020). 제2차 경제대책은 2020년 6월에 발표되었는데, 코로나의 충격이 집중되었던 소규모 기업과 자영업자(식당, 숙박, 여행사, 문화 및 스포츠사업 등)에 대한 지원, 일반가구와 취약계층에 대한 보장성 강화 및 아동교육에 대책이 추가되었다.

독일은 코로나의 발생과 함께 즉각적인 대처를 실시하여 전염병의 대규모 확산과 빠른 전파속도를 성공적으로 제어했다는 평가를 받았다. 또한, 전 국민을 대상으로 하는 현금지원금 형태의 경제부흥금을 지급한 미국이나 일본과 달리, 실업 방지 및 고용유지를 위해서 소규모 경제주체들에 대한 보조금 지급과 조세감면 및 사회 전반의 보장성을 강화하는 방안을 선택했다는 점에서 다른 국가들과 구별이 된다.

한편, 영국에서는 2020년 1월 31일에 첫 코로나 확진자가 발견되었고, 2월 6일에는 지역 감염자가 최초로 확인되었다. 2월 10일 전염병 확산을 방지하기 위해 몇몇 의료기관을 격리시설로 지정하고, 확진자의 선별과 격리조치, 지시 불이행에 대한 조치를 담은 「건강보호규정(Health Protection(Coronavirus) Regulations 2020)」을 발표하였다(김은진, 2020). 영국은 3월 중순까지 코로나 확진자와 사망자 수가 점진적으로 증가함에도 국경봉쇄나 이동제한 등 적극적 봉쇄조치를 취하지 않았다. 3월 3일에 보리스 존슨 행정부는 코로나 확산을 완화하는 일련의 자발적 조치들과 사회적 거리두기를 위한 「코로나바이러스 행동 계획(Coronavirus Action Plan)」을 발표하였는데, 여기에도 경제활동이나 공개적 모임을 금지하는 내용은 포함되지 않았다(Department of Health and Social Care, 2020).

보리스 존슨 총리는 '과학적 접근'의 중요성을 강조하며, 다양한 영역의 전문가들이 참여한 과학자 자문그룹(SAGE: Scientific Advisory Group for Emergency)의 의견에 따라 코로나 유행이 본격화된 3월 초에 강력한 봉쇄조치를 취하지 않았다(장선화, 2020). 그러나 보리스 존슨 행정부와 전문가 집단이 예상했던 것과 달리, 코로나19의 확산세는 훨씬 빠르게 영국 전역으로 전파되었는데, 영국의 보건안전국(UK Health Security Agency, UKHSA) 자료에 따르면 2월 말 23명에 불과하던 코로나19 확진자는 3월 14일 천명대로 증가했으며, 3월 말 누적 확진자는 19,606명, 사망자 3,770명으로 급증하였다(UKHSA, 2022). 이에 영국 정부는 코로나의 확산을 지연시키기 위해서 적극적 봉쇄조치를 시행할 수 밖에 없었다. 3월 20일에 교육기관은 선제적으로 휴교령이 내려졌고, 3월 25일에는 코로나에 대응에 관련 권한과 의무에 관한 법률적 근거로 「2020 코로나바이러스법(Coronavirus Act 2020)」이 발표되었다(김은진, 2020). 이로 인해 4월부터 2명 이상의 공적 모임이 금지되었고, 주요 또는 핵심 근로자로 지정되지 않은 근로자는 재택근무를 해야 했으며, 필수 품목(약국, 철물점, 병원, 은행, 식료품점 등)을 제외한 비필수 품목 판매점은 한시적으로 폐쇄되는 등 접촉제한 조치들이 발표되었다(Bronka, Collado & Richiardi, 2020).

봉쇄 및 사회적 거리두기 정책을 도입한 다른 국가들과 마찬가지로 방역과 폐쇄 조치로 인해 영국도 실물경제에 큰 타격을 받았다. 실제로 2020년 2분기 영국의 경제성장률은 전분기 대비 마이너스 성장세(-20%)를 보였고 가계 소비 지출은 22.4% 감소한 것으로 나타났다(PWC, 2020). 아울러 2020년 9월 기준 181,000명의 근로자가 해고되었으며 7월과 9월 사이에 실업률은 4.8%로, 전분기 대비 0.7% 증가했다(PWC, 2020).

이러한 경제적 충격을 완화하고자 영국 정부는 2,200억 파운드(대략 GDP 12%)가 넘는 대규모의 재정을 투입하여 근로자와 기업을 보호하기 위한 고용유지 및 소득 보전 정책을 발표했는데, 코로나로 인한 대규모 실업을 방지하기 위한 고용유지제도(CJRS: Coronavirus Job Retention Schemes), 소규모 경제주체들의 소득감소를 보상하기 위한 자영업자 소득지원제도(SEISS: Self Employment Income Support Scheme)와 보조금 기금제도(GFS: Grant Funding Scheme) 등이었다(Evans, 2021). 아울러, 코로나에 대응하여 통합급여(UC: Universal Credit) 및 장애/질병 수당과 같은 사회보장제도를 개편하기 위한 예산안(70억 파운드 규모)을 통과시키기도 하였다(Machin, 2021). 이를 통해 2020년 4월부터 통합급여의 수급액을 일괄적으로 인상(주당 약 20파운드)하고 수급 요건을 완화하였다. 통합급여 개편 외에도 장애 또는 질병으로 인해 경제 활동이 어려운 사람들이나 가족 구성원을 돌보는 사람을 대상으로 수당을 지급하는 등 기존의 사회보장제도들을 부분적으로 개편하기도 하였다. 이와 같이 영국은 사회보장제도들의 보장성을 강화하여 일반가구뿐만 아니라 취약계층의 소득 손실을 보충하여 코로나로 인한 경제적 충격을 최소화하고자 하였다(Brewer & Gardiner, 2020).

제3장 자산과 저축에 미친 영향 분석

제3장 자산과 저축에 미친 영향 분석

코로나는 거시경제뿐만 아니라 가구 경제를 상당히 위축시켰다. 이러한 경제적 충격을 줄이기 위해 여러 차례에 걸쳐 긴급재난지원금이 지급되었으며, 가구의 재정적 제약을 해소하고 소비 진작에 기여한 것으로 나타났다. 하지만, 긴급재난지원금의 소비 진작 효과가 그리 크지 않다는 연구도 있는데, 지원금의 40%가량만이 소비에 사용되고, 나머지는 저축과 부채를 갚는 데에 사용되었다는 보고가 있다(Coibion et al., 2020). 따라서, 여기에서는 자산(부채를 포함하여)과 저축의 변화를 살펴보고, 코로나와 긴급재난지원금이 자산과 저축에 어떤 영향을 주었는지를 살펴본다.

1. 분석 방법과 데이터

1) 분석 자료와 연구 대상

가구의 자산과 저축을 측정하는 국내 자료는 가계금융복지조사가 대표적이다. 소득을 비롯한 자산, 부채, 저축 등의 가구 경제를 파악하여 사회 및 금융 관련 정책과 연구에 활용하는 지정통계로 활용되고 있다. 가계동향조사와 함께 가계금융복지조사는 현재 한국의 소득분배지표 작성의 기준자료로 널리 이용되고 있으며, 2016년부터 소득과 가계 경제와 관련된 변수를 행정자료로 보완하여 보다 정확한 정보를 제공하고 있다(통계청, 2021). 또한 대표성을 확보하기 위하여 전국을 대표하는 2만 가구 가량을 표본으로 선정하고, 횡단적 자료의 대표성을 확보하기 위하여 전체 패널을 5개 그룹으로 구성하여 각 패널그룹을 5년간 조사하는 연동패널방식을 취하고 있다(통계청, 2021).

코로나19와 긴급재난지원금의 영향을 파악하기 위하여 여기서는 2020년과 2021년 조사 자료를 분석에 사용했다. 분석에 사용한 자료의 생산 시점은 2020년과 2021년이지만, 조사 기준 연도는 변수에 따른 차이가 있다. 예를 들어, 소득은 조사 기준 연도가 자료의 측정 시점으로부터 '지난해 동안'으로 조사하기 때문에 2019년과 2020년이 되지만, 자산과 저축은 조사 시점(매년 3월)을 기준으로 측정하기 때문에 2020년과 2021년이 된다. 가계금융복지조사를 사용하여 코로나의 영향을 측정할 때 코로나가 국내에서 창궐하기 이전인 2019년을 코로나 이전 시점으로 설정하고, 2020년 이후를 코로나가 발생한 이후 시점으로 설정하여 소득과 가구 경제의 변화를 파악하는 데에는 특별한 문제가 없다. 하지만 자산과 저축에 대한 측정 시점이 다르기 때문에 문제가 발생한다. 즉, 자산과 저축에 대한 정보는 2020년 3월과 2021년 3월을 기준으로 측정하기 때문에, 자산과 저축에 대한 분석 시 소득과 동일하게 시점을 적용하게 되면 코로나로 인한 영향을 완전히 배제하지 못하는 문제가 발생한다. 그러나 자산의 경우 소득과 달리 단기간에 변동이 크지 않다는 점과 2020년 3월에는 코로나의 경제적 충격이 아직 사회 전반에 걸쳐 확산되지 않았다는 점을 고려할 때 코로나 이전 시점으로 설정하여도 무방할 것으로 판단된다. 한편, 분석 단위는 가구이며, 모든 분석은 표본 가중치를 적용하였다.

2) 분석 변수

여기에서는 소득, 자산, 저축에 중점을 두고 분석을 진행하였다. 소득은 소득원천별로 분해하였고, 자산은 총자산, 부채, 순자산으로 분류하여 분석을 진행하였다. 저축은 저축액과 순저축으로 구분하였는데, 순저축은 처분가능소득에서 소비지출을 제외한 값으로 생성하였다. 소득을 비롯한 자산과 저축 모두 연(annual) 단위이며, 가구 규모에 따라 차이가 있지만 가구균등화를 적용하지 않았다. 분석에 사용한 각 변수의 세부 항목들은 〈표 3-1〉에 제시되어 있다.

표 3-1 분석에 사용된 변수 정의 및 분류

분석 변수		구성항목 및 측정
I. 소득	1 가구 소득	경상소득(보완 자료) 근로소득, 사업소득, 재산소득, 이전소득
	1) 근로소득	기본급, 각종 수당, 성과급, 보너스 등(세금 및 각종 부담금 공제 전 소득)
	2) 사업소득	도소매업, 서비스업 등 사업수입(매출)에서 비용을 뺀 금액
	3) 재산소득	금융소득, 임대소득, 개인연금, 퇴직연금 소득, 기타 재산소득(부동산 이외 유형자산 및 무형자산으로부터의 소득)
	4) 이전소득	공적이전소득, 사적이전소득
	(1) 공적이전소득	공적연금, 기초연금, 양육수당, 장애수당, 맞춤형국민기초생활보장, 근로/자녀장려금, 코로나19 재난지원금, 기타 정부보조금(고용보험, 산재보험 등)
	(a)공적연금	국민연금, 공무원연금, 군인연금, 사립학교교직원연금(사학연금), 별정우체국연금
	(b)기초연금	만 65세 이상자로서 소득, 재산 등의 상태를 평가하여 일정조건을 만족한 경우 받는 수혜금
	(c)양육수당 (출산장려금 포함)	아동수당, 출산장려금, 가정양육수당, 입양아동수당, 한부모 아동양육비 등(보육시설 입금 보육료 제외)
	(d)장애수당	장애인연금, (경증)장애수당, 장애아동수당
	(e)맞춤형국민기초 생활보장	생계급여, 주거급여, 교육급여 등 지원금 (가구로 직접 지급되지 않는 의료급여 제외)
	(f)근로/자녀장려금	가구의 근로의욕을 고취시키고 자녀의 양육부담을 덜어주기 위한 지원금
	(g)코로나19 재난지원금	코로나19 극복을 위해 국가 및 지방자치단체에서 가구, 아동, 소상공인 등에게 기준별로 지급한 지원금
	(h)기타 정부보조금 (고용/산재보험 등)	실업급여(구직급여, 연장급여 등), 육아휴직급여, 요양급여, 휴업급여 등 농어업 정부보조금(공익형 직불금 등), 보훈연금, 체육연금, 장수수당 등
	(2) 사적이전소득	가구간 이전소득, 비영리단체 이전소득
	(a)가구간 이전소득	생계를 같이하지 않는 부모 · 자녀 · 친지 · 동료 등으로부터 받은 현금 및 현물소득
	(b)비영리단체 이전소득	자선단체 · 노동조합 · 종교단체 등 민간 · 비영리단체로부터 장학금 · 구호금 등 현금 및 현물소득
	2) 처분가능소득	가구 소득 – 비소비지출
II. 자산	1) 자산	실물자산, 금융자산
	2) 부채	금융부채
	3) 순자산	자산 – 순자산
III. 저축	1) 저축액	적립 및 예치식 저축, 기타 저축
	2) 순저축액	처분가능소득 – 소비지출

주. 가계금융복지조사 지침서(2021)를 활용하여 저자가 요약 및 재구성한 것임.
자료. 2021년 가계금융복지조사 지침서(통계청, 2021).

2. 분석 결과

1) 소득과 긴급재난지원금

아래 〈표 3-2〉에 가구 소득이 제시되어 있다. 2020년 가구소득은 6천 125만 원이며, 처분가능소득은 5천 3만 원이었다. 각 소득원을 보면, 근로소득 3천 855만 원, 사업소득 1천 135만 원, 재산소득 432만 원, 공적이전소득 602만 원, 사적이전소득 101만 원이었다. 근로소득과 사업소득이 차지하는 비중은 2019년에 비하여 모두 감소한 반면 공적이전소득의 비중은 상당히 증가했다. 2019년의 공적이전소득에 비하여 2020년에 32%가량이 증가했고, 이러한 증가는 코로나 관련 지원금 때문인 것으로 판단된다. 〈표 3-3〉을 보면, 공적이전소득의 변화를 확인할 수 있는데, 2019년에 비해 2020년에 145만 원가량이 증가했으며 이러한 증가는 긴급재난지원금으로 인한 증가로 보여진다. 이와 달리, 공적연금, 기초연금, 양육수

표 3-2 가구 소득과 소득원별 현황

(단위: 만 원, %, %p)

	경상소득	근로 소득	사업 소득	재산 소득	공적이전 소득	사적이전 소득	시장소득	가처분소득
2019년	5,924	3,791	1,151	417	457	107	4,818	4,652
구성비	100.0	64.0%	19.4%	7.0%	7.7%	1.8%		
2020년	6,125	3,855	1,135	432	602	101	5,003	4836
구성비	100.0	62.9%	18.5%	7.1%	9.8%	1.6%		
증감률	3.4%	1.7%	−1.4%	3.6%	31.7%	−6.4%	3.8%	4.0%
전년차		−1.1%p	−0.9%p	0.0%p	2.1%p	−0.2%p		

표 3-3 공적이전소득 구성과 현황

(단위: 만 원, %, %p)

	공적이전 소득								
		공적연금	기초연금	양육수당	장애수당	국기초	근로/자녀 장려금	코로나19 재난지원금	기타
2019년	457	242	84	25	6	29	29		43
구성비	100	53.0%	18.4%	5.4%	1.3%	6.3%	6.4%		9.3%
2020년	602	247	88	27	6	31	25	128	49
구성비	100.0	41.0%	14.7%	4.5%	1.0%	5.2%	4.1%	21.3%	8.2%
증감률	31.7%	1.9%	5.2%	8.0%	8.6%	9.8%	−14.5%		15.4%
전년차		−12.0%p	−3.7%p	−1.0%p	−0.2%p	−1.0%p	−2.2%p		−1.1%p

당, 장애수당, 맞춤형 국민기초생활보장제도 및 근로/자녀장려금은 거의 변화가 없었다. 아울러, 사적이전소득 또한 특별한 변화를 보이지 않았다.

〈표 3-4〉에 코로나 관련 지원금에 대한 현황이 제시되어 있다. 2020년 동안 전체 가구가 수령한 코로나 관련 지원금은 평균 128만 원이었다. 최대로 많이 받는 경우 2,100만 원까지 받았고, 중앙값은 100만 원인 것으로 나타났다.[1] 가구특성별, 종사상 지위별, 소득계층별로 구분하여 긴급재난지원금의 수령액을 살펴보았다. 가구원 수가 많을수록 긴급재난지원금의 수령액도 커진 것으로 나타났다. 하지만, 가구특성에 따른 수령액에는 특별한 패턴을 보이지 않았다. 통상적으로 취약가구로 여겨지는 노인

1) 분석 자료에서 2,100만 원을 수령한 가구는 한 가구뿐이었으며, 1,500만 원 이상인 가구는 3가구, 1,000만 원 이상인 가구는 8가구로 소수에 불과했다. 통상적으로 극단치의 경우 추청치의 편의를 가져오기 때문에 분석에서 제외하지만, 여기에서는 긴급재난지원금의 전반적인 현황(최솟값과 최대치)을 보다 상세히 보여주기 위한 목적으로 제외하지 않았다.

가구와 장애인가구의 경우 긴급재난지원금의 수령액이 적은 편에 속했으며, 취약가구 중 한부모가구는 수령액이 다른 집단에 비하여 많은 것으로 나타났다. 한편, 비노인가구의 경우 수령액이 평균보다 높았는데, 이는 가구원수 때문인 것으로 여겨진다. 예를 들어 제1차 긴급재난지원금과 제5차 긴급재난지원금은 다른 인구사회학적 특성은 거의 고려하지 않은 채 가구원 수에 따른 차등 지급을 하였다. 앞으로 살펴보겠지만, 가구원 수에 따른 차등지원이 지닌 합리적인 측면이 있지만, 긴급재난지원금의 경우 상당히 역진적으로 분배되었다. 소득이 낮은 계층일수록 결혼 시기를 늦추고, 자녀가 적은 반면, 소득이 높을수록 자녀가 많고 가구원 수가 증가하기 때문에 이런 현상이 나타나는 것이다.

종사상 지위에 따른 긴급재난지원금의 수령액을 살펴보면, 무급가족종사자를 포함한 기타 가족 형태와 임시 · 일용근로자 가구가 가장 적은 반면 자영업자 가구가 가장 많았다. 자영업자의 경우 고용원이 있는 자영업자와 고용원이 없는 자영업자 간에 두드러진 차이를 보였는데, 소득이 통상적으로 낮은 영세자영업자인 고용원이 없는 자영업자들이 긴급재난지원금을 더 적게 받은 것으로 나타났다. 특수형태근로종사자들의 경우 긴급재난지원금을 다른 집단에 비하여 더 많이 받은 것으로 나타났다. 이는 제1차 긴급재난지원금 이후 새로운 긴급재난지원금이 결정될 때마다 코로나로 인한 고용취약계층과 사각지대 보완에 대한 강조 때문인 것으로 보인다. 한편, 상용근로자에 비하여 임시 · 일용근로자 가구의 긴급재난지원금의 수령액이 낮은 것으로 나타났데, 통상적으로 상용직의 소득이 안정적이고 높다는 점에 비추어 볼 때 긴급재난지원금이 역진적으로

표 3-4 취약계층별 긴급재난지원금 현황

(단위: 만 원, %, %p)

		평균	최솟값	최대값	중앙값
전체(긴급재난지원금)		128	0	2,100	100
가구 특성	1인가구	69	0	1,176	50
	2인가구	105	0	1,192	80
	3인가구	145	40	2,100	115
	4인가구	179	35	1,665	155
	5인가구	212	40	900	180
	6인가구	232	80	850	205
	비노인가구주	142	0	2,100	110
	노인가구주	89	0	800	70
	조손가구	127	60	390	114
	한부모가구	164	0	700	135
	다문화가구	155	35	730	130
	장애인가구	118	30	1,000	92
종사상지위	상용근로자	125	0	890	110
	임시.일용근로자	99	0	715	80
	고용원이 있는 자영업자	219	0	1,192	160
	고용원이 없는 자영업자	184	0	2,100	132
	특수형태 근로종사자[1)]	179	30	918	167
	기타(무급가족종사자, 무직자, 학생 등)	87	0	1,095	70
소득분위	1분위	79	0	890	60
	2분위	116	0	1,176	80
	3분위	138	0	1,230	100
	4분위	159	40	2,100	125
	5분위	150	0	890	120

주. 2021년 조사를 사용하였음.

1) 실적급의 보험설계사, 대리 운전기사, 학습지 방문 교사 등

분배되었다는 것을 다시 확인할 수 있다.

소득계층별로 구분하여 보면 긴급재난지원금이 역진적으로 분배되었는 것을 명확히 알 수 있다. 가장 소득이 낮은 소득 1분위 가구가 받은 긴급재난지원금은 평균 79만 원이었고, 2분위는 116만 원, 3분위는 138만 원, 4분위는 159만 원, 5분위는 150만 원이었다. 소득이 높을수록 수령액이 커지는 것은 가구원 수 때문인 것으로 판단이 되며, 소득 4분위의 수령액이 가장 높은 이유는 제5차 긴급재난지원금이 소득 하위 80%를 대상으로 지급되었기 때문인 것으로 여겨진다.

2) 자산과 저축의 변화

아래 〈표 3-5〉에 가계 자산과 저축 현황이 제시되어 있다. 앞서 언급하였듯이 가계금융복지조사에서 측정한 자산은 소득과 조사 시점에 있어 다소 차이가 있는데, 소득은 2020년을 기준으로 조사되지만 자산은 2021년 3월을 기준으로 조사된다. 코로나의 영향을 측정하기 위하여 코로나가 국내에서 창궐하기 이전인 2019년을 코로나 이전 시점으로 설정했고, 2020년 이후를 코로나가 발생한 시점으로 설정하였다. 하지만 가계

표 3-5 순자산, 자산, 부채 현황 및 변화

(단위: 평균, %, %p)

	자산	부채	순자산	저축액	순저축
2020년	44,543	8,256	36,286	7,632	2,086
2021년	50,253	8,801	41,452	8,099	2,237
증감	5,711	545	5,165	468	151
증감률	12.8%	6.6%	14.2%	6.1%	7.2%

주. 순저축은 가처분소득에서 소비지출을 제외한 값임.

금융복지조사에서 자산에 대한 조사 시점은 소득과 달리 자료수집 시점을 기준으로 한다. 즉, 2020년 자료는 2020년 3월의 정보를, 2021년의 자료는 2021년 3월의 정보를 수집하게 된다. 본 분석에서 2020년을 코로나 이전 시점으로 설정할 때 코로나로 인한 영향을 완전히 배제하지 못하는 문제가 발생한다. 하지만, 자산의 경우 소득과 달리 단기간에 변동이 크지 않다는 점을 고려하여 코로나 발생 직후 큰 변동이 없었다는 가정 하에 분석을 진행하였다.

2021년 3월 말 기준 가구 자산은 평균 5억 253만 원이고, 부채는 8천 801만 원인 것으로 나타났다. 자산에서 부채를 제외한 순자산은 4억 1,452만 원으로 전년도에 비하여 14.2%가량 증가한 것으로 나타났다. 저축액은 8천 99만 원으로 전년도에 비하여 6.1%가량 늘었고 순저축도 2천 237만 원으로 7.2%가량 증가한 것으로 나타났다. 가구특성별, 종사상지위별, 소득계층별로 구분하여 자산과 저축 규모를 살펴보면, 〈표 3-6〉에 제시되어 있다. 대체로 가구원 수가 많아질수록 자산과 저축 규모가 커지는 것으로 나타났다. 노인가구보다 비노인가구의 자산이 더 높았으나 부채 또한 높아 순자산 규모에는 큰 차이를 보이지 않았다. 당연하게도 취약가구인 노인가구, 청년가구주가구, 조손가구, 한부모가구, 다문화가구, 장애인가구 모두 자산과 저축액이 평균보다 낮은 것으로 나타났다.

종사상지위별로 구분해 보면, 자영업자가 자산을 가장 많이 보유한 집단으로 나타났다. 하지만, 소득 수준이 높은 고용원이 있는 자영업자와 소득이 낮은 영세자영민인 고용원이 없는 자영업자를 구분해 보면 그 차이가 두드러지게 나타난다. 고용원이 있는 자영업자의 자산은 11억 2,922만 원으로 부채(2억 7,730만 원)를 제외하고 순자산이 8억 5,192만 원인 것에 비하여 고용원이 없는 자영업자의 순자산은 이에 절반에도 못 미치는 4억 1,572만 원이었다(자산 4억 9,652 만 원, 부채 8,079만 원). 한편, 임시 일용직근로자와 특수형태 근로종사자의 자산이 가장 낮은 것으로 나타났다. 아울러 종사상지위별로 저축을 분석해보면, 자산과 유사한 패턴을 보인다.

마지막으로 소득계층별로 구분해 보면, 소득분위가 높아질수록 자산이 커지는 것을 알 수 있다. 부채 규모 또한 소득분위에 따라 커졌지만, 부채보다 자산 규모가 더 컸기 때문에 소득분위가 높아짐에 따라 순자산 규모 또한 커졌다. 흥미롭게도, 소득분위가 높아짐에 따라 순자산도 일정하게 커졌으나 5분위에 이르러 껑충 뛰었다. 이와 같은 결과는 자산이 상당히 불평등하게 분배되어 있음을 의미한다. 앞서 보았지만, 긴급재난지원금이 역진적으로 분배되었다는 것을 확인하였다. 여기서 살펴본 자산까지 고려하면 긴급재난지원금은 더욱 역진적으로 분배되었다는 것을 알 수 있다. 주지하다시피 제1차 긴급재난지원금 이후 2차부터는 코로나19로 인한 충격에 큰 타격을 받았을 것으로 예상되는 피해 집단과 방역 조치로 인한 손해를 보상하는 데에 주안점을 두고 선별적으로 긴급재난지원금이 지급되었다. 이러한 접근방식의 결과 실제 소득과 자산 많은 고용원이 있는 자영업자들에게 긴급재난지원금 혜택이 많이 돌아갔고, 가난한 임시 · 일용직 근로자들은 긴급재난지원금의 수혜에 상대적으로 배제되는 결과를 초래한 것으로 보인다. 마찬가지로 저축 또한 자산과 유사한 패턴을 보였다.

표 3-6 취약계층에 따른 순자산, 자산, 부채 현황 및 변화

(단위: 만 원, %, %p)

		자산	부채	순자산	저축액	순저축
가구 특성	1인가구	20,411	3,174	17,237	3,538	714
	2인가구	49,366	6,494	42,872	7,662	1,890
	3인가구	60,921	11,032	49,889	9,843	2,960
	4인가구	67,492	13,761	53,732	11,017	3,199
	5인가구	68,126	14,991	53,135	10,650	3,620
	6인이상	67,397	15,076	52,321	10,724	3,575
	비노인가구주(18-65)	52,096	10,288	41,808	8,795	2,562
	노인가구주(66이상)	44,847	4,440	40,406	6,057	1,284
	청년가구주 가구(18-34)	23,503	7,800	15,703	4,093	1,754
	조손가구	38,094	4,430	33,664	4,213	1,850
	한부모가구	28,001	5,771	22,230	4,958	1,467
	다문화가구	37,103	6,931	30,173	7,145	1,654
	장애인가구	38,658	5,862	32,796	6,136	1,685
종사상지위	상용근로자	57,437	11,084	46,354	9,904	2,983
	임시.일용근로자	22,945	3,516	19,428	3,853	1,416
	고용원이 있는 자영업자	112,922	27,730	85,192	16,408	4,200
	고용원이 없는 자영업자	49,652	8,079	41,572	7,348	2,067
	특수형태 근로종사자	31,214	6,446	24,768	4,951	1,941
	기타(무급가족종사자, 무직자, 학생 등)	40,180	4,200	35,980	6,014	1,012
소득분위	1분위	16,456	1,755	14,701	2,183	29
	2분위	28,637	4,441	24,196	4,134	611
	3분위	39,680	7,189	32,491	5,921	1,462
	4분위	56,692	10,942	45,750	8,995	2,695
	5분위	109,791	19,679	90,112	19,262	6,386

주. 2021년 조사 자료임. 순저축은 가처분소득에서 소비지출을 제외한 값임.

3) 코로나와 긴급재난지원금이 자산과 저축에 미친 영향

다음으로 코로나와 긴급재난지원금이 가계 자산과 저축 변화에 어떤 영향을 주었는지를 분석하였다. 먼저 코로나가 자산과 저축에 미친 영향 살펴보고, 다음으로 긴급재난지원금과의 관계를 살펴보았다. 코로나가 가계 자산과 저축에 미친 영향에 대한 회귀분석 결과가 〈표 3-7〉에 제시되어 있다. 자산, 부채, 순자산, 저축액과 순저축 순으로 분석 결과를 제시하였으며, 순자산은 자산에서 부채를 제외 값을 의미하고 순저축은 가처분소득에서 소비지출을 제외한 가구소득을 의미한다(가계금융복지조사, 2021; 남재현 · 박형존, 2021). 코로나의 영향을 파악하기 위해 코로나 전후를 시기 더미를 생성하여 구분하였고, 자산 및 저축과 같은 가구경제행위에 영향을 미칠 수 있는 변수들을 통제변수로 포함하였다. 모든 분석은 OLS로 추정했으며, 강건표준오차(robust standard error)를 사용하였다. 분석에 사용된 사례수는 36,251이며, 모형에 따라 차이는 있지만 전반적으로 모형 설명력이 상당히 높은 것으로 나타났다.

먼저, 〈표 3-7〉의 첫 번째 열에 제시된 분석 결과를 보면, 코로나 이후 자산이 증가한 것으로 나타났다. 코로나 이후 전체 가구의 자산이 4천 989만 원이 증가했고, 통계적으로 유의미한 수준이었다(B =4988.9, p 〈.001). 처분가능소득이 증가할수록 자산이 증가하였으나, 통계적으로는 유의미하지 않았다. 상용직에 비하여 자영업자들의 자산이 증가한 것으로 나타났는데, 특히 고용원이 있는 자영업자들의 자산 증가가 두드러졌다(B =26334.8, p 〈.001). 부채 또한 코로나 이후 증가했으나, 통계적으로 유의미하지 않았다. 처분가능소득이 증가할수록 부채를 유의미하게 감소시켰고($B=-0.627$, $p<.05$), 상용직에 비하여 임시 · 일용근로자와 자영업자들의 부채가 유의미하게 높았다. 특히 고용원이 있는 자영업자들의 부채가 두드러지게 높았다($B=10720.8$, $p<.001$). 자산에서 부채를 제외한 순자산은 코로나 이후 증가한 것으로 나타났다. 코로나 이후 전체 가구의 순자산은 4천 555만 원이 증가했고, 통계적으로 유의미한 수준이었다($B=4555.2$, $p<.001$). 처분가능소득이 증가할수록 순자산이 증가했고, 상용직에 비하여 자영업자들의 순자산이 높은 것으로 나타났다. 흥미롭게도 코로나 이후 자산 증가가 부채 증가보다 컸으며, 이러한 결과 순자산이 코로나 이후에도 증가한 것으로 판단된다.

다음으로 저축에 대한 결과를 살펴보면, 저축액과 순저축에 대한 결과가 〈표 3-7〉의 네 번째 열과 마지막 열에 제시되어 있다. 먼저 저축액의 변화를 보면, 코로나19 이후 저축액이 증가했지만, 통계적으로 유의미한 수준은 아니었다. 처분가능소득이 증가할수록 저축액이 증가했고($B=0.615$, $p<.01$), 상용직에 비하여 자영업자들의 저축액이 큰 것으로 나타났으며, 특히 고용원이 없는 자영업자들의 저축액이 유의미하게 높았다($B=1031.8$, $p<.05$). 다음으로 순저축액의 변화를 보면, 코로나 이후 유의미하게 증가했다($B=153.7$, $p<.01$). 종사상 지위에 따른 차이가 두드러졌는데, 상용직에 비하여 고용원이 있는 자영업자의 순저축($B=977.5$, $p<.05$)만이 높은 반면 다른 모든 형태의 근로자들(임시 · 일용근로자, 고용원이 없는 자영업자, 특수직고용형태 및 기타 근로자)의 순저축은 낮았다. 이러한 결과는 코로나로 인한 가구 소비가 감소하는 가운데, 2020년

동안 증가한 정부의 지원금이 취약계층에게 고르게 분배되지 않았으며, 오히려 소득과 자산이 많은 고용원이 있는 자영업자들이 더 많은 혜택을 보았음을 의미한다.

취약집단에 대한 분석하기 위하여 전체 표본을 하위 집단으로 구분하였다. 가구유형별, 종사상지위별, 소득계층에 따른 집단 구분을 하였다. 먼저, 가구유형별 구분한 분석결과가 〈표 3-8〉에 제시되어 있다. 노인가구에서만 순자산이 유의미하게 증가한 반면 1인 가구와 청년가구주 가구에서 부채가 코로나 이후 증가했다. 저축의 경우 1인 가구와 한부모가구에서 순저축이 증가한 것으로 나타났는데, 이는 앞서 설명하였듯이 긴급재난지원금과 같은 공적이전이 증가한 반면 코로나로 인한 소비의 위축 때문인 것으로 판단된다.[2] 다음으로 종사상 지위별로 분석한 결과가 〈표 3-9〉에 제시되어 있다. 상용직 근로자의 경우 코로나 이후 자산과 저축이 모두 유의미하게 증가하였으나 취약계층인 임시일용근로자, 고용원이 없는 자영업자, 특고직 근로자는 유의미한 증감을 보이지 않았다. 한편 고용원이 있는 자영업자는 코로나 이후에도 순자산이 증가한 것으로 나타나 영세업자인 고용원이 없는 자영업자와 구별되었다. 마지막으로 〈표 3-10〉에 소득분위(5분위)별로 분석한 결과가 제시되어 있다. 소득분위가 높아질수록 코로나 이후 자산과 순자산의 축적이 더 많아진 것으로 나타났다. 저축의 경우 측정변수에 따라 차이를 보였는데, 저축액의 경우 소득 1분위에서만 유의하였고 순저축은 대부분의 소득분위에서 유의미하

2) 조손가구는 사례수가 소수여서 분석에서 제외하였다.

게 증가한 것으로 나타났다. 하지만, 고소득층인 소득 5분위에서는 유의미하지 않았다.

다음으로 2020년 동안 지급된 긴급재난지원금이 전반적으로 자산과 저축에 어떤 영향을 주었는지에 대하여 분석하였다. 긴급재난지원금의 영향을 측정하기 위하여 시기 더미와 처분가능소득을 곱하여 상호작용항을 생성하여 분석하였다. 엄격한 측면에서는 긴급재난지원금을 수령한 집단과 전혀 받지 않은 집단을 구성하여 시기 더미와 상호작용항을 생성하여야 하지만, 긴급재난지원금을 받지 않은 가구가 거의 없기 때문에 대안적으로 이와 같은 접근을 하였다. 이러한 식별전략의 기본 가정은 2019년과 2020년간의 처분가능소득의 차이는 공적이전소득의 급격한 변화에 의한 것이며(표 3-2 참고), 이는 긴급재난지원금의 도입에 따른 것이다. 따라서, 2019년과 2020년의 처분가능소득의 차이를 긴급재난지원금의 차이라고 가정을 하였다. 물론 엄밀한 식별 방법이 아니며, 코로나의 영향이 포함되어 교란의 여지가 분명히 존재한다.

〈표 3-11〉에 긴급재난지원금의 영향을 파악한 결과가 제시되어 있다. 긴급재난지원금이 자산과 저축을 모두 증가시키는 역할을 했으나, 통계적으로는 유의미한 수준이 아니었다. 구체적으로, 자산과 순자산을 증가시키는 반면 부채를 줄였고, 저축액과 순저축을 늘리는 데에 기여하였다. 하지만, 모두 통계적으로 유의미하지 않았다. 취약집단에 대한 결과가 〈표 3-12〉, 〈표 3-13〉, 〈표 3-14〉에 각각 제시되어 있다. 가구유형별로 구분해 보면, 통계적으로 유의한 결과가 보이지 않았다. 하지만 종사상지위별로 집단을 구분하였을 때 상용직근로자가구의 자산(B =1.391, p

$p<.05$)과 순자산($B=1.224$, $p<.05$)을 유의미하게 증가시켰고, 고용원이 있는 자영업자들의 부채를 줄이는 것으로 나타났다($B=-0.741$, $p<.05$). 아울러, 임시일용직근로자의 순저축을 늘리는 데 기여한 것으로 나타났다($B=0.244$, $p<.05$). 소득분위별로 구분하여 보면, 소득분위 증가나 감소에 따른 일관된 결과는 보이지 않았다. 소득 1분위의 순자산($B=-4.777$, $p<.05$)과 순저축($B=-0.089$, $p<.05$)을 감소시켰으며, 소득 4분위의 자산($B=-6.485$, $p<.05$)과 순자산($B=-5.213$, $p<.05$)을 유의미하게 줄인 것으로 나타났다.

가구유형별, 종사상지위별, 소득분위별로 구분하여 하위분석을 진행한 결과 취약계층과 비취약계층 및 일반계층과 구별되는 특별한 결과를 발견하지 못하였다. 이러한 결과는 긴급재난지원금의 수령액이 자산과 저축을 증가시킬 만큼 충분한 수준이 아니었을 수 있으며, 한편으로는 소비에 대부분 사용되었을 가능성이 있다. 또 다른 가능한 해석은 제1차 긴급재난지원금 이후 제2-6차 긴급재난지원금 모두 선별적으로 지원되었는데, 전통적인 취약계층이라고 여겨지는 한부모가구를 비롯한 장애인가구, 저소득가구의 가계 경제에 큰 도움이 되지 못하였고, 새롭게 부각되는 취약계층인 1인가구, 청년가구주가구, 특고직종사자 가구에도 기여하지 못한 것으로 보아 선별적 지급방식이 취약계층 보호에 그다지 효과적이지 못한 것으로 보인다. 앞선 기술통계에서 살펴보았지만, 긴급재난지원금이 상당히 역진적으로 분배된 것이 이러한 결과를 방증하는 것이다.

표 3-7 코로나19의 영향: 자산, 부채, 저축에 미치는 영향

VARIABLES	(1) 자산	(2) 부채	(3) 순자산	(4) 저축액	(5) 순저축
Post	4,988.999***	433.747	4,555.251***	248.597	153.780**
	(679.549)	(229.953)	(617.234)	(212.166)	(52.087)
가구주 성별(기준=남성)	−2,027.426*	−1,265.088***	−762.338	291.999	164.916***
	(876.566)	(255.687)	(786.336)	(286.369)	(37.282)
가구주 나이	1,013.947***	−194.884***	1,208.831***	360.283***	128.487***
	(156.905)	(55.876)	(156.985)	(62.889)	(6.986)
가구주 나이제곱	−0.481	1.756***	−2.237	−1.959**	−0.951***
	(1.534)	(0.497)	(1.520)	(0.667)	(0.057)
가구주 교육수준 (기준=중등이하)					
고등, 전문대	12,841.652***	722.200**	12,119.452***	2,607.675***	137.538**
	(875.301)	(258.923)	(819.698)	(285.721)	(47.359)
대졸(4년제 이상)	27,412.153***	2,184.712***	25,227.441***	5,196.660***	813.338***
	(1,525.577)	(511.975)	(1,377.365)	(535.083)	(70.802)
대학원 이상	36,710.112***	1,324.415	35,385.696***	5,989.326***	1,955.235***
	(2,994.347)	(1,083.049)	(2,693.278)	(845.098)	(149.079)
혼인상태(기준=배우자 있음)	11,375.339***	1,729.394***	9,645.945***	831.574	497.372***
	(1,103.125)	(320.779)	(1,053.264)	(485.703)	(66.912)
가구원수	−7,357.567***	−904.215***	−6,453.352***	−1,700.563***	343.644***
	(635.593)	(251.768)	(547.722)	(213.565)	(40.755)

처분가능소득	0.797	−0.627*	1.424**	0.615**	
	(0.490)	(0.260)	(0.519)	(0.214)	
가구지출	12.620***	3.605***	9.015***	1.927***	
	(0.862)	(0.396)	(0.551)	(0.154)	
종사상지위(기준=상용직)					
임시일용직	1,551.336	1,151.786**	399.550	141.612	−926.920***
	(1,086.131)	(429.717)	(1,038.267)	(387.039)	(56.214)
고용원 있는 자영업자	26,344.488***	10,720.896***	15,623.592***	1,176.535	977.541*
	(2,637.220)	(1,092.190)	(2,340.131)	(631.889)	(449.325)
고용원 없는 자영업자	14,714.866***	3,604.308***	11,110.558***	1,031.288*	−596.892***
	(1,249.441)	(435.676)	(1,148.140)	(403.929)	(64.436)
특수직 근로자	−2,045.661	25.330	−2,070.991	−739.768	−232.659
	(2,151.560)	(519.579)	(1,984.375)	(379.182)	(182.809)
기타(무직자, 가사, 학생, 무급가족종사자 등)	10,913.291***	2,045.882***	8,867.409***	2,038.277**	−1,298.702***
	(1,350.795)	(486.801)	(1,360.017)	(624.557)	(60.961)
지역(기준=수도권)	14,917.224***	2,416.113***	12,501.111***	−36.124	229.096***
	(649.676)	(221.609)	(574.362)	(181.340)	(50.985)
상수	−1.016e+07***	−875,299.098	−9280514.370***	−518,335.593	−313,950.414**
	(1373179.947)	(464,763.280)	(1247550.306)	(428,848.558)	(105,252.492)
Observations	36,251	36,251	36,251	36,251	36,251
R-squared	0.416	0.249	0.364	0.192	0.111

주. 순저축은 처분가능소득에서 소비지출을 제외한 값임.
Robust standard errors in parentheses.
*** $p<0.001$, ** $p<0.01$, * $p<0.05$

표 3-8 가구유형별 코로나19의 영향: 자산, 부채, 저축에 미치는 영향

	(1) 자산	(2) 부채	(3) 순자산	(4) 저축액	(5) 순저축	N
1인가구	1,344.058	439.940*	904.119	−189.651	85.280**	9,457
	(1,042.682)	(210.977)	(1,002.715)	(452.852)	(31.095)	
청년가구주 가구(18~34세)	2,416.001*	1,309.774**	1,106.227	−203.724	207.126	2,048
	(1,082.543)	(490.711)	(893.489)	(284.266)	(108.522)	
노인가구	2,691.572*	−192.785	2,884.357*	−52.831	65.718	9,068
	(1,312.526)	(289.993)	(1,267.414)	(641.447)	(39.228)	
한부모가구	−1,663.903	−1,039.811	−624.092	235.217	413.484*	781
	(2,965.347)	(994.430)	(2,402.043)	(492.188)	(176.557)	
다문화가구	3,370.859	−909.203	4,280.063	1,240.188	−16.123	513
	(4,688.694)	(1,518.547)	(3,892.822)	(1,197.743)	(223.924)	
장애인가구	1,226.393	−113.386	1,339.779	−385.208	138.841	4,059
	(1,966.406)	(535.980)	(1,847.293)	(820.565)	(89.317)	
일반가구	5,397.968***	654.936*	4,743.032***	258.242	161.345*	24,762
	(763.779)	(284.556)	(667.557)	(205.630)	(68.499)	

주. 순저축은 처분가능소득에서 소비지출을 제외한 값임. 인구사회학적 변수들이 모든 분석에서 통제되었음. 조손가구의 경우 사례수가 극소수이기 때문에 분석에서 제외하였음. 각 집단은 상호배타적으로 구분된 것이 아님.

Robust standard errors in parentheses.

*** $p<0.001$, ** $p<0.01$, * $p<0.05$

표 3-9 종사상지위별 코로나19의 영향: 자산, 부채, 저축에 미치는 영향

	(1)	(2)	(3)	(4)	(5)	
	자산	부채	순자산	저축액	순저축	N
상용근로자	6,902.540***	1,284.820***	5,617.720***	177.244	205.673**	13,605
	(1,088.317)	(360.127)	(944.751)	(350.593)	(66.326)	
임시.일용근로자	1,896.104	8.179	1,887.925	330.193	118.059	4,550
	(1,063.724)	(329.954)	(983.450)	(208.572)	(64.113)	
고용원이 있는 자영업자	13,695.399*	3,287.531	10,407.868*	1,180.679	338.983	1,468
	(5,462.631)	(2,375.948)	(4,794.624)	(1,062.330)	(897.309)	
고용원이 없는 자영업자	1,766.633	−819.887	2,586.519	300.560	51.027	6,482
	(1,673.067)	(527.708)	(1,547.377)	(491.120)	(84.791)	
특수형태 근로종사자	−1,165.757	−39.353	−1,126.403	−1,137.207	−244.686	455
	(3,838.236)	(830.756)	(3,661.427)	(604.768)	(354.992)	
기타(무급가족종사자, 무직자, 학생 등)	3,402.408**	−310.263	3,712.671***	−182.065	115.555*	9,691
	(1,164.194)	(296.181)	(1,098.131)	(439.257)	(46.382)	

주. 순저축은 처분가능소득에서 소비지출을 제외한 값임. 인구사회학적 변수들이 모든 분석에서 통제되었음.
Robust standard errors in parentheses.
*** $p<0.001$, ** $p<0.01$, * $p<0.05$

표 3-10 소득분위별 코로나19의 영향: 자산, 부채, 저축에 미치는 영향

	(1) 자산	(2) 부채	(3) 순자산	(4) 저축액	(5) 순저축	N
소득1분위	2,719.648***	147.173	2,572.475***	343.866*	82.568***	8,796
	(668.908)	(180.426)	(612.391)	(133.877)	(17.166)	
소득2분위	3,174.347***	719.547**	2,454.801**	86.373	80.950**	7,684
	(897.977)	(275.857)	(810.932)	(184.454)	(24.859)	
소득3분위	3,833.831***	941.609**	2,892.222**	−95.786	93.483**	7,077
	(1,074.110)	(307.069)	(989.132)	(220.908)	(31.040)	
소득4분위	8,175.009***	1,620.573***	6,554.436***	532.036	165.989***	6,459
	(1,350.079)	(424.479)	(1,212.595)	(408.375)	(41.636)	
소득5분위	10,490.934***	1,112.119	9,378.815***	472.841	307.211	6,235
	(2,575.005)	(926.824)	(2,299.468)	(910.125)	(221.115)	

주. 순저축은 처분가능소득에서 소비지출을 제외한 값임. 인구사회학적 변수들이 모든 분석에서 통제되었음.
Robust standard errors in parentheses.
*** p〈0.001, ** p〈0.01, * p〈0.05

표 3-11 긴급재난지원금이 자산과 저축에 미치는 영향

VARIABLES	(1) 자산	(2) 부채	(3) 순자산	(4) 저축액	(5) 순저축
Post*처분가능소득	0.768	−0.146	0.914	0.125	
	(0.495)	(0.266)	(0.623)	(0.289)	
Post*공적이전소득					0.016
					(0.059)
Post	1,219.453	1,151.369	68.084	−362.614	112.799
	(2,280.948)	(1,235.521)	(2,882.522)	(1,341.099)	(71.829)
처분가능소득	0.393	−0.550	0.943	0.549*	
	(0.510)	(0.349)	(0.656)	(0.250)	
공적이전소득					0.197***
					(0.039)
가구주 성별(기준=남성)	−2,006.365*	−1,269.097***	−737.269	295.414	149.948***
	(876.291)	(256.540)	(786.617)	(286.277)	(37.303)
가구주 나이	1,015.471***	−195.174***	1,210.645***	360.531***	127.034***
	(156.426)	(55.075)	(154.285)	(62.775)	(7.017)
가구주 나이제곱	−0.498	1.759***	−2.258	−1.962**	−0.968***
	(1.531)	(0.492)	(1.503)	(0.666)	(0.056)

가구주 교육수준 (기준=중등이하)					
고등, 전문대	12,871.880***	716.445**	12,155.435***	2,612.576***	96.345*
	(874.618)	(260.643)	(818.482)	(285.178)	(45.958)
대졸(4년제 이상)	27,419.087***	2,183.392***	25,235.694***	5,197.784***	750.696***
	(1,522.821)	(509.346)	(1,366.141)	(534.224)	(72.635)
대학원 이상	36,743.173***	1,318.121	35,425.051***	5,994.686***	1,847.021***
	(2,987.091)	(1,076.244)	(2,657.318)	(843.933)	(150.272)
혼인상태(기준=배우자 있음)	11,342.032***	1,735.735***	9,606.297***	826.173	466.565***
	(1,103.247)	(312.722)	(1,042.211)	(485.836)	(66.112)
가구원수	−7,352.838***	−905.115***	−6,447.722***	−1,699.796***	341.448***
	(633.533)	(249.898)	(537.946)	(212.997)	(40.892)
가구지출	12.636***	3.602***	9.034***	1.930***	
	(0.859)	(0.396)	(0.548)	(0.153)	
종사상지위(기준=상용직)					
임시일용직	1,542.578	1,153.453**	389.125	140.192	−975.443***
	(1,082.919)	(423.724)	(1,016.015)	(386.259)	(57.412)
고용원 O 자영업자	26,299.883***	10,729.388***	15,570.495***	1,169.303	979.438*
	(2,634.168)	(1,093.774)	(2,339.058)	(631.700)	(449.556)
고용원 X 자영업자	14,739.369***	3,599.643***	11,139.726***	1,035.261*	−636.327***
	(1,249.162)	(429.144)	(1,137.025)	(403.540)	(65.083)

특수직 근로자	-1,991.174	14.957	-2,006.131	-730.933	-259.287
	(2,156.170)	(516.944)	(1,988.264)	(379.536)	(182.890)
기타	10,886.493***	2,050.983***	8,835.510***	2,033.932**	-1,409.147***
	(1,348.073)	(480.500)	(1,335.226)	(624.188)	(64.507)
지역(기준=수도권)	14,913.760***	2,416.773***	12,496.988***	-36.686	241.128***
	(649.617)	(221.205)	(573.709)	(181.365)	(50.469)
상수	-76,194.307***	520.033	-76,714.340***	-15,871.166***	-3,154.430***
	(3,950.513)	(1,180.018)	(3,671.436)	(1,450.487)	(255.875)
Observations	36,251	36,251	36,251	36,251	36,251
R-squared	0.417	0.249	0.366	0.192	0.112

주. 순저축은 처분가능소득에서 소비지출을 제외한 값임. 순저축에 대한 추청치는 처분가능소득 대신 공적이전소득으로 대체하여 추정하였음.
Robust standard errors in parentheses.
*** $p<0.001$, ** $p<0.01$, * $p<0.05$

표 3-12 가구유형별 긴급재난지원금의 영향: 자산과 저축에 미치는 영향

	(1) 자산	(2) 부채	(3) 순자산	(4) 저축액	(5) 순저축	N
1인가구	−0.957	0.296	−1.254	−0.280	0.001	9,457
	(3.407)	(0.280)	(3.480)	(1.885)	(0.064)	
청년가구주 가구(18~34세)	0.701	0.201	0.499	−0.008	−0.199	2,048
	(0.887)	(0.340)	(0.779)	(0.206)	(0.412)	
노인가구	1.784	−0.310	2.094	0.515	0.008	9,068
	(3.154)	(0.351)	(3.085)	(1.866)	(0.058)	
한부모가구	−1.751	−0.938	−0.813	0.097	−0.009	781
	(3.169)	(1.108)	(2.189)	(0.294)	(0.504)	
다문화가구	−1.383	−0.456	−0.926	0.571	−0.052	513
	(3.704)	(0.729)	(3.212)	(0.795)	(0.429)	
장애인가구	0.572	0.053	0.519	−0.254	0.051	4,059
	(1.663)	(0.493)	(1.702)	(1.129)	(0.124)	
일반가구	0.710	−0.238	0.948	0.156	0.002	24,762
	(0.378)	(0.305)	(0.503)	(0.267)	(0.083)	

주. 순저축은 처분가능소득에서 소비지출을 제외한 값임. 인구사회학적 변수들이 모든 분석에서 통제되었음. 조손가구의 경우 사례수가 극소수이기 때문에 분석에서 제외하였음. 각 집단은 상호배타적으로 구분된 것이 아님. 순저축에 대한 추청치는 처분가능소득 대신 공적이전소득으로 대체하여 추정하였음.

Robust standard errors in parentheses.

*** p〈0.001, ** p〈0.01, * p〈0.05

표 3-13 종사상지위별 긴급재난지원금의 영향: 자산, 부채, 저축에 미치는 영향

	(1) 자산	(2) 부채	(3) 순자산	(4) 저축액	(5) 순저축	N
상용근로자	1.391*	0.167	1.224*	0.324	0.101	13,605
	(0.590)	(0.174)	(0.495)	(0.259)	(0.128)	
임시.일용근로자	0.830	0.110	0.720	0.204	0.244*	4,550
	(0.635)	(0.147)	(0.625)	(0.163)	(0.109)	
고용원이 있는 자영업자	0.534	−0.741*	1.276	0.211	−0.489	1,468
	(1.021)	(0.310)	(0.989)	(0.314)	(0.894)	
고용원이 없는 자영업자	−0.181	−0.679	0.498	0.150	0.050	6,482
	(1.408)	(0.352)	(1.424)	(0.618)	(0.194)	
특수형태 근로종사자	−0.035	−0.284	0.249	0.074	−0.582	455
	(0.977)	(0.187)	(0.979)	(0.165)	(0.401)	
기타(무급가족종사자, 무직자, 학생 등)	−0.344	0.049	−0.392	−0.960	0.007	9,691
	(1.139)	(0.328)	(1.081)	(0.613)	(0.061)	

주. 순저축은 처분가능소득에서 소비지출을 제외한 값임. 인구사회학적 변수들이 모든 분석에서 통제되었음. 순저축에 대한 추청치는 처분가능소득 대신 공적이전소득으로 대체하여 추정하였음.
Robust standard errors in parentheses.
*** p<0.001, ** p<0.01, * p<0.05

표 3-14 소득분위별 긴급재난지원금의 영향: 자산, 부채, 저축에 미치는 영향

	(1)	(2)	(3)	(4)	(5)	
	자산	부채	순자산	저축액	순저축	N
소득1분위	−4.579	0.198	−4.777*	−0.678	−0.089*	8,796
	(2.620)	(1.499)	(1.934)	(0.646)	(0.045)	
소득2분위	−2.353	−1.494	−0.859	0.237	−0.003	7,684
	(2.372)	(1.379)	(2.000)	(0.477)	(0.035)	
소득3분위	0.991	0.060	0.932	0.146	−0.020	7,077
	(2.196)	(1.104)	(1.772)	(0.332)	(0.034)	
소득4분위	−6.485**	−1.272	−5.213**	−0.584	0.063	6,459
	(2.294)	(0.947)	(1.962)	(1.321)	(0.047)	
소득5분위	0.586	−0.519	1.105	0.218	0.040	6,235
	(0.672)	(0.493)	(0.844)	(0.531)	(0.147)	

주. 순저축은 처분가능소득에서 소비지출을 제외한 값임. 인구사회학적 변수들이 모든 분석에서 통제되었음. 순저축에 대한 추청치는 처분가능소득 대신 공적이전소득으로 대체하여 추정하였음.
Robust standard errors in parentheses.
*** $p<0.001$, ** $p<0.01$, * $p<0.05$

3. 소결

이 장에서는 자산과 저축의 변화를 살펴보고, 코로나와 긴급재난지원금이 자산과 저축에 어떤 영향을 주었는지를 분석하였다. 아울러, 소득을 원천별로 구분하여 코로나 이후 변화를 분석하고, 긴급재난지원금에 대한 현황을 분석하였다. 분석 결과를 정리하면 다음과 같다.

먼저 소득변화를 보면, 코로나 이후에도 가구 소득은 전반적으로 증가한 것으로 나타났다. 하지만, 소득원천별로 차이를 보였는데, 근로소득과 사업소득이 차지하는 비중은 코로나 이후 모두 감소한 반면 공적이전소득의 비중은 상당히 증가했다. 이러한 증가는 긴급재난지원금의 도입 때문이다. 코로나가 국내에서 발생한 이후 2020년 동안 전체 가구가 수령한 코로나 관련 지원금은 평균 128만 원이었다.[3] 가구특성별, 종사상 지위별, 소득계층별로 구분하여 긴급재난지원금의 수령액을 분석해 보면, 가구원 수가 많을수록 긴급재난지원금의 수령액도 커진 것으로 나타났다. 취약가구로 여겨지는 노인가구와 장애인가구의 경우 긴급재난지원금의 수령액이 적은 편에 속했으며, 한부모가구는 수령액이 다른 집단에 비하여 많은 것으로 나타났다. 또한, 비노인가구의 경우 수령액이 평균보다 높았는데, 이는 가구원 수 때문인 것으로 여겨진다. 가구원 수에 따른 차등지원이 규모의 경제를 고려한 합리적인 부분이 어느 정도 존재하지만, 긴급재난지원금의 경우 상당히 역진적으로 분배되는 결과를 가져왔다.

---

3) 극소수이지만 최대로 많이 받는 경우 2,100만 원까지 받았고, 중앙값은 100만 원인 것으로 나타났다.

종사상 지위에 따라 긴급재난지원금 수급액 차이가 두드러졌다. 무급 가족종사자를 포함한 기타 가족 형태와 임시 · 일용근로자 가구는 적게 받은 반면 자영업자 가구는 가장 많이 받은 것으로 나타났다. 그러나, 고용원이 있는 자영업자와 고용원이 없는 자영업자 간에 두드러진 차이를 보였는데, 소득이 통상적으로 낮은 영세자영업자인 고용원이 없는 자영업자들이 긴급재난지원금을 적게 받고 고용원이 있는 자영업자들은 많이 받은 것으로 나타났다. 아울러, 특수형태근로종사자들도 다른 집단에 비하여 더 많이 받은 것으로 나타났다. 이는 제1차 긴급재난지원금 이후 추가 긴급재난지원금이 결정될 때마다 코로나19로 인한 고용취약계층과 사각지대 보완에 대한 강조 때문인 것으로 보인다. 한편, 소득계층별로 보면, 가장 소득이 낮은 소득 1분위 가구가 받은 긴급재난지원금은 평균 79만 원이었고, 2분위는 116만 원, 3분위는 138만 원, 4분위는 159만 원, 5분위는 150만 원이었다. 소득이 높을수록 수령액이 커지는 것은 가구원 수 때문인 것으로 판단이 되며, 이는 긴급재난지원금이 역진적으로 분배되었음을 방증하는 것이다.

다음으로 자산과 저축액의 변화를 보면, 코로나 이후에도 모두 증가한 것으로 나타났다. 가구특성별로 구분하여 자산과 저축 규모를 살펴보면, 노인가구보다 비노인가구의 자산이 더 높았으나 부채 또한 높아 순자산 규모에는 큰 차이를 보이지 않았다. 아울러, 취약가구인 노인가구, 1인가구, 청년가구주가구, 조손가구, 한부모가구, 다문화가구, 장애인가구 모두 자산과 저축액이 평균보다 낮은 것으로 나타났다. 종사상지위별로 보면, 자영업자가 자산을 가장 많이 보유한 집단으로 나타났다. 하지만, 소득 수준이 높은 고용원이 있는 자영업자와 소득이 낮은 영세자영민인 고용원이 없는 자영업자 간에 차이가 두드러졌다. 고용원이 있는 자영업자는 고용원이 없는 자영업자보다 자산과 저축액이 두 배 이상 많은 것으로 나타났다. 한편, 취약계층인 임시 · 일용직 근로자와 특수형태 근로자의 자산이 가장 낮았다. 소득계층별로 보면, 소득분위가 높아질수록 자산과 저축액이 커졌다. 소득분위가 높아짐에 따라 자산과 저축액도 증가했으나, 특히 5분위에 이르러 급격히 증가했다.

코로나로 인한 가구 자산과 저축에 대한 영향을 추정한 결과, 코로나 이후 가구 자산과 저축액이 유의미하게 증가한 것으로 나타났다. 코로나 이후 부채도 증가했으나 자산 증가 속도가 부채 증가보다 컸기 때문에 코로나 이후에도 순자산이 증가한 것으로 나타났다. 한편, 집단에 따른 차이를 보였는데 코로나 이후 노인가구에서만 순자산이 유의미하게 증가한 반면 1인 가구와 청년가구주 가구에서 부채가 증가했다. 저축은 1인 가구와 한부모가구에서 순저축이 증가했데, 이는 긴급재난지원금과 같은 공적이전이 증가한 반면 코로나로 인한 소비의 위축 때문인 것으로 판단된다. 종사상지위별로 보면, 상용직 근로자의 경우 코로나 이후 자산과 저축이 모두 유의미하게 증가하였으나 취약계층인 임시일용근로자, 고용원이 없는 자영업자, 특고직 근로자는 유의미한 증감을 보이지 않았다. 또한, 고용원이 있는 자영업자는 코로나 이후에도 순자산이 증가한 것으로 나타나 영세업자인 고용원이 없는 자영업자와 구별되었다. 소득분위별로 보면, 소득분위가 높아질수록 코로나 이후 자산과 순자산이 대체로 더 많아진 것으로 나타났다.

마지막으로 긴급재난지원금의 영향을 분석한 결과, 긴급재난지원금이 자산과 저축을 모두 증가시켰으나, 통계적으로는 유의미하지 않았다. 가구유형별로는 특별한 차이를 보이지 않았지만, 종사상지위로 구분할 때 집단간 차이를 보였다. 예를 들어 긴급재난지원금은 상용직 근로자가구의 자산을 유의미하게 증가시켰고, 고용원이 있는 자영업자들의 부채를 줄이는 데에 기여한 것으로 나타났다. 또한, 임시 · 일용직근로자의 순저축을 늘리는 데에도 기여하였다. 한편, 소득분위 구분에 따른 일관된 결과를 발견하지 못하였다.

종합하면, 가구유형별, 종사상지위별, 소득분위별로 구분하여 하위집단분석을 진행한 결과 취약계층과 비취약계층 및 일반계층과 구별되는 특별한 차이가 발견되지 않았다. 이러한 결과는 긴급재난지원금의 수령액이 자산과 저축을 증가시킬 만큼 충분한 수준이 아니었을 수 있으며, 다른 한편으로는 소비에 대부분 사용되었을 수 있다. 아울러, 제1차 긴급재난지원금 이후 나머지 지원금들은 모두 선별적인 형태로 지급되었는데, 이러한 지원 전략이 취약계층 보호에 큰 효과를 발휘하지 못했음을 의미한다. 더욱이, 기술통계와 회귀분석을 통하여 확인하였듯이 긴급재난지원금은 역진적으로 분배되었다. 이와 같은 결과는 사회복지정책적으로 볼 때 바람직한 결과라고 볼 수 없다. 즉, 선별적 지원의 장점과 효율성을 제대로 활용하지 못한 결과로 보인다.

이상의 연구 결과는 자산과 저축에 중점을 두었고, 코로나와 긴급재난지원금의 영향을 인과적으로 측정하고자 하였다. 하지만, 가계금융복지조사의 데이터의 한계로 인해 코로나와 긴급재난지원금의 영향을 정교하게는 식별하지 못하였다. 다음 장에서는 가계동향조사 월(monthly) 데이터를 사용하여, 코로나와 긴급재난지원금의 영향을 보다 면밀하게 분석하였다. 하지만, 가계동향조사의 경우 자산과 저축에 대한 구체적인 정보가 제공되지 않아, 소득과 소비에만 중점을 둘 수밖에 없었다.

제4장 소득, 소비, 빈곤과 불평등에 미친 영향 분석

제4장 소득, 소비, 빈곤과 불평등에 미친 영향 분석

앞 장에서 코로나와 긴급재난지원금이 자산과 저축에 미치는 영향에 대해 분석하였다. 이를 좀 더 확장하여 여기에서는 가구 소득, 소비, 빈곤과 불평등이 어떻게 변화되었는지에 대해서 살펴본다. 코로나로 인한 경기침체는 가구 소득과 소비의 감소를 가져오고, 빈곤율과 불평등을 높일 것으로 예상이 된다. 그러나, 긴급재난지원금은 개별 가구의 가처분소득을 높여 소비를 진작시키고 빈곤과 불평등을 줄이는 데에 기여할 것으로 여겨진다. 이 장에서는 가구 소득과 소비를 비롯하여 빈곤율과 불평등이 코로나로 인해 어떻게 변화했는지를 살펴보고, 긴급재난지원금의 효과를 분석한다.

1. 분석 방법과 데이터

1) 분석 자료 및 연구 대상

이 장에서는 가계동향조사 분기자료를 사용하여 2019년 1분기부터 2021년 4분기까지의 분석을 진행하였다. 가계동향조사는 국내에 거주하는 일반 가구를 대상으로 소득과 소비에 대한 가구 경제활동을 파악하는

데 주로 사용된다. 아울러, 가계동향조사는 빈곤, 불평등 및 소득보장정책 연구자에게 가장 널리 사용되는 지정통계 중 하나이다. 대부분의 설문조사는 인구학적 특성 및 사회경제적 변수에 대한 연간 정보를 측정하지만, 가계동향조사는 연간과 분기뿐만 아니라 월간 정보까지 제공하기 때문에 본 연구와 같이 시간적 차이를 활용하는 연구에 매우 유용하다. 특히, 코로나 팬데믹의 충격을 적시에 분석할 수 있는 국내 유일의 전국을 대표하는 데이터이며 긴급재난지원금과 같은 정부 정책을 분석하는 데에도 활용도가 높은 자료이다. 한편, 본 연구의 분석 단위는 가구이며 분석 대상은 전체 가구이다.

2) 분석 변수

분석에는 소득, 지출, 빈곤율과 소득 불평등을 결과변수로 사용하였다. 각 변수에 대한 정의와 설명이 〈표 4-1〉에 제시되어 있다. 통계청에서 사용한 분류 기준에 따라 소비 항목을 구성했고, 가구의 소비와 지출은 월(month) 단위이다. 소득과 소비는 가구 규모에 따라 차이가 나지만, 본 연구에서는 가구균등화를 적용하지 않았고, 빈곤율과 소득 불평등(gini coefficient)을 산출할 때는 가구균등화를 적용하였다. 아울러 모든 소득과 지출은 2020년 소비자 물가지수를 100으로 고정하였다.

표 4-1 종속변수 정의 및 분류

종속변수		구성항목 및 측정
I 소득	1. 가계소득	경상소득 + 비경상소득
	1) 경상소득	경상적 활동으로부터 발생하는 소득 근로소득 + 사업소득 + 재산소득 + 이전소득
	(1) 근로소득	가구주, 배우자 및 가구원의 급여 소득, 상여금 등을 포함
	(2) 사업소득	사업경영을 통해 얻은 총수입액에서 일체의 사업지출(인건비, 재료비, 전기료 등)을 차감한 금액. 사업장에서 가구로 전입된 소득으로 가구에서 생활을 위해 사용하도록 한 소득만이 대상임.
	(3) 재산소득	재산의 운영을 통해서 발생하는 소득으로 이자소득, 배당소득, 개인연금소득, 퇴직연금소득, 기타재산소득으로 구성
	(4) 이전소득	상품이나 서비스의 제공에 대한 반대급부가 아닌 대가없는 이전에 의한 소득으로 공적이전소득(연금 및 다른 보험의 보험금, 각종 사회보장 수혜 등. 현물 포함하지 않음)과 사적이전소득(타가구, 학교 및 비영리단체로부터 정기적으로 받은 생활비 보조)
	2) 비경상소득	비정기적인 소득으로 경조소득 및 기타 비경상소득 등
	2. 가처분소득	가구소득-비소비지출(경상조세, 연금기여금, 사회보험료 등)
	3. 시장소득	경상소득 – 이전소득
II 빈곤	1. 경상소득 고정빈곤율	2020년 보건복지부 공시 기준중위소득의 50%
	2. 가처분소득 고정빈곤율	2020년 보건복지부 공시 기준중위소득의 50%
	3. 경상소득 상대빈곤율	분석 데이터의 경상소득 중위소득의 50%
	4. 가처분소득 상대빈곤율	분석 데이터의 가처분소득 중위소득의 50%
III 불평등	1. 경상소득 불평등	경상소득 기준 지니계수
	2. 가처분소득 불평등	가처분소득 기준 지니계수
	3. 시장소득 불평등	시장소득 기준 지니계수
IV 지출	1) 가계지출	소비지출, 비소비지출
	2) 소비지출	식료품/비주류음료, 주류/담배, 의료/신발, 주거/수도/광열, 가정용품/가사서비스, 보건, 교통, 통신, 오락 · 문화, 교육, 음식 · 숙박, 기타상품/서비스
	(1)식료품/비주류 음료	곡물 및 곡물가공품, 빵 및 떡류, 육류 및 육류가공품, 신선/염건 및 기타수산동물 가공, 유제품/알, 유지류, 과일 및 과일가공품, 채소 및 채소가공품, 해조 및 해조가공품, 당류 및 과자류, 조미식품, 기타식품, 커피 및 차, 주스 및 기타음료
	(2)주류/담배	주류, 담배
	(3)의류/신발	직물 및 외의, 내의, 기타의복, 의복관련서비스, 신발 및 신발서비스
	(4)주거/수도/광열	실제주거비, 주택유지 및 수선, 상하수도 및 폐기물처리, 기타 주거관련서비스, 연료비

(5)가정용품/가사서비스	가구 및 조명, 실내장식, 가구조명 및 장식서비스, 가정용 섬유, 가전 및 가정용기기, 가전관련서비스, 가사용품, 가정용공구 및 기타, 가사소모품, 가사서비스
(6)보건	의약품, 의료용 소모품, 보건의료용품 및 기구, 외래의료서비스, 치과서비스, 기타의료서비스, 입원서비스
(7)교통	자동차구입, 기타운송기구 구입, 운송기구유지 및 수리, 운송기구 연료비, 기타개인교통 서비스, 철도운송, 육상운송, 기타운송, 기타교통관련서비스
(8)통신	우편서비스, 통신장비, 통신서비스
(9)오락/문화	영상음향기기, 사진광학장비, 정보처리장치, 기록매체, 영상음향 및 정보기기수리, 오락문화 내구재, 악기기구, 오락문화 내구재 유지 및 수리, 장난감 및 취미용품, 캠핑 및 운동관련 용품, 화훼관련/애완동물관련 용품 및 서비스, 운동 및 오락서비스, 문화서비스, 복권, 서적, 기타 인쇄물, 문구, 단체여행비 등
(10)교육	정규교육, 학원 및 보습교육, 기타교육
(11)음식/숙박	식사비(외식비 등), 숙박비
(12)식료품/음식	식료품+식사비(외식비 등)
(13)기타상품/서비스	이미용 서비스 및 기기, 위생 및 이미용 용품, 기타개인용품 등
3) 비소비지출	조세, 연금, 사회보험, 이자비용, 가구간 이전 등
(1)경상조세	경상적인 소득에 부과되는 직접세(예컨대, 소득세 및 재산세, 자동차세 등)
(2)비경상조세	양도소득세, 퇴직소득세, 상속 및 증여세, 부동산 및 자동차 취등록세, 과태료 등
(3)연금기여금	각종 연금법에 따라 매월 일정액을 납입하는 사회보험료
(4)사회보험료	법률에 따라 매월 일정액을 납입하는 사회보험료
(5)이자비용	주택/신용 담보대출이자, 학자금 대출이자 등
(6)가구간 이전지출	다른 가구(부모/자녀/친지 등)에 지출하는 금액
(7)비영리단체로 이전지출	종교단체 등 사회단체 기부금, 노조/친목회비 등 단체회비

주. 가계동향조사 소득 항목분류 체계를 요약 및 재구성한 것임.

자료. 2020년 가계동향조사 통계정보보고서.

2. 분석 결과

1) 기술통계

(1) 소득변화 추이

2019년 1분기부터 2021년 4분기까지 월평균 가구소득의 변화가 〈그림 4-1〉에 제시되어 있다. 소득은 계절과 시기의 영향을 어느 정도 받았고, 소득유형에 따른 차이를 보였다. 우선, 주요 소득(패널 a)을 보면, 가구소득, 경상소득, 처분가능소득은 2021년 3분기까지 상대적으로 안정적인 추이를 보였다. 이와 달리 시장소득은 코로나로 인한 영향이 그대로 반영된 것으로 보인다. 2020년 1분기부터 감소하기 시작하여 2020년 2분기에는 급격하게 감소했다. 가구소득, 경상소득, 처분가능소득이 코로나 이후에도 그 이전과 유사한 수준을 보인 것은 정부의 현금지원(제1차 긴급재난지원금, 실업급여, 아동돌봄쿠폰 및 정부의 보조금 등) 때문인 것으로 판단이 되며, 특히 2021년 3분기의 가구소득, 경상소득, 처분가능소득의 증가폭이 시장소득의 증가폭 보다 높은 것은 제5차 긴급재난지원금(소위 국민상생지원금)의 영향인 것으로 보인다.

코로나의 영향과 정부 보조금의 효과를 보다 자세히 살펴보기 위해 경상소득의 주요 소득원을 구분해 보면, 근로소득과 사업소득은 코로나로 인해 감소한 것을 알 수 있으며 2020년 2분기에 이전소득이 증가한 것을 확인할 수 있다. 한편, 재산소득은 코로나로 인한 영향이 거의 없는 것으로 보인다. 이전소득을 보다 자세히 들여다보면, 정부 지원금을 포함한 사회수혜금이 2020년 2분기(제1차 긴급재난지원금의 영향)와 2021년 3분

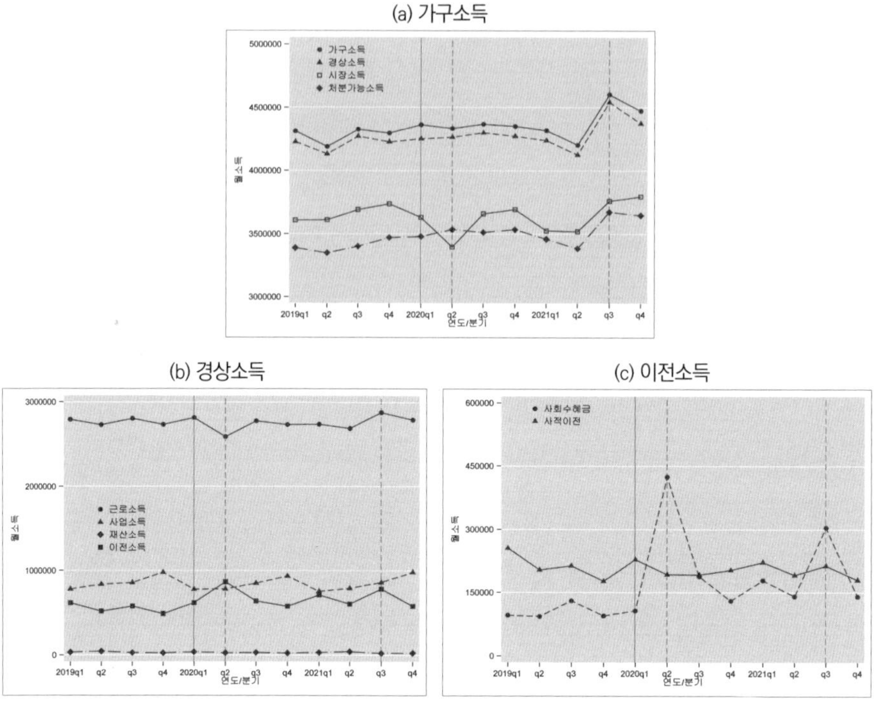

주. 모든 소득은 소비자물가지수(2020=100)가 반영되었음. 처분가능소득=가구소득−비소비지출. 시장소득=경상소득−공적이전. 가구균등화를 적용하지 않았음.
자료: 통계청, 가계동향조사 원자료.

그림 4-1 가구소득 변화 추이

기(제5차 긴급재난지원금의 영향)에 급격하게 증가한 것을 볼 수 있으며, 사적이전(가족 간 이전)은 계절과 시기(예컨대, 1분기의 설 명절) 영향으로 증감을 보일 뿐 코로나로 인한 영향은 두드러지지 않았다.

(2) 지출변화 추이

다음으로 가구지출에 대한 변화를 살펴보면, 〈그림 4-2〉에 제시되어 있다. 2019년 1분기부터 2021년 4분기까지 가계지출과 이를 구성하는 주요 항목인 소비지출 및 비소비지출의 분포가 패널 (a)에 제시되어 있다. 시기에 따른 차이는 있지만 월평균 가계지출은 대략 330만 원이며, 2019년 증감을 반복하다가 2020년 2분기까지 감소세를 보였다. 그 후 어느 정도 횡보하다가 2021년 3분기에 잠시 반등하였다. 2019년 1분기와 3분기에 지출이 증가한 것은 설과 추석 등의 명절효과(holiday effects)로 인한 것으로 보이며, 2020년 1분기부터 가계지출이 감소한 원인은 코로나의 여파인 것으로 여겨진다. 한편 월평균 소비지출은 대략 244만 원, 비소비지출은 86만 원이며, 소비지출은 가계지출과 유사한 패턴을 보였다.

소비지출을 구체적으로 살펴보면, 식료품과 음식 및 숙박 지출(패널 b)은 코로나와 긴급재난지원금에 다소 민감하게 반응을 한 것으로 보이며 가구, 가사 및 생활용품 지출(패널 c)은 코로나 이후 전반적으로 증가한 것으로 나타났다. 교육비 지출(패널 d)은 계절과 시기(여름방학과 겨울방학)의 영향이 컸으나 코로나 이후 전반적으로 감소 추세를 보였다. 오락 및 문화 지출(패널 d)도 코로나 이후 지속적으로 줄어든 것으로 보인다. 의류 및 신발에 대한 지출(패널 c)은 계절과 시기의 영향이 가장 컸으며, 코로나의 영향도 있는 것으로 보인다. 한편, 주류 및 담배 지출(패널 b), 주거, 수도 및 전기 지출(패널 c), 의료 및 보건 지출(패널 c), 통신 지출(패널 d) 등은 코로나와 긴급재난지원금의 영향이 거의 없는 것으로 나타났다.

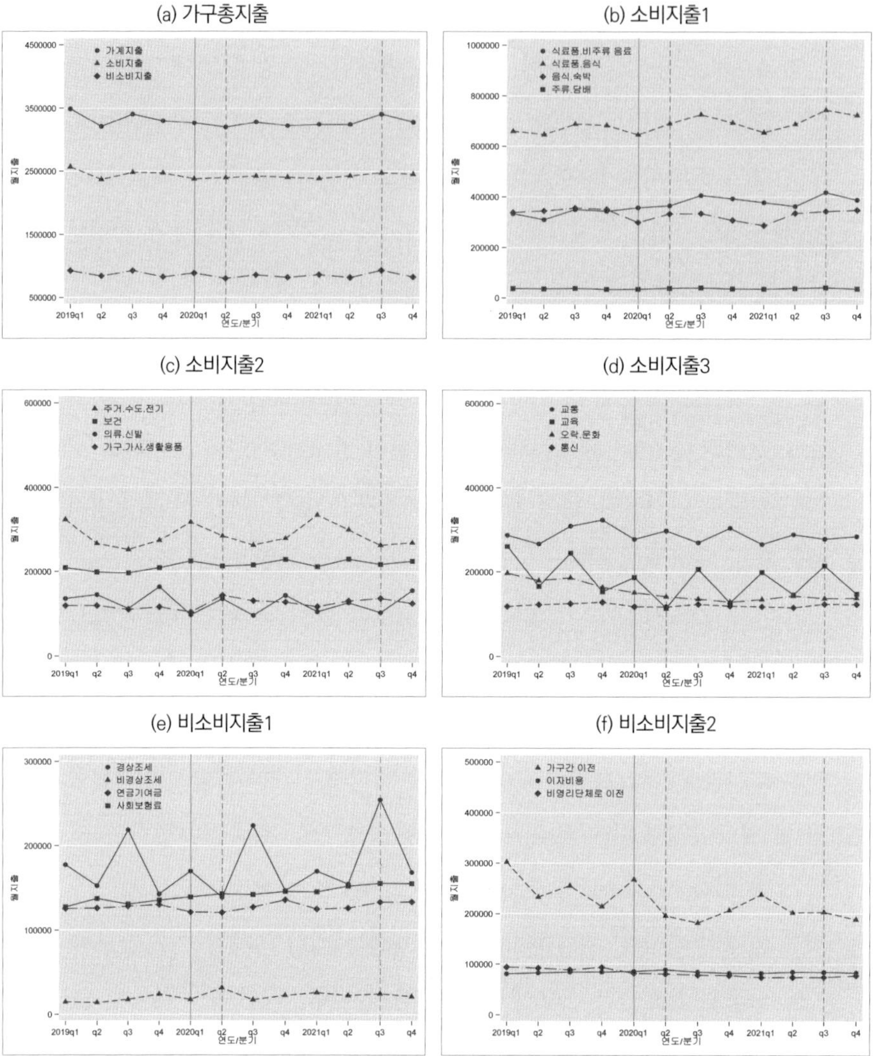

주. 모든 소득은 소비자물가지수(2020=100)가 반영되었음. 가구균등화를 적용하지 않았음.
자료: 통계청, 가계동향조사 원자료.

그림 4-2 가구지출 변화 추이

비소비지출을 보면, 비경상조세(패널 e)는 코로나와 긴급재난지원금에 다소 민감하게 반응한 것으로 보인다. 그러나 경상조세(패널 e), 이자비용과 비영리단체로의 이전(패널 f)은 코로나와 긴급재난지원금의 영향이 거의 없는 것으로 보인다. 사회보험료(패널 e)는 꾸준히 증가했고, 연금기여금(패널 e)은 코로나로 감소한 것으로 보인다. 가구 간 이전지출(패널 f)은 계절과 시기 영향이 컸으며 코로나 이후 전반적으로 감소세를 보였다.

(3) 빈곤과 불평등 변화 추이

2019년 1분기부터 2021년 4분기까지 빈곤율과 불평등 변화가 〈그림 4-3〉에 제시되어 있다. 시장소득, 처분가능소득, 경상소득으로 구분하였고, 고정빈곤율과 상대빈곤율을 각각 분석하였다. 먼저, 고정빈곤율(패널 a)을 보면, 시장소득 빈곤율은 처분가능소득과 경상소득 빈곤율과 명확히 구분된 패턴을 보인다. 코로나로 인해 시장소득 빈곤율은 증가했으나, 처분가능소득과 경상소득 빈곤율은 코로나로 인하여 증가한 후 바로 감소한 것(제1차 긴급재난지원금의 영향)으로 나타났다. 상대빈곤율(패널 b)도 유사한 패턴을 보였다. 소득불평등(패널 c)은 코로나로 모든 소득유형에서 지니계수가 증가하였고 그 이후 감소한 것으로 나타났다. 한편 제5차 긴급재난지원금도 소득불평등을 어느 정도 감소시키는 것으로 보인다.

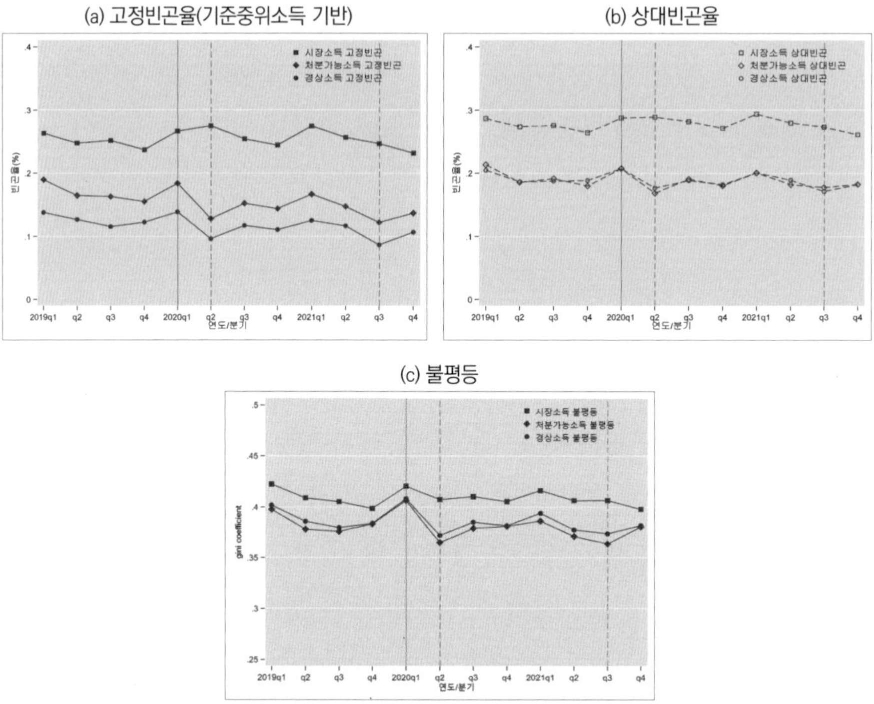

주. 모든 소득은 소비자물가지수(2020=100)가 반영되었음. 가구균등화를 적용하였음.
자료: 통계청. 가계동향조사 원자료.

그림 4-3 빈곤과 불평등 변화 추이

2) 2019년 동분기 대비 소득, 지출, 빈곤 및 불평등 변화

(1) 소득 증감률

계절과 시기의 영향을 최소화하기 위하여 2019년을 기준으로 동분기 대비 증감률을 산출하였다. 2019년과 비교하여 2020년과 2021년의 각 분기별 소득 증감률이 〈그림 4-4〉에 제시되어 있다. 먼저, 주요 가구소득

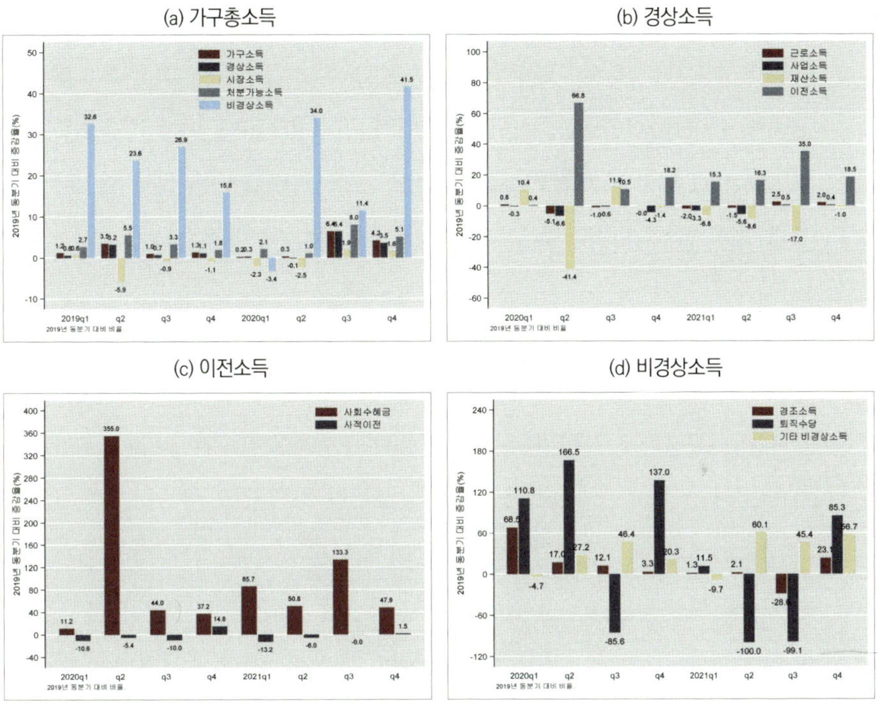

주. 모든 소득은 소비자물가지수(2020=100)가 반영되었음. 처분가능소득=가구소득−비소비지출. 시장소득=경상소득−공적이전. 가구균등화를 적용하지 않았음.
자료: 통계청, 가계동향조사 원자료.

그림 4-4 소득 증감률

(패널 a)을 보면, 코로나19가 시작된 2020년 1분기의 모든 소득(가구총소득, 경상소득, 시장소득, 처분가능소득, 비경상소득)은 코로나19 이전인 2019년 1분기보다 증가하였다. 하지만 2020년 2분기부터 시장소득은 감소한 것으로 나타났다. 시장소득이 감소한 이유는 패널 (b)를 보면 보다 구체적으로 알 수 있는데, 코로나로 인해 근로소득과 사업소득이 대부분 감소했기 때문이다. 반면 가구총소득을 비롯하여 경상소득, 처분가능소

득은 감소하지 않았는데, 그 이유는 이전소득의 증가 때문인 것으로 보인다(패널 b 참고). 특히, 공적이전소득이 3배 이상 증가하였다(패널 c 참고). 한편 비경상소득의 증가 폭이 상당히 두드러졌는데, 이는 경조소득과 퇴직수당 때문인 것으로 보인다. 패널 (d)를 보면 2020년 1분기와 2분기에 경조소득과 퇴직수당이 두드러지게 증가한 것을 알 수 있다.

(2) 지출 증감률

가구지출의 증감률을 보면 〈그림 4-5〉에 제시되어 있다. 2019년을 기준으로 2020년과 2021년의 동분기 지출의 증감률을 비교하였다. 코로나가 발생한 2020년 1분기에 가계지출을 포함한 소비지출, 비소비지출 모두 감소하였다. 제1차 긴급재난지원금이 지원된 2020년 2분기에 지출이 잠시 증가하였으나 2020년 전반에 걸쳐 지출이 감소한 것으로 나타났다. 이러한 감소는 2021년 1분기까지 이어졌으며, 2분기에 이르러 2019년 수준으로 회복되기 시작하였다. 흥미로운 점은 제5차 긴급재난지원금이 지급된 시기인 2021년 3분기의 가구지출은 제1차 긴급재난지원금이 지급된 2020년 2분기와 비교할 때 미미한 수준이었다. 제1차 긴급재난지원금이 지급된 2020년 2분기 가계지출과 소비지출 증감률은 직전 분기인 2020년 1분기 때보다 감소율이 상당히 완화되었으나 제5차 긴급재난지원금이 지급된 2021년 3분기의 가계지출과 소비지출 증감률은 2021년 2분기 때보다 오히려 악화된 것으로 나타났다.

다음으로 소비지출 세부 항목을 살펴보면, 코로나로 인해 식료품과 비주류, 보건 지출 이외에 모든 항목이 감소하였다. 2분기에 다시 식료품,

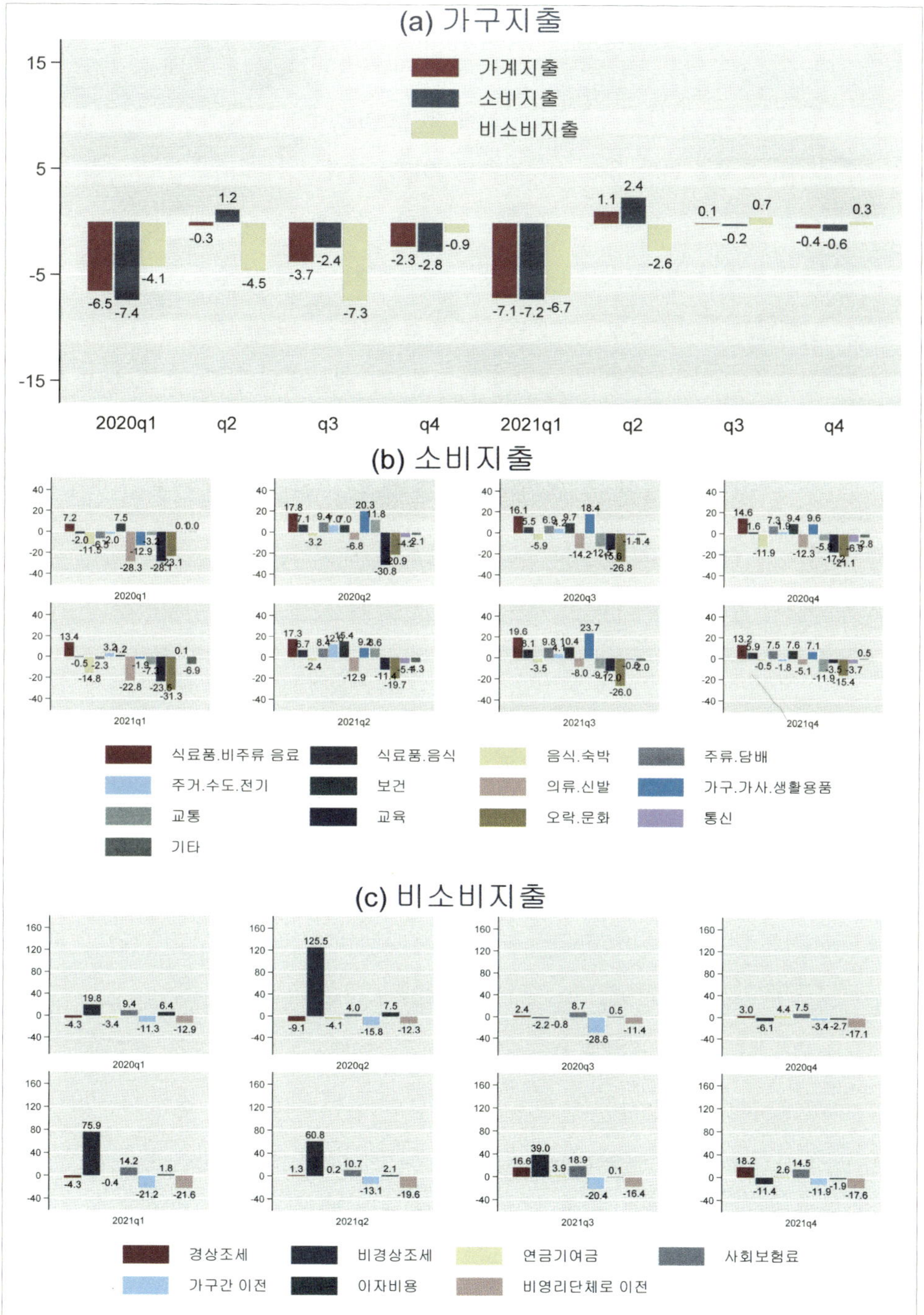

주. 모든 소득은 소비자물가지수(2020=100)가 반영되었음. 가구균등화를 적용하지 않았음.
자료: 통계청, 가계동향조사 원자료.

그림 4-5 지출 증감률

음식을 비롯한 여러 소비지출항목의 증가율이 반등했지만, 외식 및 숙박, 교육, 오락과 문화 등의 소비지출은 2019년 동분기 대비 감소한 것으로 나타났다. 비소비지출의 세부항목을 보면, 경상조세는 2020년 1분기(코로나 발생 초기)와 2분기(제1차 긴급재난지원금 지급)에 감소한 것으로 나타났으나 하반기에는 2019년 수준으로 회복한 것으로 보인다. 2020년 상반기에 비경상조세의 지출이 상당히 증가한 것으로 나타났는데, 2020년 2분기의 증가율이 두드러졌다. 한편 코로나 여부와 관계없이 사회보험료는 2019년 동분기 대비하여 모두 증가한 것으로 나타난 반면 가구 간 이전지출과 비영리단체로의 이전은 모두 감소하였다.

(3) 빈곤과 불평등 증감률

2019년 동분기 대비 2020년, 2021년의 빈곤율과 불평등 증감률이 〈그림 4-6〉에 제시되어 있다. 소득유형별로 구분(경상소득, 시장소득, 처분가능소득)하여, 고정빈곤율, 상대빈곤율, 불평등(지니계수)을 각각 산출하여 비교하였다. 먼저 고정빈곤율(패널 a)을 보면, 시장소득 빈곤율은 처분가능소득과 경상소득 빈곤율과 명확히 구분된 패턴을 보인다. 시장소득 고정빈곤율은 2020년과 2021년 전반에 걸쳐 증가한 것으로 나타났으나, 경상소득과 처분가능소득 고정빈곤율은 줄어든 것으로 나타났다. 시장소득은 근로소득과 사업소득의 변화를 직접적으로 반영하기 때문에 코로나의 영향을 가장 잘 반영한다고 볼 수 있다. 이와 달리 경상소득과 처분가능소득은 이전소득을 포함하기 때문에 정부 지원금의 영향을 파악하는 데에 유용하다. 이러한 점에 비추어 볼 때, 코로나가 시장소득 기

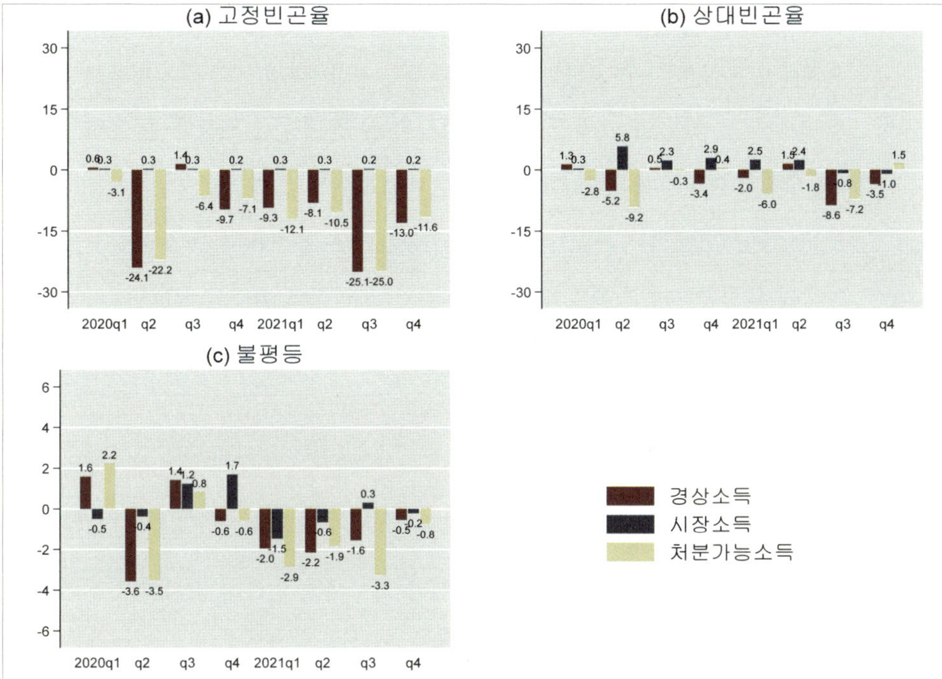

주. 모든 소득은 소비자물가지수(2020=100)가 반영되었음. 가구균등화를 적용하였음.
자료: 통계청, 가계동향조사 원자료.

그림 4-6 빈곤과 불평등 증감률

준의 빈곤율을 높였으나, 정부의 보조금 및 지원으로 고정빈곤율이 상당히 완화된 것으로 보인다. 특히, 제1차 긴급재난지원금과 제5차 긴급재난지원금이 지급된 2020년 2분기와 2021년 3분기의 고정빈곤율은 2019년 동분기와 비교할 때 상당히 줄어든 것으로 나타났다. 패널 (b)에 상대빈곤 증감률이 제시되어 있다. 고정빈곤 증감률과 유사한 패턴을 보였지만, 시장소득 상대빈곤의 증가율이 두드러졌다. 한편 불평등 증감률(패널 c)

을 보면, 예상과 달리 코로나 초기인 2020년 1분기의 불평등이 모든 소득유형에서 증가한 것이 아니었다. 흥미롭게도 경상소득과 처분가능소득의 불평등은 증가한 반면 시장소득 불평등은 오히려 감소하였다. 2020년 2분기에는 모든 소득유형에서 불평등이 감소하였으나, 2020년 3분기에는 모든 소득유형에서 증가한 것으로 나타났다. 그 이후 경상소득과 처분가능소득 불평등은 감소하였으나 시장소득은 시기별로 차이를 보였다. 이를 통해 코로나가 소득불평등을 단순히 악화시킨 것으로만 볼 수 없다.

3) 하위 집단 분석

(1) 소득 증감률

코로나로 인한 취약계층의 소득 변화를 파악하기 위하여 집단별(소득계층, 종사상 지위, 가구유형)로 구분하여 2019년을 기준으로 동분기 대비 소득 증감률을 분석하였다. 소득을 계층에 따라 5분위로 구분한 결과가 〈그림 4-7〉에 제시되어 있다. 코로나 초기인 2020년 1분기에 저소득층인 소득 1분위, 2분위, 3분위에서는 소득이 감소한 것으로 나타났다. 이와 대조적으로 중고소득 계층인 4분위와 5분위에서는 소득이 증가하였다. 2020년 2분기에는 모든 계층에서 소득이 증가한 것으로 나타났는데, 저소득계층의 소득 증가율이 가장 높았다. 가구소득을 시장소득과 처분가능소득으로 구분하여 분석한 결과가 패널 (b)와 패널 (c)에 제시되어 있다. 소득계층에 따라 차이는 있지만, 코로나 초기에 바로 소득 감소가 나타난 것은 아니었다. 소득 감소는 2020년 2분기부터 두드러졌는데, 저소득층일수록 코로나의 영향이 심각한 것을 알 수 있다. 2021년 3분기에

(a) 가구소득

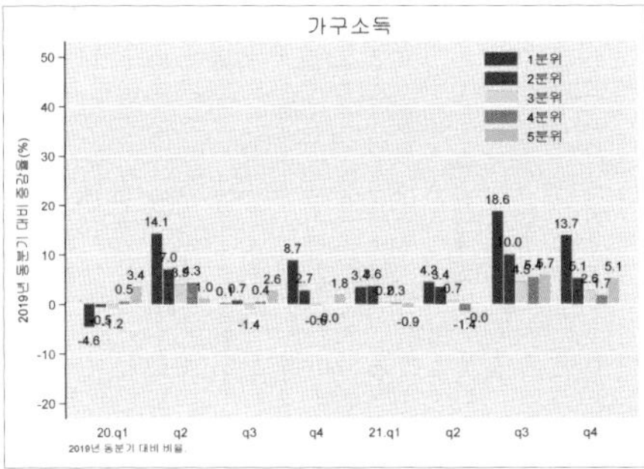

(b) 시장소득

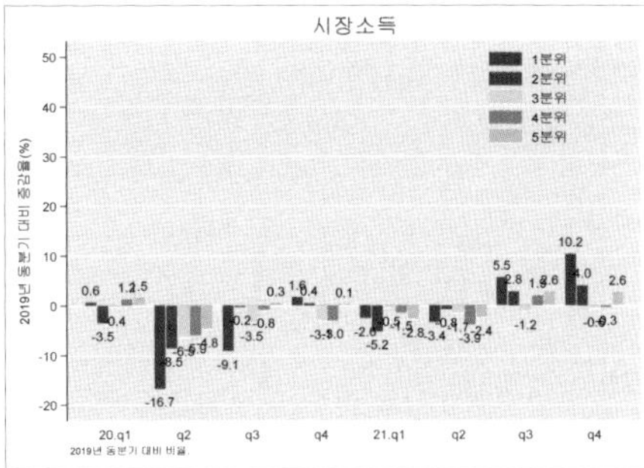

(c) 처분가능소득

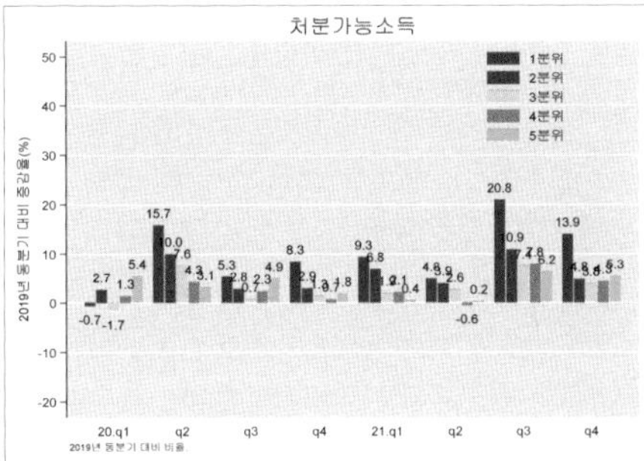

주. 모든 소득은 소비자물가지수(2020=100)가 반영되었음. 처분가능소득=가구소득−비소비지출. 시장소득=경상소득−공적이전. 가구균등화를 적용하지 않았음.
자료: 통계청, 가계동향조사 원자료.

그림 4-7 소득분위별 소득 증감률

와서야 2019년의 수준으로 회복된 것으로 보인다. 처분가능소득(패널 c)은 코로나 초기인 2020년 1분기 몇몇 소득 분위(소득 1분위와 3분위)를 제외하고는 모두 증가했고, 저소득층일수록 처분가능소득의 증가율이 더 높은 것으로 비추어 볼 때 이전소득이 기여하는 부분이 큰 것으로 여겨진다.

다음으로 종사상 지위에 따른 소득 증감률을 보면, 〈그림 4-8〉에 제시

(a) 가구소득

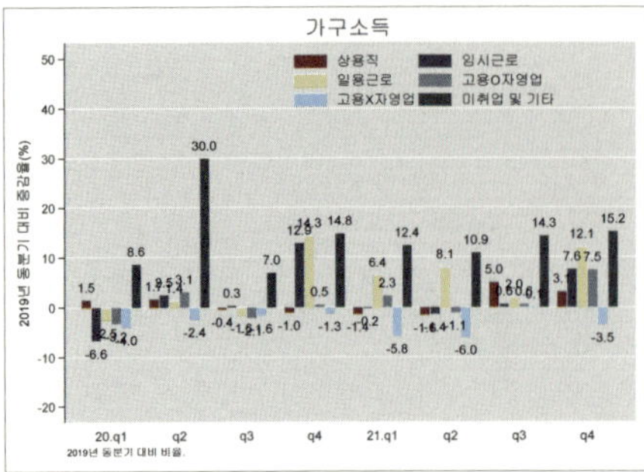

(b) 시장소득

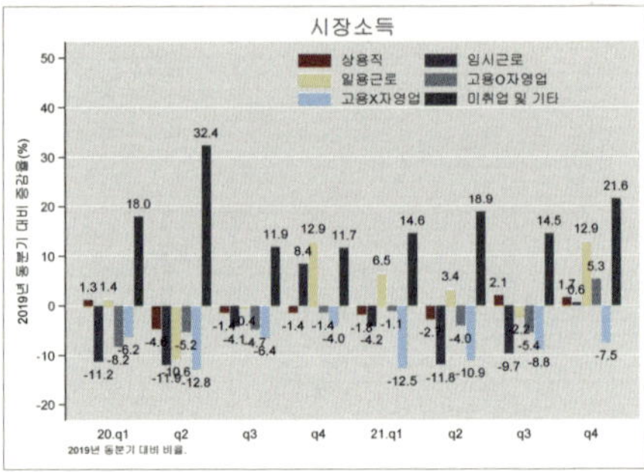

(c) 처분가능소득

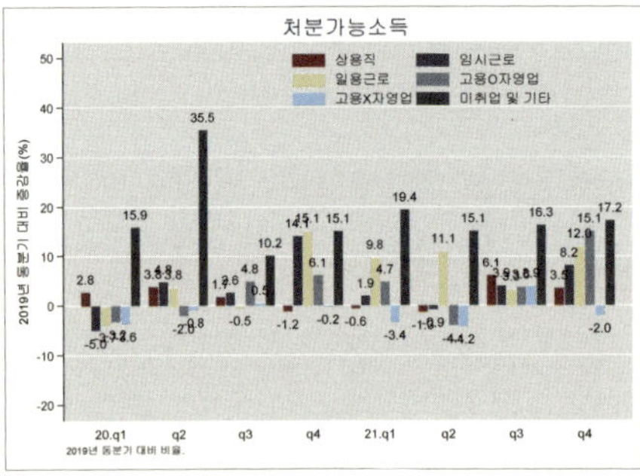

주. 모든 소득은 소비자물가지수(2020=100)가 반영되었음. 처분가능소득=가구소득−비소비지출. 시장소득=경상소득−공적이전. 가구균등화를 적용하지 않았음.
자료: 통계청, 가계동향조사 원자료.

그림 4-8 종사상 지위별 소득 증감률

되어 있다. 코로나 초기인 2020년 1분기에는 상용직 종사자와 미취업 및 기타 가구를 제외하고 모든 종사상 지위의 소득이 감소하였다. 2020년 2분기에는 고용원이 없는 자영업자 이외의 모든 집단에서 소득이 다시 반등하였다. 흥미로운 점은 미취업 및 기타 가구의 소득은 코로나 이후 오히려 증가했으며, 자영업자 중 고용원이 있는 자영업자와 고용원이 없는 자영업자 간에 차이를 보였다는 점이다. 특히 고용원이 없는 자영업자들의 소득 감소가 두드러졌다. 한편, 임시 · 일용 근로자의 소득은 예상과 달리 코로나로 인하여 지속적으로 감소한 것만은 아니었다. 코로나 초기 직접적인 충격을 받았으나 그 이후 바로 회복되는 것으로 보인다. 일용근로자 가구의 경우 2020년 3분기에 소득이 다시 감소하였으나 그 이후 지속적으로 증가율을 보였다.

가구소득을 시장소득과 처분가능소득으로 구분하여 분석한 결과가 패널 (b)와 패널 (c)에 제시되어 있다. 시장소득(패널 b)을 보면, 종사상 지위별로 어느 정도 차이가 있지만, 코로나 초기부터 소득 감소가 바로 발생한 것은 아니었다. 소득 감소는 2020년 2분기부터 두드러졌으며, 종사상 지위별로 다양한 것으로 나타났다. 코로나 초기인 2020년 1분기에는 상용직 종사자, 일용노동자, 미취업 및 기타 종사자 가구의 소득은 증가했으나, 임시근로 노동자, 고용원이 있는 자영업자, 고용원이 없는 자영업자 가구의 소득은 감소하였다. 2020년 2분기에는 미취업 및 기타 종사자 가구를 제외하고는 모든 형태의 가구에서 소득 감소를 경험했다. 코로나의 영향을 직접적으로 확인할 수 있는 시장소득을 통하여, 고용원이 없는 자영업 가구의 소득이 가장 크게 감소한 것을 알 수 있다. 한편, 일용근로자 가구는 다른 집단에 비해 비교적 빠른 기간 내에 소득이 회복된 것으로 보인다. 처분가능소득(패널 c)은 코로나 초기인 2020년 1분기 상용직 종사자와 미취업 및 기타 종사자 가구를 제외하고는 모두 감소한 것으로 나타났다. 그러나 2분기부터 회복세를 보였으며, 3분기에 이르러 거의 대부분 증가세를 보였다.

마지막으로 가구유형에 따른 소득 증감률을 보면, 〈그림 4-9〉에 제시

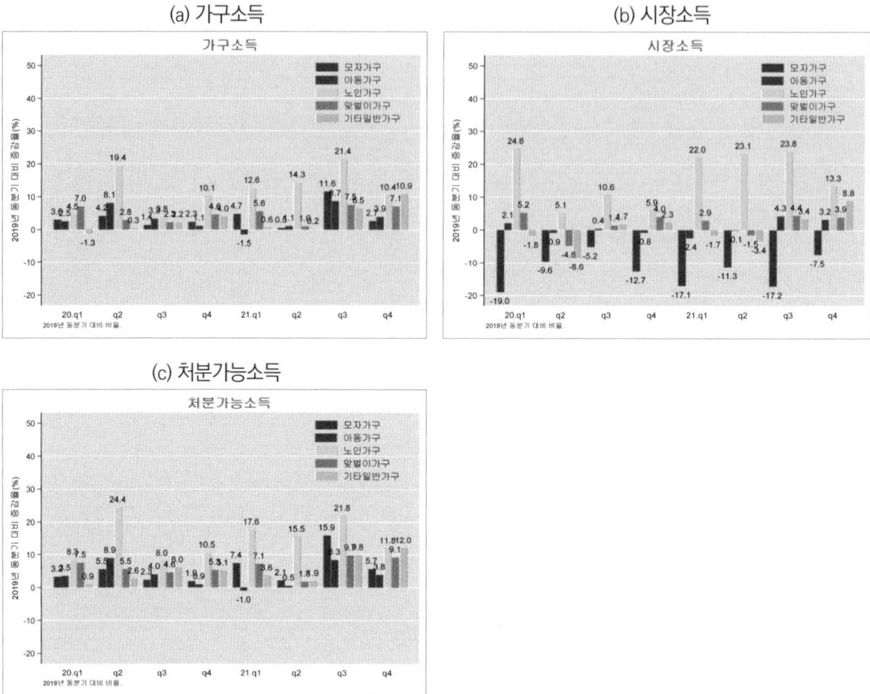

주. 모든 소득은 소비자물가지수(2020=100)가 반영되었음. 처분가능소득=가구소득−비소비지출. 시장소득=경상소득−공적이전. 가구균등화를 적용하지 않았음.
자료: 통계청, 가계동향조사 원자료.

그림 4-9 가구유형별 소득 증감률

되어 있다. 코로나 초기인 2020년 1분기 일반가구를 제외한 모든 가구유형에서 소득 증가를 경험하였다. 특히 노인 가구의 소득 증가율이 가장 높은 것으로 나타났다. 가구소득을 시장소득과 처분가능소득으로 구분하여 분석한 결과가 패널 (b)와 패널 (c)에 제시되어 있다. 시장소득(패널 b)을 보면, 가구유형별로 어느 정도 차이가 있지만, 코로나 초기부터 모든 가구에서 소득 감소가 바로 나타난 것은 아니었다. 소득 감소는 2020년

2분기부터 두드러졌으며, 가구유형에 따른 차이를 보였다. 코로나 초기인 2020년 1분기에는 모자가구와 기타 일반가구에서 소득 감소를 경험했으나, 아동가구, 노인가구, 맞벌이 가구에서는 소득이 증가했다. 2020년 2분기에는 노인가구를 제외한 모든 형태의 가구에서 소득이 감소하였다. 흥미롭게도 모자가구는 코로나 이후 지속적으로 소득 감소를 경험했으나 노인가구는 소득이 전 기간에 걸쳐 증가하였다. 처분가능소득(패널 c)은 코로나 이후 전 기간에 걸쳐 증가했는데, 특히 노인가구의 소득 증가율이 두드러지게 높았다. 한편, 2020년 2분기에는 아동가구의 소득 증가율이 상대적으로 높았고, 2021년 3분기에는 모자가구의 소득 증가율이 상대적으로 높았다.

(2) 지출 증감률

소득 계층을 5분위로 구분하여 지출의 증감률을 분석한 결과가 〈그림 4-10〉에 제시되어 있다. 먼저 가구 총지출인 가계지출(패널 a)을 보면, 코로나 발생 직후인 2020년 1분기에는 모든 소득계층에서 지출이 감소했다. 지출감소는 소득계층별로 특별한 패턴을 보이지 않았고, 2020년 2분기 이후에도 소득 1분위를 제외한 대부분의 소득계층에서 여전히 감소세를 보였다. 가계지출을 소비지출과 비소비지출로 구분한 결과가 패널 (b)와 패널 (c)에 제시되어 있다. 소비지출(패널 b)의 경우 가계지출과 유사한 패턴을 보였고, 비소비지출(패널 c)도 유사한 패턴을 보였으나 소득계층별로 증감률에 차이를 보였다.

다음으로 종사상 지위에 따른 지출 증감률을 보면, 〈그림 4-11〉에 제

(a) 가계지출

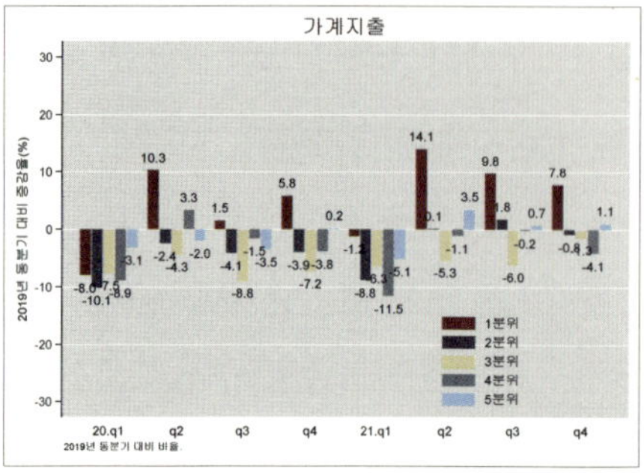

(b) 소비지출

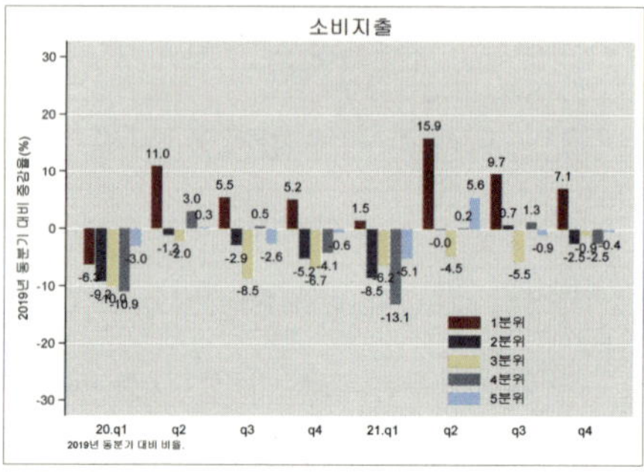

(c) 비소비지출

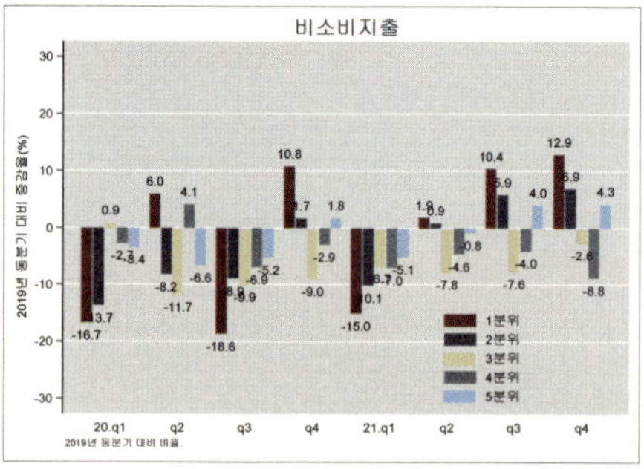

주. 모든 소득은 소비자물가지수(2020=100)가 반영되었음. 가구균등화를 적용하지 않았음.
자료: 통계청, 가계동향조사 원자료.

그림 4-10 소득분위별 지출 증감률

시되어 있다. 코로나 초기인 2020년 1분기에는 고용원이 있는 자영업 가구를 제외하고 모든 가구의 지출은 감소했다. 2020년 2분기에도 유사한 패턴을 보였으나 지출의 감소율은 줄어들었다. 지출 증감률은 종사상 지위에 따라 시기별로 다양했는데, 두드러진 점은 고용원이 있는 자영업자와 고용원이 없는 자영업자 간에 지출 증감률에 차이를 보였다는 점이다. 고용원이 없는 자영업자 가구는 분석 전 기간에 걸쳐 지출 감소율이 가장

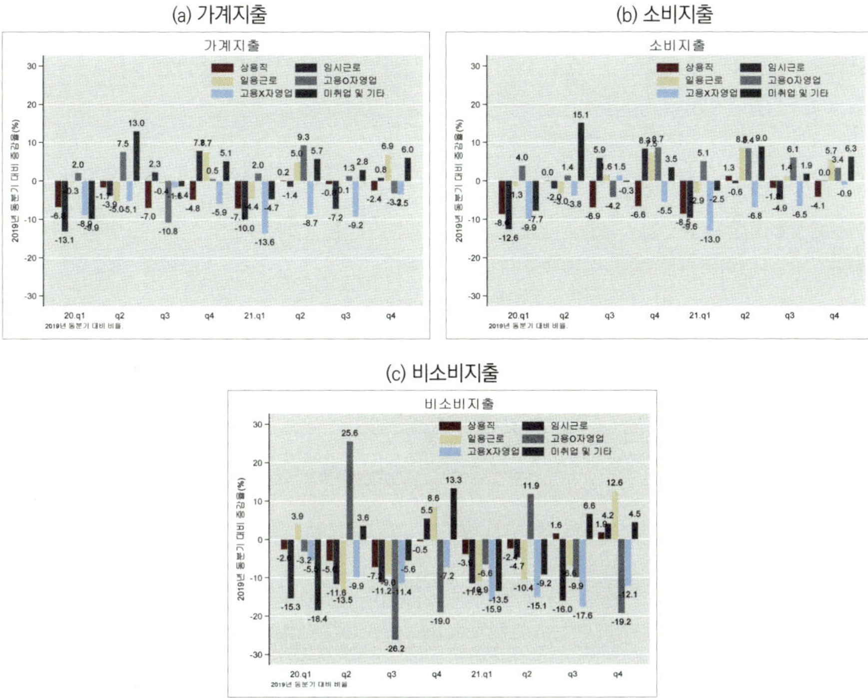

주. 모든 소득은 소비자물가지수(2020=100)가 반영되었음. 가구균등화를 적용하지 않았음.
자료: 통계청, 가계동향조사 원자료.

그림 4-11 종사상 지위별 지출 증감률

큰 집단인 것으로 나타났다. 가계지출을 소비지출과 비소비지출로 구분하여 분석한 결과가 패널 (b)와 패널 (c)에 제시되어 있다. 소비지출(패널 b)은 가계지출과 유사한 패턴을 보였으며, 비소비지출(패널 c)은 시기별로 집단에 따른 차이를 보였지만, 전반적으로 감소세를 보였다.

마지막으로 가구유형에 따른 지출 증감률을 보면, 〈그림 4-12〉에 제시되어 있다. 코로나 초기인 2020년 1분기에는 맞벌이 가구를 제외한 모든

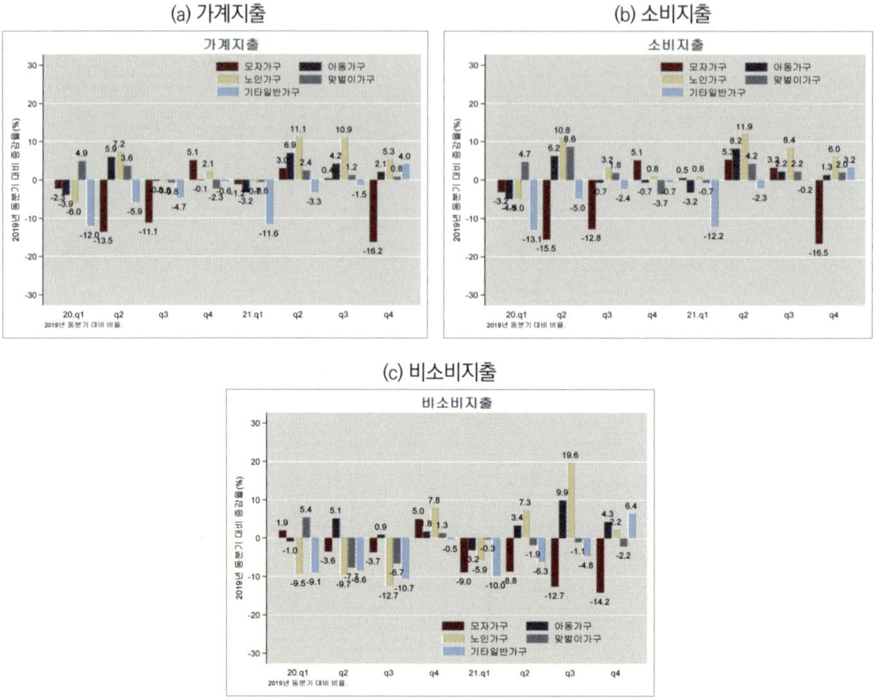

주. 모든 소득은 소비자물가지수(2020=100)가 반영되었음. 가구균등화를 적용하지 않았음.
자료: 통계청, 가계동향조사 원자료.

그림 4-12 가구유형별 지출 증감률

가구유형에서 지출이 감소했고, 기타 일반가구의 지출 감소율이 가장 컸다. 가계지출을 소비지출과 비소비지출로 구분하여 분석한 결과가 패널 (b)와 패널 (c)에 제시되어 있다. 소비지출(패널 b)의 증감률은 가계지출과 거의 유사하였으나, 비소비지출(패널 c)은 집단에 따른 차이를 보였다.

(3) 빈곤율과 소득 불평등 증감률

코로나로 인한 취약계층의 빈곤율과 소득 불평등 변화를 파악하기 위하여 집단별(종사상 지위, 가구유형)로 구분하여 2019년을 기준으로 동분기 대비 증감률을 분석하였다. 소득분포를 기반으로 빈곤율과 소득 불평등을 산출하기 때문에 여기에서는 소득 계층(소득 5분위)에 따른 하위집단 분석을 제외하였다.

먼저 종사상 지위에 따른 빈곤율과 소득 불평등 변화를 보면 〈그림 4-13〉에 제시되어 있다. 여기서는 2019년 동분기 대비 '증감률' 대신 '차이'를 분석에 사용하였다. 그 이유는 몇몇 집단(상용직과 고용원이 있는 자영업 가구)의 2019년 빈곤율이 매우 낮아서 변화율로 산출할 경우 이들 집단에서는 작은 변화도 과도한 변화로 보일 수 있기 때문이다. 먼저 경상소득 기준으로 산출된 고정빈곤(패널 a)을 보면, 코로나 초기인 2020년 1분기에 대부분의 집단(미취업 및 기타 가구 제외)에서 빈곤이 증가했으나 매우 미미한 수준이었다. 2020년 2분기에는 임시 및 일용근로자 가구의 빈곤이 상당히 떨어졌으나, 고용원이 있는 자영업 가구와 고용원이 없는 자영업 가구 모두 빈곤율이 증가한 것으로 나타났다. 2020년 3분기 이후 임시근로자와 일용근로자 가구의 빈곤이 감소세로 돌아섰으며, 일용근로자 가구의 감소세가 두드러졌다. 한편, 상용직 종사자 가구의 빈곤율은 특별한 변화를 보이지 않았고, 미취업 및 기타 가구는 빈곤이 전반적으로 감소한 것으로 나타났다.

상대빈곤율을 분석한 결과가 패널 (b)에 제시되어 있다. 빈곤 증감률에는 차이가 있으나, 고정빈곤율과 유사한 경향을 보였다. 고용원이 없는

(a) 고정빈곤

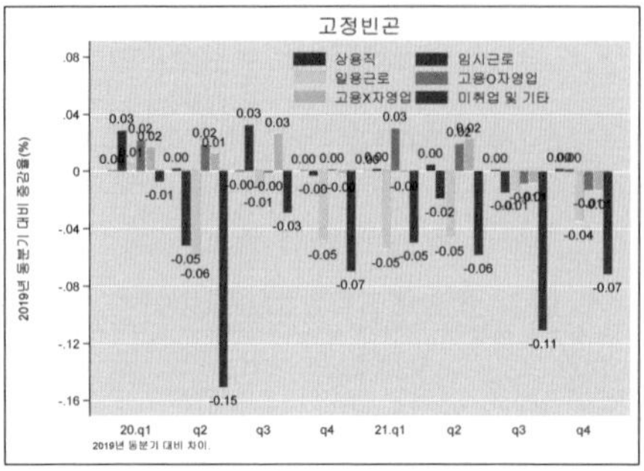

(b) 상대빈곤

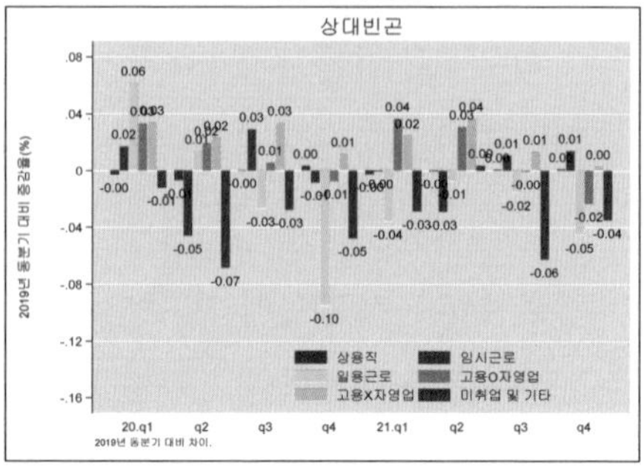

(c) 소득불평등

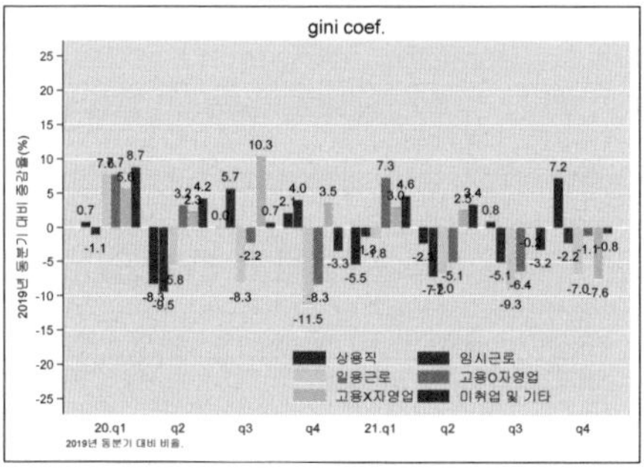

주. 모든 소득은 소비자물가지수(2020=100)가 반영되었음.
자료: 통계청, 가계동향조사 원자료.

그림 4-13 종사상 지위별 빈곤과 소득불평등 증감률

자영업자 가구의 상대빈곤율이 코로나 이후 분석 전 기간에 걸쳐 증가한 반면 미취업 및 기타 가구의 상대빈곤은 감소하였다. 아울러 코로나 초기에 일용근로자의 상대빈곤이 증가했지만, 2020년 3분기부터 감소세로 돌아섰으며, 상용직 종사자 가구의 빈곤에는 특별한 변화가 감지되지 않았다. 소득 불평등을 측정하기 위하여 경상소득을 기준으로 지니계수로 산출한 결과가 패널 (c)에 제시되어 있다. 코로나19 발생 초기에 대부분의

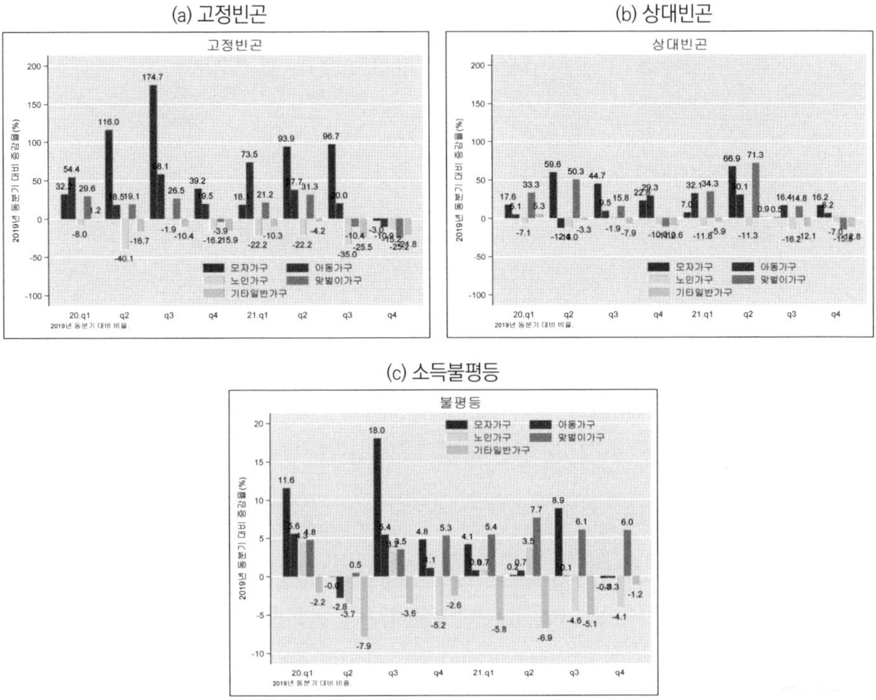

주. 모든 소득은 소비자물가지수(2020=100)가 반영되었음. 처분가능소득=가구소득−비소비지출. 시장소득=경상소득−공적이전. 가구균등화를 적용.
자료: 통계청, 가계동향조사 원자료.

그림 4-14 가구유형별 빈곤과 불평등 증감률

집단(임시근로자 가구를 제외)에서 소득분포가 악화된 것으로 나타났다. 이러한 소득 악화는 2020년 2분기에 이르러 일부 집단에서 완화되었으나 여전히 악화된 상태였다. 예를 들면, 상용직, 임시 및 일용근로자 가구의 소득 불평등은 감소세로 돌아섰으나, 고용원이 있는 자영업자, 고용원이 없는 자영업자, 미취업 및 기타 가구의 소득 불평등은 2019년 동분기에 비하여 악화되었다. 그 이후 고용원이 없는 자영업자 가구의 소득 분포는 지속적으로 악화된 반면 일용근로자 가구의 소득 분포는 상당히 개선이 된 것으로 나타났다. 한편, 2021년 3분기에는 대부분의 집단에서 소득 불평등이 감소한 것으로 나타났다.

다음으로 가구유형에 따른 빈곤과 소득 불평등 변화를 보면, 〈그림 4-14〉에 제시되어 있다. 먼저 경상소득을 기준으로 산출된 고정빈곤(패널 a)을 보면, 집단 간에 차이가 두드러졌다. 코로나 초기인 2020년 1분기 노인가구를 제외한 모든 가구유형에서 빈곤 증가를 경험하였다. 노인 가구는 코로나 이후 분석 전 기간 동안 고정빈곤율이 감소한 것으로 나타났고, 모자가구와 아동가구는 빈곤이 상당히 높아진 것으로 보인다. 2021년 3분기에 이르러 이들 중 일부 가구유형의 빈곤율이 감소세로 돌아섰으며, 2021년 4분기에 와서야 2019년 4분기보다 빈곤율이 낮아졌다. 소득분포에 보다 민감한 상대빈곤을 사용한 결과가 패널 (b)에 제시되어 있다. 빈곤 증감률에는 차이가 있었으나, 고정빈곤율과 유사한 경향을 보였다. 모자가구와 아동가구의 빈곤 증가율이 두드러진 한편 노인가구의 빈곤 감소율이 돋보였다. 지니계수로 산출한 소득 불평등 결과가 패널 (c)에 제시되어 있다. 코로나 발생 초기에 대부분의 집단(기타 일반가구 제외)에서 소득분포가 악화된 것으로 나타났다. 이러한 소득 악화는 2020년 2분기에 이르러 대부분의 집단에서 일시적으로 완화가 되었으나 3분기에 다시 악화되었다. 모자가구와 맞벌이 가구의 소득 불평등은 코로나 발생 초기부터 분석 전 기간 동안 악화된 한편 아동가구의 경우 코로나 초기에 높아졌다가 2020년 하반기부터 점차 감소세를 보였다.

4) 긴급재난지원금의 소비효과: 한계소비성향 추정

여기에서는 코로나에 대응한 정부의 긴급재난지원금이 가구 소비를 얼마나 진작시켰는지를 분석한다. 이를 위해 한계소비성향을 산출하여 정부의 지원금이 가구 소비를 진작시킨 정도를 파악한다. 현재까지 여섯 차례에 걸려 긴급재난지원금이 지급되었는데, 지원금의 규모와 영향을 고려하여 제1차 지원금(2020년 5월)과 제5차 지원금(2021년 9월)을 중심으로 분석을 진행한다. 제1차 긴급재난지원금은 2020년 5월 중순(5월 11일~6월 5일)부터 지급되기 시작했고, 소득 수준에 관계없이 가구원수를 반영하여 40만 원에서 100만 원이 차등적으로 지급되었다. 지급형태는 신용카드, 체크카드, 선불카드, 지역상품권 등으로 다양했고 일부 취약계층에게는 현금으로 지급이 되었다. 사용 기한을 설정하여 지급일로부터 3개월 내(2020년 8월 31일)에 소진되도록 설계하였고[1], 거주 지역 내에서만 사용 가능토록 하였다. 한편, 제5차 긴급재난지원금("국민지원금")은 2021년 9월 초(9월 6일~10월 29일)부터 지급되었고, 건강보험료를 토대로 가구 소득 하위 80%를 대상으로 1인당 25만 원(4인 가구 기준 100만 원)을 지급하였다. 1차 지원금과 마찬가지로 별도의 신청절차를 마련하여 지급 대상자에게는 신용카드, 체크카드, 선불카드, 지역상품권 등의 형태로 지급되었고, 사용 기한을 설정하여 2021년 12월 31일까지 소진되

---

1) 지원금의 70%가 지급 첫 4주 내에 소진되었으며 지원금의 대부분(약 90%)은 2개월 내(6월 30까지)에 소진된 것으로 파악이 된다(여유진 외, 2021).

도록 남은 잔액은 환불되지 않고 자동 소멸되도록 조치하였다.

현재까지 여러 연구에서 1차 긴급재난지원금의 효과를 분석하고 있으며, 공통적으로 소비지출 증대에 긍정적인 영향을 보인다고 보고하였다. 하지만 그 효과 정도는 연구에 따라 상당한 차이를 보인다. 예를 들어, 신용카드 매출 정보를 토대로 분석한 김미루 · 오윤해(2020)는 1차 지원금의 한계소비성향을 0.262~0.361로 추정하였고, Kim et al.(2020)에서도 0.294로 추정했다. 이와 대조적으로 가계동향조사 자료를 활용한 이우진 외(2021)의 연구에서는 한계소비성향을 0.654~0.782로 추정했고, 이승호 · 홍민기(2021)에서도 높은 수준인 0.704~0.810로 추정했다. 즉, 재난지원금 14.2조 원 중 9.3~11.1조 원가량이 소비 지출에 사용되었다는 것이며, 코로나에 대응한 여러 방역조치로 인해 2020년 2분기와 3분기의 소비활동이 제한되었던 점을 고려할 때 이러한 소비 진작효과는 그리 낮지 않음을 의미한다(이우진 외, 2021).

제1차 긴급재난지원금의 효과에 대한 연구와 달리 선별적으로 지급된 제5차 지원금의 효과에 대한 연구는 부족한 상황이다. 따라서 여기에서는 제5차 긴급재난지원금의 한계소비성향을 함께 추정하여 제1차 긴급재난지원금과 비교한다. 긴급재난지원금만의 영향을 식별하기 위하여 이중차이분석을 활용했다. 아래 〈표 4-2〉에 이중차이분석에 대한 도식화가 제시되어 있다. 2019년 5-6월에서 2019년 3-4월의 소비를 차분한 후 2020년 동기간을 차분한다. 그런 다음 2020년의 차분 값에서 2019년의 차분 값을 차분함으로써 순수한 지원금의 영향을 식별해 낼 수 있다. 단, 2020년 5-6월에 미친 코로나의 영향(코로나B 효과라고 지칭함)과 2020년

표 4-2 이중차이분석에 대한 도식화

연도	기간 구분		차분
	1기간(3-4월)	2기간(5-6월)	[2기간-1기간]
2019년	A셀 [처치 없음]	B셀 [처치 없음]	B-A: [기간 효과]
2020년	C셀 [코로나A]	D셀 [코로나B+재난지원금]	D-C: [코로나(B-A) 효과+ 재난지원금 효과+분기효과]
차분 [20년-19년]	C-A: [코로나A 효과+ 연도효과]	D-B: [코로나B 효과+ 재난지원금 효과+연도효과]	(D-B)-(C-A): [코로나(B-A) 효과+ 재난지원금 효과]

출처: 이우진 외(2021)를 바탕으로 재구성.

3-4월에 미친 코로나의 영향(코로나A 효과)이 동일하다는 가정을 한다. 이중차이분석을 통하여 도출한 회귀계수는 한계소비성향 탄력성이 된다. 따라서 평균소비성향(APC: Average Propensity to Consume)을 간단히 곱하여 한계소비성향 추정치를 도출할 수 있다.

아래 〈표 4-3〉에 제1차 지원금과 제5차 지원금의 한계소비성향 추정치가 제시되어 있다. 먼저, 제1차 지원금의 한계소비성향을 보면(첫 번째 패널), 사회수혜금으로 산출한 소비 지출에 대한 한계소비성향은 0.862이며, 이전소득으로 바꾸게 되면 한계소비성향은 0.817이 된다. 소비지출 대신 가계지출에 대한 한계소비성향은 사회수혜금을 기준으로 할 때 0.970이며, 이전소득을 토대로 산출하면 0.913이 된다. 다음으로 제5차 지원금의 한계소비성향을 보면(두 번째 패널), 사회수혜금으로 산출한 소비지출에 대한 한계소비성향은 0.212이며, 이전소득으로 바꾸게 되면 한계소비성향은 0.208이 된다. 소비지출 대신 가계지출에 대한 한계소비성향은 사회수혜금을 기준으로 할 때 0.260이며, 이전소득을 토대로 산출하면

표 4-3 한계소비성향 추정

		(1) 소비 지출에 대한 한계소비성향	(2) 가계 지출에 대한 한계소비성향
제1차 재난지원금	사회수혜금	0.862	0.970
	이전소득	0.817	0.913
제5차 재난지원금	사회수혜금	0.212	0.260
	이전소득	0.208	0.255

0.255가 된다. 간략히 정리하면, 제1차 지원금의 한계소비성향은 0.817~0.970이고, 제5차 지원금의 한계소비성향은 0.208~0.260이다. 이를 통하여 보편적으로 지급된 제1차 긴급재난지원금의 한계소비성향이 선별적으로 지급된 제5차 긴급재난지원금보다 상당히 크다는 것을 알 수 있다. 단, 유의할 점은 두 분석 기간 동안 사회적 거리두기와 같이 개인 및 가구 소비에 직접적인 영향을 미칠 수 있는 요인들이 완전히 제거되지 않았다는 것이다.

3. 소결

이 장에서는 코로나의 영향을 파악하고 긴급재난지원금(제1차와 제5차를 중심으로)이 소득 및 지출에 미치는 영향을 살펴보았다. 경제 변수(소득, 지출, 빈곤 및 소득 불평등)를 위주로 전반적인 추이분석과 2019년 동분기 대비 2020년과 2021년 변화를 분석하였다. 또한 긴급재난지원금이 가구의 소비 지출을 얼마나 늘렸는지에 대한 분석도 함께 진행하였다. 분석 결과를 간략히 정리하면 다음과 같다.

우선, 코로나로 인하여 시장소득이 감소했으나, 경상소득과 처분가능소득은 코로나 이후에도 그 이전과 유사한 수준을 보였다. 이는 정부 지원금(제1차, 제5차 긴급재난지원금, 실업급여, 아동돌봄쿠폰 및 정부의 보조금 등)의 영향인 것으로 보인다. 가계지출은 코로나 이후 전반적으로 감소했으나 급격한 변화를 보이지는 않았다. 다만, 소비지출과 비소비지출은 각 항목에 따른 상당한 차이를 보였다. 예컨대, 식료품, 음식, 외식 및 숙박관련 지출은 코로나와 긴급재난지원금에 민감하게 반응하였으나 주거, 수도 및 전기관련 지출, 의료 및 보건, 통신 관련 지출은 코로나와 긴급재난지원금에 영향을 거의 받지 않았다. 아울러, 오락 및 문화 관련 지출은 코로나 이후 지속적으로 감소했고 교육비는 계절과 시기 영향이 강하였으나 전반적으로 감소세를 보였다. 한편 비소비지출 중 비경상조세는 코로나와 긴급재난지원금에 민감하게 반응했고, 경상조세를 비롯한 이자비용과 비영리단체로의 이전은 코로나와 긴급재난지원금의 영향을 거의 받지 않았다. 빈곤율은 코로나 초기에 증가했으나 제1차 긴급재난지원금으로 상당히 완화가 되었고, 제5차 긴급재난지원금도 빈곤과 소득불평등을 완화시키는 데에 기여한 것으로 보인다.

계절과 시기 영향을 최소하기 위하여 2019년 동분기 대비 증감률 분석을 진행한 결과, 코로나가 발생한 직후 시장소득이 바로 떨어진 것이 아니라 2020년 2분기부터 감소하기 시작했으며, 대부분의 가구소득(경상소득, 처분가능소득 등)은 2019년 때보다 오히려 증가한 것으로 나타났다. 코로나로 근로소득과 사업소득이 대부분 감소했음에도 불구하고 공적이전소득이 증가했기 때문이다(공적이전소득은 3배 이상 증가했다). 또한,

코로나 이후 경조소득과 퇴직수당 등의 일부 비경상소득이 증가하기도 하였다. 한편, 코로나로 가계지출을 포함한 소비지출, 비소비지출이 모두 감소하였다. 제1차, 제5차 긴급재난지원금이 지급된 시기에 전반적으로 지출이 증가했으나, 흥미롭게도 제5차 긴급재난지원금이 지급된 시기인 2021년 3분기의 가구지출은 제1차 긴급재난지원금이 지급된 2020년 2분기와 비교할 때 미미한 수준이었다. 또한, 코로나 여부와 관계없이 사회보험료는 2019년 동분기 대비하여 모두 증가했으며 가구 간 이전지출과 비영리단체로의 이전은 모두 감소하였다.

코로나가 시장소득 빈곤율을 높였으나, 정부의 보조금 및 지원으로 빈곤율이 어느 정도 완화되었다. 특히, 제1차 긴급재난지원금과 제5차 긴급재난지원금이 지급된 2020년 2분기와 2021년 3분기의 고정빈곤율은 2019년 동분기와 비교할 때 상당히 줄어든 것으로 나타났다. 한편, 소득불평등은 예상과 달리 코로나 초기인 2020년 1분기에 모든 소득유형에서 증가한 것만은 아니었다. 경상소득과 처분가능소득의 불평등은 증가했지만 흥미롭게도 시장소득 불평등은 오히려 감소하였다. 이를 통하여 코로나가 가구의 소득불평등을 단순하게 악화시킨 것으로만 볼 수 없으며, 이는 정책적으로 의미하는 바가 있다.

다음으로 취약계층의 소득 및 지출의 변화를 파악하기 위하여 분석 대상을 소득계층별, 종사상 지위별, 가구유형별로 구분하여 분석하였다. 이러한 하위 집단 구분을 통하여 도출한 결과를 정리하면, 먼저 소득계층에 따른 차이를 보였다. 코로나 초기부터 소득 감소로 바로 이어진 것은 아니었으나 저소득층일수록 코로나에 취약한 것으로 나타났다. 종사상 지위에 따라서도 코로나의 영향이 달리 나타났는데, 상용직 종사자와 미취업 및 기타 종사자 가구에서는 소득 감소를 경험하지 않았거나 미미하게 감소했는데 흥미롭게도 미취업 및 기타 가구는 코로나 이후 오히려 소득이 증가한 것으로 나타났다. 아울러, 코로나에 가장 큰 타격을 받은 집단은 자영업자이긴 하나 이들을 고용원이 있는 자영업자와 고용원이 없는 자영업자로 구분할 때 이들 간에 확연한 차이를 보였다. 코로나의 충격은 고용원이 없는 자영업자들에게 두드러지게 나타났다. 한편, 임시 및 일용근로자의 소득은 코로나로 인하여 지속적으로 감소한 것만은 아니었다. 코로나 초기에 어느 정도 타격을 받았으나 그 이후 바로 회복되는 것으로 보인다. 가구유형에 따른 차이도 명확했다. 코로나 이후 전 기간에 걸쳐 노인 가구는 소득 증가를 경험했으나, 모자가구는 소득이 감소하여 코로나에 상당히 취약한 것으로 나타났다.

지출과 빈곤 및 소득 불평등에도 소득계층, 종사상 지위, 가구유형 등의 집단에 따른 차이를 보였다. 긴급재난지원금의 영향으로 지출이 가장 크게 증가한 집단은 저소득계층과 노인가구였다. 반면, 모자가구와 중위계층인 소득 3분위 집단에서 지출이 가장 많이 감소한 것으로 나타났다. 일용근로자 가구와 노인가구에서 소득불평등이 코로나 이후 오히려 줄어들었고, 고용원이 없는 자영업자 가구와 모자가구는 더욱 악화되었다.

한편, 정부의 긴급재난지원금이 가구 소비를 얼마나 진작시켰는지를 파악하기 위하여 한계소비성향을 산출하였다. 재난지원금만의 영향을 식별하기 위하여 이중차이분석을 활용하여 분석한 결과, 제1차 지원금의 한계소비성향은 0.817~0.970이고, 제5차 지원금의 한계소비성향은 0.208~

0.260이다. 이를 통하여 보편적으로 지급된 제1차 지원금의 한계소비성향이 선별적으로 지급된 제5차 지원금보다 상당히 높은 것으로 나타났다. 단, 두 분석 기간 동안 사회적 거리두기와 같이 개인 및 가구 소비에 직접적인 영향을 미칠 수 있는 요인들이 완전히 제거되지 않았음을 밝힌다.

이상의 분석은 경제 변수에 중점을 두었다. 다음 장에서는 한국복지패널조사를 활용하여 심리사회적 및 정신건강에 미친 영향을 파악한다. 이를 통해 저소득층과 취약계층에 가해진 여러 형태의 코로나의 충격을 다양한 측면에서 파악함으로써, 소득보장제도가 보다 실효성 있는 방향으로 개선되는 동시에 사각지대를 줄이기 위한 정책적 함의를 도출할 수 있을 것으로 기대한다.

제5장 심리 및 정신건강에 미친 영향 분석

제5장 심리 및 정신건강에 미친 영향 분석

지금까지 코로나와 긴급재난지원금이 가계 경제에 미치는 영향에 대하여 살펴보았다. 그러나 실제 코로나는 경제 영역뿐만 아니라 우리의 삶 전반에 영향을 주었으며, 특히 정신건강에 큰 영향을 미쳤다. "코로나 블루", "코로나 블랙"과 같은 용어가 생겨날 만큼 코로나로 인한 우울감이나 불안감이 사회문제로 부각되었고, 정부의 방역 조치와 장기간에 걸친 사회적 거리두기는 사람들의 피로도를 높이고 사회심리적 문제를 가중시켰다. 이러한 가운데, 여기에서는 정신건강에 주목하여 코로나19와 긴급재난지원금이 어떤 영향을 주었는지 살펴보고자 한다.

1. 분석 방법과 데이터

1) 분석 자료와 연구 대상

건강 및 정신건강 관련 변수를 측정하는 국내 자료는 여럿 있으나 그 중에서 사회복지영역에서 가장 널리 사용되는 데이터는 한국복지패널조사이다. 한국복지패널조사는 2006년을 시작으로 현재까지 매년 가구소득과 복지에 관한 정보를 조사해오고 있다. 가구와 가구원의 소득, 지출, 자산 등과 같은 경제 변수에 대한 상세한 정보뿐만 아니라 삶의 질과 관련된 변수와 사회복지 욕구 및 정신건강에 대한 정보에 이르기까지 개인의 삶과 관련된 전반적인 정보를 수집한다. 아울러, 한국복지패널조사는 전국적인 대표성을 지니며, 저소득층을 과대표집 하여 빈곤층 및 저소득층 관련 정책에 적합한 자료라는 특징이 있다.

코로나와 긴급재난지원금의 영향을 파악하기 위하여 여기서는 15차(2020년 조사)와 16차(2021년 조사) 자료를 분석에 사용했다. 각 자료의 조사 시점은 2020년과 2021년이지만, 동일 차수에서도 변수에 따라 측정 시점의 차이가 있다. 예를 들어, 소득은 조사 시점으로부터 “지난 한해 동안”으로 측정하기 때문에 2019년과 2020년이 되지만, 정신건강(우울, 자아존중감, 가족관계 만족도)변수는 조사가 진행되는 시점(매년 3월)을 기준으로 측정하기 때문에 2020년과 2021년이 된다. 더욱이, 15차(2020년) 자료의 경우 코로나의 창궐로 인해 3월이 아닌 6월-9월에 조사가 이루어졌다. 즉, 정신건강변수는 코로나가 국내에 창궐하고 제1차 긴급재난지원금이 지급된 이후에 측정이 되었다. 따라서, 15차 자료를 사용하면 종속변수인 정신건강이 코로나 팬데믹이 발생한 이후이기 때문에 코로나로 인한 영향을 파악하는 데에 문제가 발생한다.

이를 해결하기 위한 대안 중 하나는 15차의 소득 정보(2019년 정보)와 14차의 정신건강 정보(2019년 3월의 정보)를 각각 추출하여 새로운 데이터 셋을 구성하는 것이다. 마찬가지로 16차의 소득정보(2020년 정보)와 15차의 정신건강 정보(2020년 6월-9월 정보)를 각각 추출하여 데이터 셋을 생산하여 분석을 진행할 수 있다. 하지만, 이럴 경우 역인과관계문제

(reverse causality)를 발생시킬 수 있다. 예를 들어, 15차의 소득 정보는 그 한해(2019년)에 대한 정보이지만, 정신건강변수에 대한 정보는 2019년의 6월-9월의 정보이기 때문에 독립변수와 종속변수 간의 전후(선후) 관계가 명확히 성립하지 않는다. 이러한 문제가 발생할 수 있음에도 불구하고 데이터의 한계로 인하여 불가피하게 이와 같은 방식으로 구축한 데이터를 사용하여 분석을 진행하였다.[1] 한편, 분석 단위는 가구이며 모든 분석은 표본 가중치를 적용하였다.

2) 분석 변수

이 장에서는 가구 소득과 가구주의 정신건강에 중점을 두고 분석을 진행하였다. 소득은 소득원천별로 분해하였고, 정신건강은 우울, 자아존중감, 가족관계 만족도를 대리변수로 사용하여 분석을 진행하였다. 소득은 연간(annual) 단위이며, 가구 규모에 따라 차이가 있지만 가구균등화를 적용하지 않았다. 분석에 사용한 각 변수에 대한 설명이 〈표 5-1〉에 제시되어 있다.

---

1) 역의인과관계문제가 발생할 수 있기 때문에 조사 시점 간의 간격이 길지만, 14차(2018년의 소득정보와 2019년 3월의 정신건강 정보를 제공)와 16차(2020년의 소득정보와 2021년 3월의 정신건강 정보를 제공)조사를 사용한 분석결과가 부록 2에 제시되어 있다.

표 5-1 분석에 사용된 변수 정의 및 분류

분석 변수		구성항목 및 측정
I. 소득	1. 경상 소득	근로소득, 사업소득, 재산소득, 이전소득(공적이전, 사적이전소득)
	1) 근로소득	상용근로자 임금소득, 임시일용근로자 임금소득
	2) 사업 및 부업소득(순소득)	자영자 및 사업주의 사업소득, 농림수산업소득, 어업소득, 기타근로소득 등 (연간 순소득=연간 총매출액-연간 총비용; 순소득은 소득세, 본인과 가족에 대한 국민연금보험료, 건강보험료 등 사회보장부담금을 공제하기 전 금액임)
	3) 재산소득	이자 및 배당금, 임대료, 기타재산소득 등
	4) 이전소득	공적이전소득, 사적이전소득
	(1) 공적이전소득	사회보험급여, 기초연금, 양육수당, 장애수당, 맞춤형국민기초생활보장, 근로/자녀장려금, 코로나19 재난지원금, 기타 정부보조금
	(a)사회보험급여	공적연금, 고용보험, 산재보험 등
	(b)기초연금	만 65세 이상자로서 소득, 재산 등의 상태를 평가하여 일정조건을 만족한 경우 받는 수혜금
	(c)양육수당/보육료지원	양육수당(영유아 양육지원), 보육료 지원(i-사랑카드, 아이즐거운카드), 아동수당 등
	(d)장애수당	장애인연금, (경증)장애수당, 장애아동수당
	(e)맞춤형국민기초생활보장	생계급여, 주거급여, 교육급여
	(f)근로/자녀장려금	근로장려금, 자녀장려금
	(g)코로나19 재난지원금	제1차 재난지원금, 2차 재난지원금, 지자체 재난지원금 등
	(h)기타 정부보조금 (고용/산재보험 등)	학비지원, 국가유공자에 대한 보조금, 긴급복지지원금, 기타바우처지원금, 급식비 지원 등
	(2) 사적이전소득	부모나 자녀로부터의 보조금, 민간보험(개인연금, 퇴직연금 등), 기타민간보조금 등
	2. 가처분소득	경상 소득 - 비소비지출(세금 및 사회보장분담금)
II. 정신건강	1) 우울	일주일간 심리상태를 묻는 CESD-11로 우울 문항을 측정. 4점 리커트 척도로 측정된 CESD-11 문항을 모두 합한 후 20/11을 곱하여 0~60점의 범위를 가지도록 환산. 총 11개 문항의 합산점수를 연속변수로 사용하였으며, 점수가 높을수록 우울감이 높음.
	2) 자아존중감	Rosenberg Self-Esteem Scale을 활용하여 10개 문항으로 측정되었으며, 조사시점은 현재일이 기준. 코딩변경(재코딩 및 역코딩) 후 10개 문항을 합산하여 평균점수를 연속변수로 사용하였으며 점수가 높을수록 자아존중감이 높음.
	3) 가족관계 만족도	가족생활 및 관계와 관련된 4개 문항으로 측정. 4개의 모든 문항을 합산한 후 4로 나누어 사용. 1점~7점의 범위를 가진 연속변수이며, 점수가 높으면 만족도가 높음

주. 한국복지패널조사 조사자료 유저가이드와 차수별 조사표를 활용하여 저자가 요약 및 재구성한 것임.
자료. 한국복지패널 16차년도 조사자료 유저가이드, 16차년도 조사표.

2. 분석 결과

1) 소득과 긴급재난지원금

아래 〈표 5-2〉에 가구소득이 제시되어 있다. 2020년 경상소득은 5천 807만 원이며, 시장소득과 가처분소득은 각각 5천 54만 원과 5천 183만 원이었다. 각 소득원을 보면, 근로소득 3천 730만 원, 사업소득 761만 원, 재산소득 240만 원, 공적이전소득 753만 원, 사적이전소득 323만 원이었다. 근로소득과 사업소득이 차지하는 비중은 2019년에 비하여 모두 감소한 반면 공적이전소득의 비중은 증가했다. 2019년의 공적이전소득에 비하여 2020년에 34%가량이 증가했고, 이러한 증가는 코로나 관련 지원금과 기타 정부 보조금 때문인 것으로 판단된다. 〈표 5-3〉를 보면, 공적이전소득의 변화를 확인할 수 있는데, 2019년에 비해 2020년에 193만 원가량이 증가했으며 이러한 증가에 긴급재난지원금 도입이 큰 비중을 차지

표 5-2 가구 소득과 소득원별 현황

(단위: 만 원, %, %p)

	경상소득						시장소득	가처분소득
		근로소득	사업소득	재산소득	공적이전소득	사적이전소득		
2019년	5,688	3,714	841	219	560	354	5,128	5,112
구성비	100.0	65.3%	14.8%	3.8%	9.8%	6.2%		
2020년	5,807	3,730	761	240	753	323	5,054	5,183
구성비	100.0	64.2%	13.1%	4.1%	13.0%	5.6%		
증감률	2.1%	0.4%	−9.5%	9.7%	34.4%	−8.7%	−1.5%	1.4%
전년차		−1.1%p	−1.7%p	0.3%p	3.1%p	−0.7%p		

주. 소득은 15차(2019년)과 16차(2020년) 조사를 사용하였음.

표 5-3 공적이전소득 구성과 현황 (단위: 만 원, %, %p)

	공적이전소득								
		공적연금	기초연금	양육수당/보육료지원	장애수당	국기초	근로/자녀장려금	코로나19 재난지원금	기타
2019년	560	265	85	41	11	42	12		103
구성비	100	47.4%	15.2%	7.3%	1.9%	7.6%	2.2%		18.5%
2020년	753	278	97	43	11	43	12	125	144
구성비	100.0	36.9%	12.8%	5.8%	1.5%	5.7%	1.5%	16.6%	19.1%
증감률	34.4%	4.8%	13.4%	6.7%	2.7%	2.0%	−5.7%		39.2%
전년차		−10.5%p	−2.4%p	−1.5%p	−0.5%p	−1.8%p	−0.7%p		0.7%p

주. 소득은 15차(2019년)과 16차(2020년) 조사를 사용하였음.

한다. 공적연금, 기초연금, 양육수당/보육료지원, 장애수당, 맞춤형 국민기초생활보장제도 및 근로/자녀장려금 등은 특별한 변화를 보이지 않았다. 한편, 사적이전소득은 다소 감소한 것으로 나타났다.

〈표 5-4〉에 긴급재난지원금에 대한 현황이 제시되어 있다. 2020년 동안 전체 가구가 수령한 코로나 관련 지원금은 평균 125만 원이었다. 최대로 많이 받을 경우 1,539만 원까지 받았고, 중앙값은 95만 원인 것으로 나타났다. 가구특성별, 종사상 지위별, 소득계층별로 구분하여 긴급재난지원금을 보면, 가구원수가 많을수록 긴급재난지원금의 수령액도 커진 것으로 나타났다. 가구특성에 따른 수령액에는 특별한 패턴이 나타나지 않았고, 취약계층 내에서 수급액에 차이가 있었다. 예를 들어, 노인가구와 장애인가구는 긴급재난지원금의 수령액이 낮은 편에 속했고, 아동가구와 한부모가구는 높은 편에 속했다. 이는 가구원수 때문인 것으로 여겨지는데, 긴급재난지원금의 경우 다른 인구사회학적 특성보다는 가구원수에

표 5-4 코로나19 관련 재난지원금 현황

(단위: 만 원, %, %p)

		평균	최솟값	최대값	중앙값
전체(긴급재난지원금)		125	0	1,539	95
가구 특성	1인가구	70	0	547	55
	2인가구	105	0	768	88
	3인가구	149	20	877	130
	4인가구	201	84	1,002	178
	5인가구	239	85	1,539	221
	비노인가구주	140	0	1,539	110
	노인가구주	91	0	814	82
	청년가구주 가구(18–34)	84	0	768	57
	한부모가구	179	88	256	172
	장애인가구	128	35	413	103
	아동가구	203	20	1,539	184
종사상지위	상용근로자	131	0	768	112
	임시.일용근로자	114	0	877	92
	고용주	200	25	790	166
	영세자영업자	188	2	1,539	140
	자활근로, 공공근로, 노일일자리	81	40	310	74
	기타(무급가족종사자, 학생, 실직자 등)	94	0	484	84
소득분위	1분위	75	0	345	72
	2분위	86	0	485	72
	3분위	108	0	1,539	80
	4분위	142	2	1,002	112
	5분위	160	4	877	137

주. 16차(2020년) 조사를 사용하였음.

따른 차등 지급을 하였다. 제4장에서도 확인하였지만, 가구원수에 따른 차등지원이 지닌 합리적인 측면(i.e., 규모의 경제)이 있지만, 긴급재난지원금은 역진적으로 분배되었다.

종사상 지위에 따른 긴급재난지원금의 수령액을 살펴보면, 자활 및 공공근로 종사자 가구, 기타(무급가족종사자 포함), 임시 · 일용근로자 가구가 낮은 반면 자영업자 가구가 가장 많았다. 자영업 가구에서도 두드러진 차이를 보였는데, 소득이 높은 고용주들이 긴급재난지원금을 더 많이 받고, 소득이 통상적으로 낮은 영세자영업자들은 더 적게 받았다. 더욱이 상용근로자에 비하여 임시 · 일용근로자 가구의 긴급재난지원금 수령액이 더 낮은 것으로 나타나 임금근로자들 간에도 차이가 있는 것을 확인하였다. 다음으로 소득계층별로 구분하여 보면, 긴급재난지원금이 역진적으로 분배되었다는 것을 보다 명확히 알 수 있다. 소득이 가장 낮은 1분위 가구가 받은 긴급재난지원금은 평균 75만 원이었고, 2분위는 86만 원, 3분위는 108만 원, 4분위는 142만 원, 5분위는 160만 원이었다. 소득 분위가 높아질수록 수령액이 커지는 것은 가구원수 때문인 것으로 판단이 된다.

종사상지위별, 소득분위별로 구분하여 분석한 결과 소득이 높고 안정적인 일자리에 종사하는 사람들이 긴급재난지원금의 혜택을 더 많이 받음으로써 긴급재난지원금이 역진적으로 분배되었다는 것을 다시 확인하였다.

2) 정신건강

아래 〈표 5-5〉에 가구주의 정신건강에 대한 결과가 제시되어 있다. 코로나의 영향을 측정하기 위하여 코로나가 국내에서 창궐하기 이전인 2020년 2월 이전을 코로나 이전 시점으로 설정하고, 2020년 2월 이후부터를 코로나가 발생한 시점으로 설정할 필요가 있다. 하지만 앞서 설명하였듯이 한국복지패널조사는 연 단위로 측정되며, 소득과 정신건강 변수 간에 측정 시점이 상이하다. 한국복지패널조사에서 측정하는 정신건강(우울, 자아존중감, 가족관계 만족도 등) 변수는 경제 변수(소득, 소비 등)와 측정 시점에 차이가 있는데, 경제 변수는 조사 전년을 기준으로 조사를 하지만 정신건강 변수는 조사 시점을 기준으로 측정한다. 즉, 15차 조사에서 소득은 2019년, 정신건강은 2020년의 정보를 수집하며, 16차 조사에서 소득은 2020년, 정신건강은 2021년 3월의 정보를 수집한다. 한국복지패널조사는 통상적으로 매년 3월에 진행되지만, 코로나19의 확산으로 인해 15차 조사는 예외적으로 2020년 6월-9월에 이루어졌다. 즉, 15차 조사

표 5-5 우울, 자아존중감, 가족관계 만족감

(단위: 평균, %, %p)

	우울	자아존중감	가족관계 만족도
2019년	5.711	3.116	4.331
2020년	6.066	3.115	4.320
증감	0.355	−0.001	−0.012
증감률	6.2%	−0.02%	−0.3%

주. 2019년은 3월에 조사가 이루어졌으며, 2020년은 6월–9월에 조사가 이루어졌음.

는 코로나가 국내에 창궐한 이후 정신건강에 대한 정보를 담고 있다. 따라서, 14차(2019년 조사)와 15차(2020년 조사) 자료에서 정신건강에 대한 정보를 추출하여 분석을 진행하였다.

2020년 6월-9월 기준 가구주의 우울수준은 평균 6.1점이고, 자아존중감은 3.1점, 가족관계 만족도는 4.3점이었다. 코로나 이후 우울은 증가한 반면 자아존중감과 가족관계 만족도는 모두 떨어졌다. 예컨대, 우울은 2019년에 비하여 6.2%가량 늘었지만, 자아존중감은 0.02%, 가족관계 만족도는 0.3%가량 감소했다. 가구특성별, 종사상 지위별, 소득계층별로 구분하여 정신건강 수준을 살펴보면, 〈표 5-6〉에 제시되어 있다. 대체로 가구원수가 많아질수록 정신건강이 좋아지는 것으로 나타났다. 우울수준은 감소하는 반면 자아존중감과 가족관계 만족도는 높아졌다. 예상했듯이, 비노인가구(일반가구)보다 노인가구의 우울수준이 더 높았으며, 자아존중감이 더 낮았다. 하지만, 가족관계 만족도는 노인가구에서 더 높은 것으로 나타났다. 취약가구인 장애인가구의 우울 수준이 두드러지게 높았으며, 자아존중감이 낮은 것으로 나타났다. 흥미롭게도 청년가구의 경우 우울과 자아존중감을 기준으로 정신건강을 측정할 때 좋은 결과를 보였으나, 가족관계 만족도를 기준으로 보면 상당히 나쁜편에 속하는 것으로 나타났다.

종사상지위별로 구분해 보면, 집단에 따른 차이가 있었다. 상용직 근로자의 우울 수준이 가장 낮았고, 자활근로 및 공공근로자와 기타(무급가족종사자, 학생, 실직자 등)의 우울 수준이 두드러지게 높았다. 한편 고용주의 정신건강 수준은 영세자영업자보다 좋은 것으로 나타나 자영업 종사자

표 5-6 취약계층에 따른 우울, 자아존중감, 가족관계 만족감 (단위: 만 원, %, %p)

		우울	자아존중감	가족관계 만족도
전체		6.066	3.115	4.320
가구 특성	1인가구	8.468	3.023	2.738
	2인가구	6.046	3.106	4.553
	3인가구	5.101	3.152	4.987
	4인가구	3.457	3.228	5.623
	5인가구	4.078	3.205	5.624
	1인가구	8.468	3.023	2.738
	청년가구주 가구(18-34)	3.877	3.302	2.324
	노인가구	9.050	2.953	4.475
	한부모가구	4.793	3.081	4.294
	장애인가구	13.218	2.697	3.219
	아동가구	3.729	3.247	5.341
	일반가구	4.830	3.182	4.255
종사상지위	상용근로자	2.952	3.292	4.524
	임시.일용근로자	5.621	3.128	4.114
	고용주	4.594	3.241	4.709
	영세자영업자	5.506	3.135	4.733
	자활근로, 공공근로, 노일일자리	9.294	2.987	4.168
	기타(무급가족종사자, 학생, 실직자 등)	10.099	2.891	3.990
소득분위	1분위	12.929	2.734	3.162
	2분위	9.212	2.957	3.875
	3분위	6.385	3.127	3.594
	4분위	4.656	3.174	4.604
	5분위	3.189	3.263	5.218

주: 조사연도(2021년) 3월 기준임.

내에서도 차이가 있음을 알 수 있다. 다음으로 소득계층별로 구분해 보면, 소득분위가 높아질수록 정신건강 수준이 좋아지는 것을 알 수 있다. 우울은 소득분위가 높아질수록 낮아지고, 자아존중감과 가족관계 만족도는 높아지는 경향을 보였다.

3) 코로나와 긴급재난지원금이 정신건강에 미친 영향

앞서 기술통계 분석을 통하여, 취약계층일수록 정신건강이 전반적으로 더 나쁘다는 것을 확인하였다. 여기에서는 코로나로 인하여 정신건강이 실제로 악화되었는지에 대한 분석을 진행한다. 우선, 코로나가 정신건강에 미친 영향을 분석하고 그 다음으로 긴급재난지원금의 영향에 대하여 살펴본다. 코로나가 정신건강에 미친 영향에 대한 회귀분석 결과가 〈표 5-7〉에 제시되어 있다. 코로나의 영향을 파악하기 위해 코로나 전후를 시기 더미를 생성하여 구분하였고, 우울 및 자아존중감과 같은 정신건강에 영향을 미칠 수 있는 변수들을 통제하였다. 개인 고정효과 분석 모형을 사용하여, 시변인(time-variant)들만 분석 모형에 포함했으며, 군집표준오차(cluster standard error)를 사용하였다. 분석에 사용된 개별관측치는 5,924명으로 통합표본(pooled sample)의 전체사례수는 11,403명이다.

먼저, 〈표 5-7〉의 첫 번째 열에 제시된 분석 결과를 보면, 코로나로 인해 전반적으로 가구주의 정신건강이 악화된 것으로 나타났다. 가족관계 만족도는 유의미한 변화를 보이지 않았지만, 코로나 이후 우울이 유의미하게 증가했고(B =0.409, p 〈.01), 자아존중감은 감소했다(B =-0.025, p

표 5-7 코로나19가 우울, 자아존중감, 가족관계 만족도에 미치는 영향

VARIABLES	(1) 우울	(2) 자아존중감	(3) 가족관계 만족도
Post	0.409**	−0.025***	0.001
	(0.140)	(0.006)	(0.014)
가구주 나이	−0.113	0.030*	0.065
	(0.302)	(0.013)	(0.034)
가구주 나이제곱	0.001	−0.000*	−0.001
	(0.003)	(0.000)	(0.000)
혼인상태(기준=배우자 있음)	−0.684	0.004	1.105***
	(1.137)	(0.040)	(0.113)
가구원수	−0.173	−0.005	0.001
	(0.358)	(0.018)	(0.036)
가처분소득	−0.004	−0.015	−0.007
	(0.199)	(0.008)	(0.016)
종사상지위(기준=정규직)	−0.919*	0.054*	−0.009
	(0.425)	(0.023)	(0.046)
주관적 건강상태	0.240	−0.029***	−0.002
	(0.144)	(0.006)	(0.013)
지역 더미	포함	포함	포함
상수	9.215	2.566***	2.440*
	(8.675)	(0.421)	(1.089)
Observations	11,403	11,403	11,403
Number of group	5,924	5,924	5,924

주. 소득정보는 15차(2019년에 대한 정보)와 16차(2020년에 대한 정보)에서 추출한 것이며, 정신건강 변수에 대한 정보는 14차(2019년 3월 정보)와 15차(2020년 6월–9월 정보)에서 추출한 것임.

Robust standard errors in parentheses.

*** p<0.001, ** p<0.01, * p<0.05

<.001). 한편, 유의 수준에는 차이가 있으나, 가처분소득이 높을수록, 정규직일 경우, 건강상태가 좋고 배우자가 있는 경우 대체로 정신건강이 좋은 것으로 나타났다(낮은 우울, 높은 자아존중감과 가족관계 만족도).

취약집단에 대한 분석을 하기 위하여 전체 표본을 하위 집단으로 구분하여 가구유형별, 종사상지위별, 소득계층별로 분류하였다. 먼저, 가구유형별로 구분한 분석결과를 보면 〈표 5-8〉에 제시되어 있다.[2] 코로나로 인해 1인 가구주의 우울이 유의미하게 증가했으나 다른 형태의 가구주들

표 5-8 가구유형별 코로나19의 영향: 우울, 자아존중감, 가족관계 만족도에 미치는 영향

	(1) 우울	(2) 자아존중감	(3) 가족관계 만족도	사례수	개인관찰치
1인가구	0.651*	−0.029*	0.021	3,910	2,102
	(0.316)	(0.013)	(0.022)		
청년가구주 가구(18~34세)	−2.529	−0.040	−0.223	518	310
	(1.620)	(0.061)	(0.122)		
노인가구	−0.085	−0.024*	−0.040	5,742	3,013
	(0.412)	(0.011)	(0.026)		
장애인가구	−0.314	−0.044	−0.096	793	454
	(0.626)	(0.027)	(0.058)		
일반가구	0.315	−0.007	0.027	5,661	3,026
	(0.403)	(0.011)	(0.021)		

주. 소득정보는 15차(2019년에 대한 정보)와 16차(2020년에 대한 정보)에서 추출한 것이며, 정신건강 변수에 대한 정보는 14차(2019년 3월 정보)와 15차(2020년 6월-9월 정보)에서 추출한 것임. 인구사회학적 변수들(시변인들)이 모든 분석에서 통제되었음. 각 집단은 상호배타적으로 구분된 것이 아님.
Robust standard errors in parentheses.
*** p<0.001, ** p<0.01, * p<0.05

---

2) 한부모가구는 사례수가 소수여서 분석에서 제외하였다.

은 우울에 특별한 변화를 보이지 않은 것으로 나타났다. 통계적으로 유의미한 수준은 아니더라도 대부분의 가구들이 코로나19로 인하여 자아존중감이 떨어진 것으로 나타났다. 특히, 1인 가구와 노인가구 유의미한 감소를 보였다. 그러나, 우울과 가족관계 만족도는 가구유형에 따른 두드러진 차이를 보이지 않았다.

다음으로 종사상 지위별로 분석한 결과가 〈표 5-9〉에 제시되어 있다. 임시일용근로자, 영세자영업자, 자활 및 공공근로 종사자의 정신건강은

표 5-9 종사상지위별 코로나19의 영향: 우울, 자아존중감, 가족관계 만족도에 미치는 영향

	(1) 우울	(2) 자아존중감	(3) 가족관계 만족도	사례수	개인관찰치
상용근로자	1.740	0.176*	0.875**	2,577	1,465
	(1.388)	(0.081)	(0.296)		
임시.일용근로자	0.995**	−0.010	0.040	1,683	1,087
	(0.342)	(0.016)	(0.035)		
고용주	0.241	0.058	0.784	238	156
	(4.051)	(0.271)	(0.526)		
영세자영업자	2.056***	−0.066**	−0.086**	2,002	1,145
	(0.511)	(0.021)	(0.033)		
자활근로, 공공근로, 노일일자리	−0.679	−0.059*	0.050	562	353
	(0.488)	(0.026)	(0.046)		
기타(무급가족종사자, 학생, 실직자 등)	0.028	−0.021	−0.038	4,341	2,506
	(0.289)	(0.011)	(0.023)		

주. 소득정보는 15차(2019년에 대한 정보)와 16차(2020년에 대한 정보)에서 추출한 것이며, 정신건강 변수에 대한 정보는 14차(2019년 3월 정보)와 15차(2020년 6월-9월 정보)에서 추출한 것임. 인구사회학적 변수들(시변인들)이 모든 분석에서 통제되었음.

Robust standard errors in parentheses.

*** p<0.001, ** p<0.01, * p<0.05

코로나로 인해 전반적으로 악화된 반면 상용직근로자는 좋아진 것으로 나타났다. 예를 들어, 영세자영업자는 우울이 유의미하게 증가했고 자아존중감과 가족관계 만족도가 두드러지게 감소했다. 임시일용근로자의 우울은 코로나로 인해 유의미하게 증가했고, 자활 및 공공근로 종사자의 자아존중감은 감소했다. 이와 대조적으로 상용직근로자의 자아존중감과 가족관계 만족도는 유의미하게 높아진 것으로 나타났다.

마지막으로 〈표 5-10〉에 소득분위(5분위)별로 분석한 결과가 제시되어 있다. 모든 소득분위에 걸쳐 우울이 증가했으나, 고소득층만이 통계적으로 유의했다. 자아존중감과 가족관계 만족도에 대한 특별한 패턴을 발견하기 어려우나 소득 3분위의 자아존중감이 코로나로 인해 유의미하게 감소했고 소득 4분위는 유의미하게 증가했다. 이와 같은 결과를 해석하는 것이 간단하지 않지만, 기존의 경제위기와 달리 코로나의 영향이 중상층에게까지 미쳤다(김태완 외, 2021)는 점을 고려해 볼 때 코로나의 영향이 중고소득층에게 충격적이었다고 볼 수 있다. 그러나, 코로나의 지속적인 영향(중장기적 영향)은 여전히 계층에 따른 차이를 보였다. 〈부록 표 2-4〉[3]를 보면 코로나19의 중장기적인 영향이 저소득층에게 집중되는 것을 알 수 있다. 저소득계층들은 코로나로 인하여 우울이 증가한 반면 자아존중감과 가족관계 만족도가 떨어진 것으로 나타났다. 저소득계층(소득 2분위)의 우울이 코로나로 유의미하게 높아졌고, 중저소득층의 가족

3) 14차(2018년의 소득정보와 2019년 3월의 정신건강 정보를 제공)와 16차(2020년의 소득정보와 2021년 3월의 정신건강 정보를 제공)조사의 정보를 추출하여 분석을 한 결과이다.

표 5-10 소득분위별 코로나19의 영향: 우울, 자아존중감, 가족관계 만족도에 미치는 영향

	(1) 우울	(2) 자아존중감	(3) 가족관계 만족도	사례수	개인관찰치
소득1분위	0.188	0.001	−0.006	2,264	1,455
	(0.583)	(0.022)	(0.042)		
소득2분위	0.182	−0.032	−0.045	2,296	1,647
	(0.635)	(0.022)	(0.042)		
소득3분위	0.186	−0.041*	0.002	2,262	1,620
	(0.343)	(0.016)	(0.033)		
소득4분위	6.488***	0.074*	0.045	2,248	1,569
	(0.366)	(0.035)	(0.082)		
소득5분위	0.750***	−0.014	0.051	2,333	1,426
	(0.174)	(0.012)	(0.034)		

주. 소득정보는 15차(2019년에 대한 정보)와 16차(2020년에 대한 정보)에서 추출한 것이며, 정신건강 변수에 대한 정보는 14차(2019년 3월 정보)와 15차(2020년 6월–9월 정보)에서 추출한 것임. 인구사회학적 변수들(시변인들)이 모든 분석에서 통제되었음.

Robust standard errors in parentheses.

*** $p<0.001$, ** $p<0.01$, * $p<0.05$

관계 만족도는 감소했다. 반면, 중고소득층의 가족관계 만족도는 코로나 이후 높아졌으며, 특히 소득4분위는 유의미한 수준으로 높아졌다.

다음으로 긴급재난지원금이 정신건강에 미친 영향에 대하여 분석하였다. 긴급재난지원금의 영향을 식별하기 위하여 개인 고정효과 이중차이 분석 모형을 사용하였다. 앞장에서 설명하였듯이, 긴급재난지원금만의 순수한 영향을 식별해내기 위해서는 긴급재난지원금을 수령한 집단과 전혀 받지 않은 집단을 구성하여 하지만, 긴급재난지원금을 받지 않은 가구가 거의 없기 때문에 대안적으로 코로나 전후 가처분소득의 차이를 활용하였다. 이와 같은 식별전략의 기본 가정은 코로나 전후 즉 2020년 이

전과 이후의 가처분소득 변화는 공적이전소득의 급격한 변화로 인한 것이며(표 5-2 참고), 이는 긴급재난지원금 도입에 따른 것이다. 따라서, 2020년 전후의 가처분소득의 차이를 긴급재난지원금의 차이라고 가정을 하였다. 단, 여기서 사용하는 식별전략에는 코로나의 영향이 혼재되어 있으며, 그 영향을 완전히 제거하지 못한 문제가 있음을 밝힌다.

〈표 5-11〉에 긴급재난지원금의 영향을 분석한 결과가 제시되어 있다. 긴급재난지원금이 전반적으로 정신건강을 개선시키는 역할을 하는 것으로 나타났다. 우울을 줄이는 역할을 하는 한편 자아존중감과 가족관계 만족도는 높였다. 그러나, 통계적으로 모두 유의미한 수준이 아니다. 다음으로 취약집단에 대한 결과가 〈표 5-12〉, 〈표 5-13〉, 〈표 5-14〉에 각각 제시되어 있다. 가구유형별, 종사상지위별, 소득분위별로 구분하여 하위분석을 진행한 결과 취약계층과 비취약계층 및 일반계층과 구별되는 특별한 영향을 찾지 못하였다. 단, 흥미롭게도 중고소득층(소득 4분위)의 우울을 감소시키고, 자아존중감을 유의미하게 높이는 데에 기여한 것으로 나타났다. 중장기적인 영향을 보면(부록 표 2-6, 표 2-7, 표 2-8), 노인가구, 기타근로자가구(무급가족종사자, 학생, 실업자 등), 중고소득층(소득 4분위)의 우울을 감소시키는 데 기여한 것으로 나타났다. 전반적으로 긴급재난지원금이 취약집단의 정신건강개선에 유의미한 영향을 미치지 못하였는데, 이는 지원금액이 크지 않으며, 전통적인 취약계층이나 저소득층을 타켓팅하기보다는 가구원 수에 따른 차등급여와 사회적 거리두기와 같은 방역 조치로 경제적 손실을 당한 집단에 지원금이 배분되었기 때문인 것으로 판단된다.

표 5-11 긴급재난지원금이 우울, 자아존중감, 가족관계 만족도에 미친 영향

VARIABLES	(1) 우울	(2) 자아존중감	(3) 가족관계 만족도
Post*가처분소득	−0.016	0.004	0.006
	(0.154)	(0.007)	(0.014)
Post	0.541	−0.055	−0.051
	(1.288)	(0.055)	(0.114)
가처분소득	0.004	−0.017	−0.010
	(0.217)	(0.009)	(0.018)
가구주 나이	−0.099	0.027	0.059
	(0.334)	(0.014)	(0.036)
가구주 나이제곱	0.001	−0.000*	−0.000
	(0.003)	(0.000)	(0.000)
혼인상태(기준=배우자 있음)	−0.679	0.003	1.103***
	(1.138)	(0.040)	(0.113)
가구원수	−0.173	−0.005	0.001
	(0.358)	(0.018)	(0.036)
종사상지위(기준=정규직)	−0.917*	0.054*	−0.010
	(0.426)	(0.023)	(0.046)
주관적 건강상태	0.240	−0.029***	−0.002
	(0.144)	(0.006)	(0.013)
지역 더미	포함	포함	포함
Constant	8.751	2.671***	2.622*
	(9.762)	(0.466)	(1.161)
Observations	11,403	11,403	11,403
Number of h_merkey	5,924	5,924	5,924

소득정보는 15차(2019년에 대한 정보)와 16차(2020년에 대한 정보)에서 추출한 것이며, 정신건강 변수에 대한 정보는 14차(2019년 3월 정보)와 15차(2020년 6월-9월 정보)에서 추출한 것임. 인구사회학적 변수들(시변인들)이 모든 분석에서 통제되었음.

Robust standard errors in parentheses.

*** p<0.001, ** p<0.01, * p<0.05

표 5-12 가구유형별 긴급재난지원금의 영향: 우울, 자아존중감, 가족관계 만족도에 미치는 영향

	(1) 우울	(2) 자아존중감	(3) 가족관계 만족도	사례수	개인관찰치
1인가구	0.125	−0.003	−0.001	3,910	2,102
	(0.433)	(0.018)	(0.030)		
청년가구주 가구 (18~34세)	1.317	0.074	0.086	518	310
	(0.937)	(0.044)	(0.105)		
노인가구	−0.014	0.001	−0.033	5,742	3,013
	(0.268)	(0.012)	(0.025)		
장애인가구	−1.289	0.005	−0.002	793	454
	(1.158)	(0.043)	(0.096)		
일반가구	−0.087	0.002	0.020	5,661	3,026
	(0.265)	(0.011)	(0.020)		

주. 소득정보는 15차(2019년에 대한 정보)와 16차(2020년에 대한 정보)에서 추출한 것이며, 정신건강 변수에 대한 정보는 14차(2019년 3월 정보)와 15차(2020년 6월–9월 정보)에서 추출한 것임. 인구사회학적 변수들(시변인들)이 모든 분석에서 통제되었음. 각 집단은 상호배타적으로 구분된 것이 아님.

Robust standard errors in parentheses.

*** p<0.001, ** p<0.01, * p<0.05

표 5-13 종사상지위별 긴급재난지원금의 영향: 우울, 자아존중감, 가족관계 만족도에 미치는 영향

	(1) 우울	(2) 자아존중감	(3) 가족관계 만족도	사례수	개인관찰치
상용근로자	0.443	−0.040	−0.076	2,577	1,465
	(0.421)	(0.024)	(0.047)		
임시.일용근로자	0.164	0.014	0.023	1,683	1,087
	(0.553)	(0.026)	(0.052)		
고용주	−0.058	0.038	−0.171	238	156
	(1.547)	(0.082)	(0.140)		
영세자영업자	−0.393	0.012	0.047	2,002	1,145
	(0.511)	(0.022)	(0.046)		
자활근로, 공공근로, 노인일자리	2.127	−0.001	0.077	562	353
	(1.354)	(0.068)	(0.100)		
기타(무급가족종사자, 학생, 실직자 등)	−0.252	0.003	−0.036	4,341	2,506
	(0.342)	(0.014)	(0.027)		

주. 소득정보는 15차(2019년에 대한 정보)와 16차(2020년에 대한 정보)에서 추출한 것이며, 정신건강 변수에 대한 정보는 14차(2019년 3월 정보)와 15차(2020년 6월–9월 정보)에서 추출한 것임. 인구사회학적 변수들(시변인들)이 모든 분석에서 통제되었음.

Robust standard errors in parentheses.

*** p<0.001, ** p<0.01, * p<0.05

표 5-14 소득분위별 긴급재난지원금의 영향: 우울, 자아존중감, 가족관계 만족도에 미치는 영향

	(1) 우울	(2) 자아존중감	(3) 가족관계 만족도	사례수	개인관찰치
소득1분위	0.368	−0.016	−0.010	2,264	1,455
	(1.423)	(0.049)	(0.080)		
소득2분위	0.913	−0.035	0.125	2,296	1,647
	(2.364)	(0.107)	(0.211)		
소득3분위	0.068	0.042	0.055	2,262	1,620
	(0.670)	(0.037)	(0.099)		
소득4분위	−1.987*	0.062*	0.098	2,248	1,569
	(0.807)	(0.025)	(0.065)		
소득5분위	−0.015	−0.048	−0.114	2,333	1,426
	(0.542)	(0.027)	(0.065)		

주. 소득정보는 15차(2019년에 대한 정보)와 16차(2020년에 대한 정보)에서 추출한 것이며, 정신건강 변수에 대한 정보는 14차(2019년 3월 정보)와 15차(2020년 6월–9월 정보)에서 추출한 것임. 인구사회학적 변수들(시변인들)이 모든 분석에서 통제되었음.

Robust standard errors in parentheses.

*** $p<0.001$, ** $p<0.01$, * $p<0.05$

3. 소결

이 장에서는 가구주의 정신건강(우울, 자아존중감, 가족관계 만족도)의 변화를 살펴보고, 코로나와 긴급재난지원금이 정신건강에 어떤 영향을 주었는지를 살펴보았다. 분석 결과를 간략히 요약하면 다음과 같다.

먼저 가구 소득 변화를 보면, 다른 데이터를 사용했을 때와 마찬가지로 코로나 이후에도 경상소득은 전반적으로 증가했다. 그러나 소득원천별로 차이가 있었는데, 근로소득과 사업소득이 차지하는 비중은 코로나 이후 모두 감소한 반면 공적이전소득이 차지하는 비중은 상당히 증가했다. 이러한 공적이전소득의 증가는 2020년 도입된 코로나 관련 긴급재난지원금 때문이다. 코로나가 국내에서 발생한 이후 2020년 동안 전체 가구가 수령한 코로나 관련 지원금은 평균 125만 원이었다.[4] 가구특성별, 종사상 지위별, 소득계층별로 구분하여 긴급재난지원금의 수급액을 확인해 보면, 가구원 수가 많을수록 긴급재난지원금의 수령액도 커진 것으로 나타났다. 전통적인 취약가구로 여겨지는 노인가구와 장애인가구의 경우 긴급재난지원금의 수령액이 적은 편에 속했으며, 고용주와 고소득층의 수령액이 가장 높았는데, 이를 통하여 긴급재난지원금이 역진적으로 분배되었다는 것을 다시 확인할 수 있었다.

다음으로 정신건강의 변화를 보면, 코로나 이후 가구주의 정신건강 상태가 악화된 것으로 나타났다. 우울이 증가했고, 자아존중감과 가족관계

4) 가계금융복지조사에서는 128만 원으로 거의 유사한 금액인 것으로 나타났다.

만족도는 떨어졌다. 가구특성별로 구분하여 살펴보면, 가구원 수가 많을수록 정신건강이 좋은 것으로 나타났다. 우울 수준은 낮았고, 자아존중감과 가족관계 만족도는 높았다. 이와 달리 취약계층인 노인 가구와 장애인 가구에서 우울 수준이 상당히 높은 것으로 나타났다. 한편, 청년가구의 경우 우울과 자아존중감을 기준으로 정신건강을 측정할 때 좋은 결과를 보였으나, 가족관계 만족도를 기준으로 보면 상당히 나쁜편에 속했다. 종사상지위별로 보면, 집단에 따른 차이가 두드러졌다. 상용직 근로자의 우울 수준이 가장 낮았고, 자활근로 및 공공근로자와 기타(무급가족종사자, 학생, 실직자 등)의 우울 수준이 두드러지게 높았다. 아울러, 고용주의 정신건강 수준은 영세자영업자보다 좋게 나타나 자영업 종사자 내에서도 차이가 있음을 알 수 있다. 다음으로 소득계층별로 구분해 보면, 소득분위가 높아질수록 정신건강 수준이 좋아졌다. 소득분위가 높아질수록 우울 수준은 낮아지고, 자아존중감과 가족관계 만족도는 높아지는 경향을 보였다.

개인고정효과모형을 사용하여 코로나가 가구주의 정신건강에 미친 영향을 추정한 결과, 코로나로 인해 가구주의 정신건강이 변화된 것으로 나타났다. 코로나로 인해 가구주의 우울이 증가하고 자아존중감은 유의미하게 감소했다. 한편, 집단에 따른 차이를 어느 정도 보였는데 코로나 이후 1인 가구주의 우울이 증가한 반면 1인가구와 노인가구주의 자아존중감이 감소했다. 종사상지위별로 보면, 임시일용근로자, 영세자영업자, 자활 및 공공근로 종사자와 같은 고용취약계층의 정신건강은 코로나로 인해 악화된 반면 상용직근로자는 특별한 변화가 없거나 더 개선된 것으로 나타났다. 예를 들어, 임시일용근로자와 영세자영업자는 코로나로 인해 우울이 상당한 수준으로 높아졌고 영세자영업자와 자활 및 공공근로자의 자아존중감은 코로나로 인해 유의미하게 감소했다.

소득분위별로 구분해 보면, 종속변수에 따라 상이한 결과를 보였다. 우울의 경우 모든 소득분위에 걸쳐 전반적으로 증가했으나, 고소득층에서만 통계적으로 유의미한 증가를 보였다. 자아존중감과 가족관계 만족도에 대한 일관되거나 특별한 패턴을 찾기는 어려웠다. 그러나 코로나의 중장기적 영향을 분석한 결과(부록 참고[5]), 코로나의 충격이 저소득층에게 집중되는 경향을 보였다. 저소득계층들은 코로나로 인하여 우울이 증가한 반면 자아존중감과 가족관계 만족도가 떨어졌다. 이러한 결과를 통하여 코로나로 인한 충격이 저소득층과 고용취약계층의 경제적 어려움을 가중시킬 뿐만 아니라 정신건강에도 상당한 영향을 준다는 것을 알 수 있다.

마지막으로 긴급재난지원금의 영향을 분석한 결과를 보면, 긴급재난지원금이 전반적으로 가구주의 정신건강을 개선시키는 역할을 하는 것으로 나타났으나, 통계적으로는 유의미하지 않았다. 아울러, 가구유형별, 종사상지위별, 소득분위별로 구분하여 하위분석을 진행한 결과 취약계층과 비취약계층 및 일반계층과 구별되는 특별한 영향을 찾지 못하였다. 전반적으로 긴급재난지원금이 취약집단의 정신건강 개선에 특별한 도움을

5) 14차(2018년의 소득정보와 2019년 3월의 정신건강 정보를 제공)와 16차(2020년의 소득정보와 2021년 3월의 정신건강 정보를 제공)조사의 정보를 추출하여 분석을 한 결과이다.

주지 못한 것으로 나타났는데, 이는 지원금액이 크지 않으며 전통적인 취약계층이나 저소득층을 대상으로 지원되기보다는 가구원 수에 따른 차등급여와 사회적 거리두기와 같은 방역 조치로 인한 경제적 손실을 입은 피해 집단에 초점을 두었기 때문인 것으로 판단된다.

종합하면, 가구유형별, 종사상지위별, 소득분위별로 구분하여 하위집단분석을 진행한 결과 취약계층과 비취약계층 및 일반계층과 구별되는 특별한 차이를 찾지 못하였다. 이는 긴급재난지원금의 수령액이 가구주의 정신건강을 개선시킬 만큼 충분하지 않았으며, 대부분의 긴급재난지원금들은 선별적인 형태로 지급되었음에도 불구하고 이와 같은 지원 전략이 취약계층 보호에 큰 효과를 발휘하지 못했음을 의미한다. 가계금융복지조사, 가계동향조사 자료를 활용한 분석에서도 확인하였듯이, 긴급재난지원금은 역진적으로 분배되었다. 이러한 분배가 취약계층의 정신건강 개선에 특별한 도움이 되지 않았고 선별적 지원 전략이 취약계층 보호에 효과적이지 않았음을 의미한다.

이상의 연구 결과는 가구주의 정신건강을 중심으로 코로나와 긴급재난지원금의 영향을 인과적으로 분석하였다. 하지만, 한국복지패널조사의 데이터의 한계로 인해 긴급재난지원금의 순수한 영향만을 식별하지 못하였다. 즉, 이 장에서 분석한 긴급재난지원금의 영향에는 코로나의 영향이 혼재되어 있다. 그럼에도 불구하고, 코로나와 긴급재난지원금이 가구주의 정신건강에 미친 영향을 인과적으로 파악하려했다는 점에서 기여하는 바가 있다고 판단이 된다.

제6장 결론 및 논의

제6장 결론 및 논의

코로나 시대에 들어선 지 2년여가 지난 지금, 쓰나미처럼 몰려왔던 팬데믹의 충격과 불안은 어느 정도 완화돼 코로나 이전의 일상 회복을 준비하고 있다. 그러나 백신의 개발로 당장이라도 종식될 것만 같았던 코로나 팬데믹은 우리의 바람과 달리 변종 바이러스를 확산하고 재생산하여 우리를 여전히 코로나 역병의 터널 속에 가두어 놓았다. '4차 산업혁명', 'AI 시대의 도래', '알파고와 이세돌' 등의 수식어는 코로나 팬데믹 직전 우리 사회의 화두였다. 과학 기술의 발전과 함께 인간 삶의 질을 획기적으로 변화시킬 수 있는 새로운 미래를 꿈꾸고 있었다. 하지만 코로나는 이런 인공지능 시대에 대한 기대를 순식간에 암울한 미래로 바꾸었고, 백신 자국우선주의와 같은 양육강식의 세계 질서가 21세기에도 여전하다는 것을 보여주었다.

세계 각국은 각자의 주어진 환경 속에서 코로나에 대응했고, 그 가운데 방역과 경제회복에 특별한 노력을 기울였다. 우리나라는 K-방역이라는 수식어가 붙을 정도로 코로나 초기대응이 상당히 성공적이었고, 경제 충격에 대한 대비도 신속히 준비했다. 그러나 여타의 국가들과 마찬가지로 전염병 확산과 재유행, 변이 바이러스의 출현으로 미래에 대한 불확실성이 커지고, 장기화된 사회적 거리두기와 고강도 방역 조치는 우리 모두를 지치게 만들었다. 이로 인해 사회 · 경제 활동이 크게 위축되었고, 한국경제는 마이너스 성장을 하게 되었다. 코로나로 인한 경제충격에 대처하기 위해 한국 정부는 여러 재정 지원 방안을 모색했는데, 2020년 3월 중순부터 코로나로 인해 직접 피해가 예상되는 업종과 분야를 선정하고, 고용 위기 및 취약계층에 대한 고용유지 지원 방안을 먼저 내놓았다. 그런 다음, 지원대상을 확대하여 5월부터 전 국민을 대상으로 제1차 긴급재난지원금을 지급했다. 추가적인 지원금이 이어져 코로나로 직접적인 피해를 입은 집단을 선별하여 지급되었다.

이러한 정부의 대규모 현금지원 정책은 코로나로 인한 고용 불안과 경제 충격을 완화하여 개인과 가구의 생계를 안정시키고 소비를 촉진하여 전반적인 경기 회복을 목표로 했다. 하지만, 긴급재난지원금은 기존의 사회보장정책과 달리 임시방편적인 성격이 강하고, 이미 지급된 지원금의 효과성도 제대로 검증되지 않은 채 추가 지원되는 것은 그 근거가 미약하다. 따라서 코로나가 개인과 가구 경제에게 미친 충격을 면밀히 파악하고, 긴급재난지원금이 코로나로 인한 충격을 줄이는 데에 어떤 역할을 했는지에 대한 실증적 근거를 확보하는 것이 요구된다. 현재까지 많은 연구자들이 코로나로 인한 사회경제적 충격을 밝혀내기 위해 다양한 분야에서 활발하게 연구를 진행하고 있지만, 데이터의 제약으로 인해 코로나와 긴급재난지원금에 대한 대표성을 담보한 실증연구는 미흡한 상황이다. 특히, 가구 특성, 고용 상태 및 종사상 지위 등에 따른 취약계층을 고려한 분석이 부족하다.

이러한 점을 고려하여, 본 연구에서는 국내 가구의 대표성을 담보하는 지정통계 데이터[1]를 활용하여 코로나와 긴급재난지원금의 사회경제적 영향을 분석하였다. 코로나가 가구 경제에 준 충격을 전반적으로 파악하고, 빈곤과 불평등이 어떻게 변했는지를 분석했다. 또한, 코로나의 충격이 가구 경제뿐만 아니라 사회심리적인 위축과 불안감을 높였다는 점을 고려하여 가구 경제와 함께 정신건강에 미친 영향에도 주목하였다.

본 연구에서 수행한 연구 내용과 결과를 정리하면 다음과 같다. 우선, 문헌 고찰을 통하여 미국, 일본, 독일, 영국, 한국에서 전개된 코로나 상황과 이에 대한 각국의 대응 방안을 살펴보았다. 코로나 발생 초기 국가별로 대처하는 방식에 어느 정도 차이가 있었으나, 코로나 확산세가 커지면서 대부분 국가들은 이동 제한과 봉쇄조치와 같은 강력한 방역 정책을 펼쳤다. 코로나에 대한 대처 방식이 유사하더라도 코로나의 확산과 파급력은 국가별로 차이를 보였다. 예를 들어, 코로나에 대한 적극적인 봉쇄정책(이동 및 활동 제한, 영업금지 등)을 신속하게 전개한 독일은 다른 유럽 국가에 비해 그 피해 규모가 작았다. 이와 달리 미국, 영국, 일본은 코로나 발생 초기 소극적 대응(외부유입 차단, 검역체계 강화, 위생관리 권고 등)으로 일관하였고, 그 결과 코로나 확진자와 사망자 수가 급증하는 결과를 초래했다.

한편 코로나로 인한 경제 충격은 대체로 유사하게 나타났는데, 본 연구에서 고찰한 국가들 모두 코로나 확산이 본격화된 2020년 1분기와 2분

---

1) 지정통계는 중앙행정기관이나 지방자치단체의 주요 인구사회 및 경제 정책을 수립하고 평가하는 데에 널리 활용되는 자료 중 통계청장이 지정하여 고시하는 통계를 지칭한다(통계청, n.d.).

기에 마이너스 경제 성장을 했고, 개별가구의 경제 활동과 소비도 상당히 위축되었다. 또한, 고용률은 전반적으로 감소하고 실업률은 증가했는데, 교육 수준이 낮거나 저임금 및 계약직 근로자와 같이 고용불안정성이 높은 취약집단이 코로나의 충격에 더 많이 노출된 것으로 나타났다. 이러한 가운데 각국은 코로나로 인해 위축된 경제를 활성화하고 경제적 어려움을 겪는 시민을 돕기 위해 적극적인 경기부양책을 마련했다. 미국과 일본의 경우 대규모 현금 지원정책을 도입했고, 독일과 영국을 비롯한 유럽국가들은 기존 사회보장제도를 개선, 보충하는 방식을 택했다. 복지를 시장에 상당히 의존하는 자유주의 복지체제 국가에서는 기존의 사회보장제도로 코로나에 대처하기에는 매우 부족했고, 대안책으로 대규모 현금지원인 소위 헬리콥터 머니 방식의 재정 정책을 실시했다. 이와 달리, 사회보장제도가 상대적으로 잘 갖추어진 유럽국가들은 실업보험을 대폭 확대하고 사회보장제도를 통해 일차적으로 코로나에 대응했고, 코로나에 취약한 계층과 소규모 사업장을 구별하여 효과적으로 코로나의 충격에 대처했다.

국가별로 차이가 있었지만, 코로나에 대응한 경기부양책은 모든 국가들이 도입한 공통점이며 여러 연구에서 이들의 긍정적 효과들을 발견했다. 이와 달리, 국내에서는 데이터의 한계로 재난지원금의 효과를 평가한 연구들이 활발하게 이루어지지 못했다. 이러한 점을 고려하여, 본 연구에서는 소득, 자산, 부채, 소비, 불평등 및 빈곤 등의 경제 변수와 우울, 자아존중감, 가족관계 만족도 등의 정신건강에 대한 분석을 진행했고, 몇 가지 중요한 결과를 도출하였다.

먼저 예상과 달리 코로나 이후 가구 소득은 감소하지 않고, 오히려 늘었다. 그러나, 소득 원천별로 보면 두드러진 차이를 보였는데, 코로나 이후 근로소득과 사업소득이 차지하는 비중은 들어 든 반면 공적이전소득이 차지하는 비중은 상당히 증가했다. 이러한 증가는 긴급재난지원금과 코로나 관련 보조금의 도입 때문이다. 2020년 동안 지급된 긴급재난지원금은 가구당 평균 128만 원[2]이었으며, 최대 2,100만 원[3]까지 받은 것으로 나타났다. 이러한 긴급재난지원금은 가구 특성에 따른 차이보다는 가구원 수에 따라 두드러진 차이를 보였다. 즉 가구원 수가 많을수록 수령액 규모도 커졌다. 반면 전통적인 취약가구로 여겨지는 노인가구와 장애인가구의 경우 긴급재난지원금의 수령액이 적은 편에 속했고, 일반가구는 평균보다 훨씬 웃돌았다. 가구원 수에 따른 차등 지원이 규모의 경제를 고려한 합리적인 부분이 있지만, 긴급재난지원금의 경우 상당히 역진적으로 분배되는 결과를 초래했다.

또한 종사상지위에 따른 두드러진 차이를 보였는데, 특히 자영업자 내에서 상당한 격차를 보였다. 고용주인 고용원이 있는 자영업자는 재난지원금을 많이 받았으나 소득이 적은 영세자영업자들은 적게 받았다. 아울러, 소득계층별로 보면, 소득이 가장 낮은 1분위에서 가장 적은 재난지원금을 수령하고 소득이 높아질수록 수령액이 커졌다. 이는 가구원 수에 따

2) 데이터에 따른 차이는 있었지만 매우 미미한 수준이었다. 예를 들어, 가계금융복지조사는 128만 원, 한국복지패널조사는 125만 원이었다.

3) 가계금융복지조사 자료에서 최대 2,100만 원까지 수령한 것으로 나타났지만, 이러한 금액을 받은 가구는 단 한 가구에 불과했으며, 1,500만 원 이상인 가구도 3가구 정도였다. 한편 한국복지패널조사에서는 최대 1,539만 원까지 수령 한 것으로 나타났다.

른 차등 급여 때문인 것으로 여겨지며, 취약계층이 오히려 긴급재난지원금을 적게 받고 고소득층과 안정적인 직종에 종사하는 사람들은 더 많이 받게 되는 역진적인 분배 현상을 초래하게 된 것이다. 실제, 최근의 인구변화를 관찰해보면 고소득층일수록 가구원 수가 많으며 저소득층일수록 가구원 수가 적은 경향이 있다. 소득계층에 따른 출산율과 관계가 있는데, 출산과 아동양육에 대한 부담으로 소득이 낮은 계층일수록 자녀 계획을 포기하는 반면 소득이 높을수록 아이가 많은 경향이 있다. 따라서, 이러한 인구변화를 반영하여 추후 긴급재난지원금을 보완할 필요가 있으며, 나아가 전반적으로 사회복지 급여가 역진적인 형태로 제공되는 것에 각별한 주의가 요구된다.

아이러니하지만 코로나 이후 자산과 저축 모두 증가했다. 코로나 이후 부채가 증가했으나 자산 증가가 부채 증가보다 컸기 때문에 코로나 이후에도 순자산이 증가한 것으로 나타났다. 집단에 따른 차이를 보였는데, 코로나 이후 노인가구에서 순자산이 증가했고 1인 가구와 청년가구주 가구에서는 부채가 늘었다. 저축은 1인 가구와 한부모가구에서 증가했는데, 이러한 결과는 아마도 긴급재난지원금을 포함한 공적이전소득이 증가한 반면 코로나로 인한 소비 위축 때문인 것으로 여겨진다. 아울러, 상용직 근로자와 고용주인 고용원이 있는 자영업자는 코로나 이후에도 자산이 증가했다. 이와 달리 취약계층인 임시일용근로자, 영세업자인 고용원이 없는 자영업자, 특고직 근로자는 유의미한 증감을 보이지 않았다.

한편, 긴급재난지원금이 자산과 저축을 증가시켰으나 통계적으로는 유의미한 수준은 아니었다. 가구유형과 소득계층 구분에 따른 특별한 차이는 발견하지 못하였으나, 종사상지위로 구분할 때 집단 간 차이를 보였다. 예를 들어 긴급재난지원금은 상용직 근로자가구의 자산을 유의미하게 증가시켰고, 고용원이 있는 자영업자들의 부채를 줄이는 데 기여했다. 이러한 결과를 종합적으로 볼 때 취약계층과 비취약계층 및 일반가구와 구별되는 효과를 보이지 않았다. 이는 긴급재난지원금의 수령액이 자산과 저축을 증가시킬 만큼 충분한 수준이 아니었을 수 있고, 또는 소비로 대부분 사용되었을 수 있기 때문이다. 한편, 제1차 긴급재난지원금 이후 나머지 지원금들은 모두 선별적인 형태로 지급되었는데, 이러한 지원 전략이 취약계층 보호에 효과적이지 못했을 수도 있다.

다음으로 가구 지출에 대한 결과를 보면, 코로나 이후 전반적으로 감소했으나 급격한 변화를 보이지는 않았다. 다만, 소비지출과 비소비지출은 각 항목에 따른 차이가 두드러졌다. 예컨대, 식료품, 음식, 외식 및 숙박 관련 지출은 코로나와 긴급재난지원금에 민감하게 반응했으나 주거, 수도 및 전기 관련 지출, 의료 및 보건, 통신 관련 지출은 코로나와 긴급재난지원금에 큰 영향을 받지 않았다. 한편 긴급재난지원금이 가구 소비를 늘리는 데에 기여했으나, 차수별로 상당한 차이를 보였다. 예를 들어, 보편적으로 지급된 제1차 긴급재난지원금의 소비진작 효과와 비교할 때 선별적으로 지급된 제5차(국민상생지원금)의 소비진작 효과는 미미한 수준이었다. 한계소비성향을 비교해 보면, 제1차 지원금의 한계소비성향은 0.817~0.970이고, 제5차 지원금은 0.208~0.260이었다. 단, 두 분석 기간 동안 사회적 거리두기와 같이 개인 및 가구 소비에 직접적인 영향을 미칠 수 있는 요인들이 완전히 제거되지 않은 상태에서 계측된 수치임을 고려할 필요가 있다.

한편, 코로나 발생 초기 빈곤율이 증가했으나 제1차 지원금의 영향으로 상당히 완화되었고, 제5차 지원금도 빈곤과 소득 불평등을 완화시키는 데에 어느 정도 기여했다. 흥미롭게도 코로나 초기 소득 불평등이 모든 유형의 소득에서 일괄적으로 높아진 것은 아니었다. 경상소득과 처분가능소득 불평등은 증가했지만 시장소득 불평등은 오히려 감소하였다. 이러한 결과를 통해 코로나가 소득 불평등을 단순히 악화시키는 방향으로만 작동한 것이 아니며, 이전소득과 같은 정부의 개입 없이도 시장 매커니즘을 통해 소득분배가 효율적으로 이루어질 수 있음을 염두에 둘 필요가 있다. 코로나로 인하여 어려움을 겪는 사람이 많아진 것은 사실이다. 그러나 한편으로는 팬데믹 이전에 전망했던 미래(예를 들어, 언택트, 온택트)를 앞당겨 살도록 만들었고, 새로운 산업과 분야가 개척된 것도 사실이다. 한편, 소득계층, 종사상지위, 가구유형 등의 집단 구분에 따른 지출 차이를 보였다. 긴급재난지원금으로 지출이 가장 많이 증가한 집단은 저소득계층과 노인 가구였고 지출이 가장 많이 줄어든 집단은 모자 가구와 중위소득계층이었다. 아울러, 일용근로자 가구와 노인 가구에서 소득 불평등이 코로나 이후 오히려 줄어들었고, 모자 가구와 고용원이 없는 영세자영업 가구는 더욱 악화되었다.

마지막으로 가구주의 정신건강(우울, 자아존중감, 가족관계 만족도)이 코로나로 어떻게 변화되고, 긴급재난지원금이 어떤 효과를 보였는지를 살펴보았다. 한국복지패널조사 자료를 활용하여 분석한 결과, 코로나 이후 가구주의 정신건강 상태는 악화된 것으로 나타났다. 우울 수준이 증가하고, 자아존중감과 가족관계 만족도는 떨어졌다. 취약계층일수록 정신건강이 좋지 못한 것으로 나타났는데, 예를 들어 취약계층인 노인 가구와 장애인 가구, 자활근로 및 공공근로자, 영세자영업자의 우울 수준이 상당히 높았다. 아울러, 저소득층일수록 우울이 높고, 자아존중감과 가족관계 만족도가 낮아지는 경향을 보였다. 한편 이와 달리 소득이 높고, 안정적인 일자리에 종사할수록 우울 수준은 낮고, 자아존중감과 가족관계 만족도는 높아지는 경향을 보였다.

개인고정효과모형을 사용하여 코로나가 가구주의 정신건강에 미친 인과적 관계를 추정한 결과, 코로나로 인해 가구주의 정신건강이 유의미하게 악화되었다. 또한 집단 구분에 따른 차이를 보였는데, 코로나의 영향으로 1인가구의 우울이 증가했고, 노인가구의 자아존중감은 떨어졌다. 아울러, 임시일용근로자, 영세자영업자, 자활 및 공공근로 종사자와 같은 고용취약계층의 정신건강은 코로나로 인해 악화된 반면 상용직 근로자와 같은 안정적인 일자리에 종사하는 근로자는 특별한 변화를 보이지 않았다. 한편, 소득분위별로 구분해 보면 종속변수에 따라 코로나의 영향이 상이하고 일관된 패턴을 보이지 않았다. 그러나 코로나의 중장기적 영향을 분석한 결과(부록 2 참고)에 비추어볼 때 코로나의 충격이 저소득층에게 집중되는 경향을 보였다. 이러한 결과를 통하여 코로나로 인한 충격이 저소득층과 고용취약계층의 경제적 어려움을 가중시킬 뿐만 아니라 정신건강에도 상당한 충격을 주었다는 것을 알 수 있다.

긴급재난지원금이 가구주의 정신건강에 미친 인과적 영향을 보면, 긴급재난지원금이 전반적으로 가구주의 정신건강을 개선시키는 데에까지는 이르지 못했다. 가구유형별, 종사상지위별, 소득분위별로 구분하여 하위분석을 진행한 결과에서도 취약계층과 일반계층 간에 구별되는 특별한 차이를 발견하지 못했다. 긴급재난지원금이 취약집단의 정신건강 개선에 특별한 도움을 주지 못한 것으로 나타났는데, 이는 지원금액이 크지 않으며 전통적인 취약계층이나 저소득층을 대상으로 지원되기보다는 가구원 수에 따라 차등적으로 지원되고 방역 조치로 인해 경제적 손실을 입은 집단이 주요 지원대상이었기 때문이다. 가계금융복지조사, 가계동향조사 자료를 활용한 분석에도서 확인하였듯이, 긴급재난지원금은 역진적으로 분배되었다. 이러한 분배가 취약계층의 정신건강 개선에 특별한 도움이 되지 않고 선별적 지원 전략이 취약계층 보호에 효과적이지 못하였음을 방증하는 결과이다.

지금까지 코로나와 긴급재난지원금이 가구 경제와 가구주의 정신건강에 미친 영향을 파악하기 위해 가계금융복지조사, 가계동향조사, 한국복지패널조사 자료를 활용하여 분석을 진행했다. 전체 가구에 미친 영향과 더불어 취약계층에 대한 분석을 함께 진행하여, 코로나와 긴급재난지원금의 실제 영향을 파악할 수 있었다. 코로나의 영향이 취약계층에게 집중된 경향을 보였으나, 긴급재난지원금이 취약계층의 경제적 어려움과 정신건강 개선에는 대체로 효과적이지 못한 것으로 보인다. 분석을 통하여 본문에서 몇 차례 언급했지만, 긴급재난지원금이 역진적으로 분배되었다는 점, 취약계층보다는 안정적인 일자리에 종사하는 근로자, 소득이 높은 고용주 및 자영업자들이 긴급재난지원금의 혜택을 더 누린 것으로 나타났다. 이러한 결과는 선별적으로 지원된 긴급재난지원금이 오히려 취약계층에게는 도움이 되지 못하는 결과를 초래했고, 정책적으로 볼 때도 바람직한 결과라고 볼 수 없다. 즉, 선별적 지원접근의 장점과 효율성을 제대로 활용하지 못한 것이다.

제1차 긴급재난지원금이 보편적 급여로 제공된 이후부터는 모두 선별적인 형태로 지급이 되었는데, 주로 방역 조치로 인한 피해를 입은 업종과 사업장이 더 많은 지원금을 받도록 설계되었다. 이러한 선별적 지원 전략은 사회복지 취약계층 보호에 특별한 효과를 거두지 못했고, 지원금액도 해외(예를 들어, 미국)와 비교할 때 낮은 수준으로 코로나로 인한 경제적 충격과 심리사회적 문제 개선에 큰 기여를 하지 못한 것으로 보인다. 이러한 점들을 고려하여 추후 N차 긴급재난지원금은 보다 실효성 있는 방향으로 개선되고, 사회복지 취약계층의 경제적 어려움과 심리정서적 문제를 실제적으로 줄일 수 있는 방향으로 개선될 필요가 있다.

추후 유사한 형태의 감염병 및 경제위기가 발생할 경우 본 연구에서 도출된 결과가 기초자료로 활용되기를 바란다. 특히, 코로나와 같이 전세계에 걸쳐 상당한 영향을 주는 재난적 사태는 언제라도 다시 발생할 수 있기 때문에 보편적인 사회보장제도를 확충하는 한편 국가적 재난 상황에서 신속히 피해 계층을 파악하여 효과적인 지원을 제공할 수 있는 시스템을 구축하는 작업이 요구된다. 아울러, 긴급재난지원금과 같이 시의성이 요구되고 전 국민 모두에게 경제적, 정치적으로 큰 영향을 주는 정책은 정치적인 판단과 행정부의 편의가 아니라 실증적인 근거를 기반으로 이루어져야 한다. 끝으로 긴급재난지원금과 같은 대규모 현금지원 정책이 일회적이고 단발성 이벤트로 끝나는 것이 아니라 기존의 사회보장제도를 바탕으로 장기적인 측면에서 한국 사회에서 어떤 방향으로 자리 잡아야 하는가에 대한 논의가 필요하다.

부 록

부록 1: 차수별 긴급재난지원금의 현황과 특징

1) 제1차 긴급재난지원금

2020년 2월 중순을 기점으로 국내 코로나 감염병은 단기간에 폭발적인 확산세를 보이며 1차 대유행에 접어들었다. 과거 경제위기(IMF 외환위기, 글로벌 금융위기)나 전염병(사스 · 메르스) 피해가 주로 취약계층에게 집중되었던 것과 달리, 코로나는 보다 광범위한 계층에게 영향을 미친 것으로 나타났다(김태완 · 이주미, 2020; 김승연 · 김진하 · 문진영, 2020). 코로나의 높은 전염성과 감염경로를 파악하기 어렵다는 특성은 국민적 불안감을 높였고, 저소득층뿐만 아니라 사회 전반에 걸쳐 소비 심리는 위축시켰다(여유진 외, 2021). 특히, 문화, 여가, 관광, 외식 등에 대한 소비가 크게 감소했고, 소규모 경제주체(소상공인, 중 · 소기업 등)들이 심각한 타격을 입었다. 아울러, 노동시장도 상당히 경직되었는데, 2019년 대비 2020년의 고용률(1.8% 하락)과 실업률(0.7% 상승)이 악화되었다. 이로 인해 가구 소득과 소비가 줄어들었으며, 사회구성원 모두에게 직 · 간접적인 영향을 주었다. 실제로 주요 경제지표를 통하여 알 수 있듯이 생산과 투자를 비롯한 가계 소비와 같은 경제지표 대부분이 코로나 발생 이전인 2019년 때보다 악화되었고, 2020년 1분기를 기준으로 우리나라의 GDP 성장률은 -1.3%를 기록하였다(한국은행, 2020b).

한편, 코로나 확산에 대응하기 위해서 실시한 사회적 거리두기 방역지침은 개별 가구의 경제활동을 더욱 위축시켰으며, 집단전염의 위험성이 있는 사업체의 영업을 제한했다는 측면에서 내수경제의 침체를 심화시킬 수밖에 없었다(이승호 · 홍민기, 2021). 이러한 가운데 위축된 경제활동을 활성화하여 경기부양을 제고할 수 있는 정부의 정책적 지원방안이 요구되었다.

코로나의 경제적 충격으로 실물 경제의 위축이 가시적으로 드러나는 상황에서 긴급재난지원금 도입의 필요성은 민간과 지방자치단체장(경남 · 서울 · 경기 등)을 중심으로 공론화되었고, 정부 차원의 논의는 3월 30일에 대통령주재로 개최된 제3차 코로나19 비상경제회의에서 이루어졌다. 기획재정부는 해당 회의의 브리핑을 통해서 제1차 긴급재난지원금의 개괄적인 내용을 발표하였고, 4월 3일 기획재정부, 행정안전부, 보건복지부, 문화체육관광부 등의 관계부처가 참여한 범정부 TF가 구성되어 구체적인 제도 도입 방안을 계획하였다(관계부처합동, 2020a). 이를 바탕으로 2차 추가경정예산안에 긴급재난지원금 내용이 포함되었는데, 지원금의 소요 재원은 중앙정부와 지방자치단체가 각각 8:2 비율로 공동부담하며 총 7.6조 원의 예산이 책정되었고, 지원대상은 전 국민 가운데 소득하위 70%(건강보험료 기준) 이하의 1,478만 가구를 선별하여 지급하는 것이었다(기획재정부, 2020b). 그러나 정치권의 의견과 국민적 여론(전체지급 찬성 58.2%)이 지원대상을 국민 전체로 확대해야 하는 쪽으로 기울면서, 2020년 4월 30일 국회 본회의에서 지급대상을 전 국민(2,171만 가구)으로 확대하였다(기획재정부, 2020c; Ohmynews, 2020a.04.08).

긴급재난지원금의 목적이 분명하지 않지만 코로나의 경제적 충격을 완화하기 위한 대안적 성격을 갖는다는 점에는 이견이 없다. 긴급재난지원금은 공적 자금을 지원하여 가계의 소비를 활성화하는 동시에 상실되거나 감소한 소득을 보전함으로써 생계를 보장하는 것이다(여유진 외, 2021). 긴급재난지원금의 제도적 내용을 보다 자세히 살펴보면 다음과 같다.

긴급재난지원금은 가구원 수에 따라서 차등적(1인 40만 원, 2인 60만 원, 3인 80만 원, 4인 이상 100만 원)으로 지급되었으며, 가구주가 온라인 또는 지정된 기관을 방문하여 재난지원금을 신청하도록 안내되었다. 사용 수단은 신용카드, 체크카드, 지역사랑상품권, 선불카드 중 원하는 방식을 선택할 수 있었다. 다만, 저소득층은 별도의 신청 없이 일괄적으로 현금 지급이 되었다(기획재정부, 2020c). 제1차 긴급재난지원금은 2020년 5월에 중순부터 지급이 되기 시작하였는데, 행정안전부 자료에 따르면 2020년 9월 기준으로 총 2,216만 가구에 지급이 완료되어 총 14조 2,357억 원이 집행된 것으로 나타났다(행정안전부, 2020a). 이는 전체 예산(14조 2,448억 원) 중 99.9%에 해당한다.

제1차 긴급재난지원금은 가계의 소비를 활성화하려는 목적과 코로나의 피해가 큰 소상공인의 손실을 보전하려는 이중적인 목적을 가지고 있었다(김미루 · 오윤해, 2020). 따라서 긴급재난지원금의 설계에 있어서 급여 제공을 위한 다양한 전달 방법(현금 · 전자바우처 · 지역화폐)을 마련하거나 사용기간 및 지역과 사용 업종에 제한을 두는 등의 조치를 취하여 정책적 목적을 효과적으로 달성할 수 있는 방안들이 고려되었다. 예를 들어, 긴급재난지원금은 대상자가 거주하고 있는 지역(시 · 도) 내에서만 사용할 수 있고, 사용기간이 한정되어(신청확정일부터 2020년 8월 31일까지) 미사용 금액은 국고로 환수되도록 설계되었다(행정안전부, 2020b. 5.14). 아울러 사용이 가능한 업종과 불가능한 업종을 설정하기도 하였다(아래 〈부록 표 1-1〉 참고). 이러한 제도적 장치를 통하여 단기간에 소비를 진작시키고, 지역 경제를 활성화하여 매출 감소와 사업 운영의 어려움을 겪고 있는 영세자영업자와 소상공인들을 지원하고자 하였다(문경준 · 이창우 · 한용희, 2021).

제1차 긴급재난지원금이 지급되면서 악화되었던 여러 사회 · 경제적 지표들이 다소 개선된 것으로 나타났다. 예컨대, 8개의 카드사 자료를 바탕으로 긴급재난지원금 지급 전 · 후의 매출액 비율과 업종별 금액사용률을 분석한 자료(행정안전부, 2020c)에 따르면, 2020년 5월 말 긴급재난지원금의 58.3%(약 5.6조 원)가 사용되었고, 카드사와 제휴한 가맹점의 매출액이 긴급재난지원금이 지급되기 이전(5월 첫 주)과 비교할 때 21.2%가량 증가했고, 2019년 동월과 비교할 때도 더 높은 증가율(26.7%)을 보였다(행정안전부, 2020c). 그러나, 제1차 긴급재난지원금이 전반적인 경기침체를 해소하는 데에는 한계가 있었으며, 장기적인 소비동력으로도 이어지지 못했다.

<부록 표 1-1> 제1차 긴급재난지원금 내용과 특징

<table>
<tr><th>구분</th><th colspan="3">제1차 긴급재난지원금</th></tr>
<tr><td>지급대상</td><td colspan="3">- 전 국민(2,274만 가구)</td></tr>
<tr><td>지급규모</td><td colspan="3">- 14.3조 원(국비 12.2조 원, 지방비 2.1조 원)</td></tr>
<tr><td rowspan="5">지급수단
및
제한조건</td><td colspan="3">- 재난지원금 신청확정일부터 2020년 8월 31일까지 사용가능
- 사용기간 내 미사용된 금액 국고 환수</td></tr>
<tr><td>지급수단</td><td>지역제한</td><td>업종제한</td></tr>
<tr><td>신용 · 체크카드</td><td>광역자치단체
(특 · 광역시, 도)</td><td rowspan="3">백화점, 대형마트 및
전자판매점, 레저업종,
유흥 · 단란 · 사행업종,
조세, 공공요금, 보험료
납부, 온라인 및 모바일
앱 거래</td></tr>
<tr><td>선불카드</td><td>지자체별 설정
(광역 또는 기초)</td></tr>
<tr><td>지역사랑상품권
(지류/모바일/카드)</td><td>광역 또는 기초</td></tr>
<tr><td rowspan="3">지급시기
및
신청방법</td><td colspan="3">- 2020년 5월부터 신청 및 지급
- 신청방법 : 온라인 · 오프라인</td></tr>
<tr><td>긴급지원</td><td>온라인 신청</td><td>오프라인 신청</td></tr>
<tr><td>5월 4일
별도의 신청 없이
현금성 급여 지급</td><td>신청가능일 5월 11일
신청자 : 세대주
카드사별, 지역사랑
상품권 신청 홈페이지 ·
앱 · ARS 통화</td><td>신청가능일 5월 18일
신청자 : 세대주
주민센터, 지역 금고은행
방문 신청</td></tr>
<tr><td>지원내용</td><td colspan="3">- 가족구성원 수에 따라 차등적 급여지급
(1인 가구 40만 원, 2인 가구 60만 원, 3인 가구 80만 원, 4인 가구 100만 원)</td></tr>
</table>

자료 : 긴급재난지원금 관련 기획재정부(2021c), 행정안전부(2020b.05.14) 자료를 토대로 작성.

2) 제2차 긴급재난지원금

2020년 8월 중순부터 수도권을 중심으로 코로나의 재확산 위기가 고조되었다. 특히, 확산지역이 우리나라 전체 인구의 50.2%(2020년 기준)가 밀집된 수도권 지역(서울 · 인천 · 경기도)이라는 점에서 대구 및 경북지역에서 시작했던 1차 대유행 때보다 확산 규모가 훨씬 클 것이라는 우려가 제기되었다(보건복지부, 2020a; 이정철 · 황휘욱, 2020). 이에 정부는 감염병 확산에 대한 선제적 대응조치로서 수도권(8월 16일, 17일)과 전국

(8월 23일)에 사회적 거리두기 조치를 2단계로 격상하였다(보건복지부, 2020b).

코로나의 재확산 위기가 고조되는 상황에서 정부의 적극적 방역 조치는 감염 규모를 최소화하기 위한 조치였다. 그러나 코로나의 장기화와 강화된 방역 조치가 지속되는 과정에서 국민의 경제적 어려움과 내수 침체 역시 가중될 수밖에 없었다. 한국은행(2020a)에 따르면 코로나 상황에서 비필수 · 비재택 · 고대면접촉 일자리의 고용취약성이 높고, 취업자 수가 대폭으로 감소했으며, 고용취약층 대부분이 청년, 여성, 저소득, 저학력 등의 취약계층인 것으로 나타났다. 더욱이, 경제전망도 암울했는데, 2020년 하반기 경제성장률 −3.8%, 민간소비 −3.7%로 전망되었다(이승석, 2020). 이러한 가운데, 정부는 감염병 확산을 억제하기 위한 방역 조치와 동시에 코로나의 충격이 큰 경제주체들의 어려움을 완화할 수 있는 적극적인 재정 정책 마련이 요구되었다.

코로나의 재유행과 암울한 경제전망은 제2차 긴급재난지원금에 대한 논의를 앞당겼다. 실제로 2020년 8월 수도권 중심의 대규모 집단감염이 발생하면서 제2차 긴급재난지원금에 대한 필요성이 정치권을 중심으로 제기되었다. 8월 중순 야당(정의당 · 미래통합당)의 지도부는 2차 재난지원금 지급을 위한 4차 추가경정예산안 도출을 적극적으로 제안했고, 당시 여당이었던 '더불어민주당'도 8월 21일 당지도부 회의에서 제2차 긴급재난지원금 지급과 이를 위한 4차 추가경정예산안 편성에 대한 검토를 진행했다(Ohmynews, 2020b. 8. 21; 이투데이, 2020.08.24). 여론조사를 통해 국민의 2/3 이상(국민의 76.7%)이 2차 지원금에 찬성하는 것으로 나타났고, 정치권 내에서도 여 · 야를 막론하고 추가 지원금에 대한 공감대를 형성했다(REALMETER, 2020. 8. 26). 이러한 가운데, 추가 지원에 신중했던 정부도 제2차 긴급재난지원금에 관한 논의를 진행하여, 9월 6일 고위 당정청(더불어민주당 · 정부 · 청와대) 협의를 통해서 지급대상, 지급시일, 예산규모 등을 구체화하였다(기획재정부, 2020d, 2020e). 제2차 지원금은 국가의 재정적 여건을 고려하여 지원금의 효율성을 높이는 데에 초점을 맞추었다. 따라서 지원대상은 피해가 집중된 소상공인과 자영업자 및 취약계층(미취업 청년, 육아부담 가구, 위기가구, 프리랜서 등)으로 제한하였고, 대상별 특성에 부합한 지원이 이루어질 수 있도록 '맞춤형 긴급재난지원 패키지'를 구성하였다.

제2차 긴급재난지원금은 4차 추경의 원안 그대로 7조 8천억 원의 추경예산이 편성되었고, 대상자별 맞춤형 지원을 제공하기 위해서 '소상공인 · 중소기업 긴급 피해지원(3조 9천억 원)', '긴급 고용안정(1조 5천억 원)', '저소득층 긴급 생계지원(4천억 원)', '긴급방역지원' 등의 총 4가지 패키지로 구성되었다.

먼저, 소상공인 · 중소기업 긴급 피해지원 패키지를 보면, '소상공인 경영안정 · 재기지원'과 '중소기업 긴급 유동성 공급'의 2가지 범주로 나뉘는데, 전자는 '소상공인 새희망자금', '폐업점포 재도전 장려금' 사업으로 구성되며, 후자는 '특례보증', '긴급경영안정자금'사업으로 구성되었다. 하위 사업들의 내용을 구체적으로 보면, '소상공인 새희망자금'사업은 연간 4억 원 이하의 매출 감소가 발생했거나 집합금지 및 제한업종의 소상공인을 대상으로 경영안정을 위한 지원금(일반업종 100만 원, 집합제한

업종 150만 원, 집합금지 업종 200만 원)을 제공하고, '폐업점포 재도전 장려금'은 폐업 소상공인에게 50만 원의 지원금을 제공한다. 한편, 앞선 사업들이 지원대상(소상공인 · 폐업점포 등)에 직접적인 현금 급여를 제공했던 것과는 달리 '특례보증'과 '긴급경영안정자금'은 소상공인과 영세 중소기업에 임차료나 운영자금에 대한 융자 및 보증을 제공하는 간접적 지원사업이다.

두 번째로 긴급 고용안정 패키지는 '고용유지지원금', '긴급고용안정지원금', '지역고용대응 등 특별지원', '청년 특별취업 지원 프로그램', '구직급여', '코로나극복 일자리' 등으로 총 6개의 하위 사업으로 구성된다. 고용유지지원금'은 사업주가 고용유지조치(휴업 · 휴직)를 유지할 경우 인건비 일부분을 지원해주는 사업이고, '긴급고용안정지원금'은 특수형태 근로종사자, 프리랜서 등을 대상으로 2차 긴급고용안정지원금(50~150만 원)을 지급하며, '지역고용대응 등 특별지원'은 소득이 감소한 법인택시 기사를 대상으로 생계지원금(1인당 100만 원)을 제공하는 사업이다. 아울러, '청년 특별취업지원 프로그램'은 구직을 희망하는 미취업 청년(만 18세~34세)을 대상으로 특별 구직지원금 50만 원을 지급하며, 이 외에도 기존의 구직급여 재원 확충 및 긴급일자리(방역 · 수혜복구 등)를 제공하는 사업이 포함되었다.

세 번째로 저소득층 긴급 생계지원 패키지는 '긴급생계지원', '내일키움일자리' 등으로 구성되며, 코로나19로 인한 실직이나 휴 · 폐업으로 가구 소득이 감소(25% 이상)하여 생계유지가 어려워진 위기가구를 대상으로 일회성 긴급 생계자금(1인 40만 원, 2인 60만 원, 3인 80만 원, 4인 이상 100만 원)을 지원한다. 또한 저소득층을 대상으로 자활사업 연계 또는 2개월간 월 180만 원의 한시적인 임금을 제공한다.

마지막으로 긴급돌봄지원 패키지는 '아동특별돌봄지원', '비대면 학습지원', '가족돌봄휴가', '유연근무제', '이동통신요금', '아동보호' 등의 총 6가지의 하위 사업으로 이루어져 있다. 학부모의 경제적 부담을 완화하기 위해 초등학생 이하 아동을 둔 가정에게 '특별돌봄지원' 명목으로 아동 1인당 20만 원을 제공하고, 중학생 아동을 둔 가정에는 '비대면 학습지원' 명목으로 아동 1인당 15만 원을 지급한다(기획재정부, 2020d). 또한, 코로나로 인한 휴교 및 휴원 조치로 어려움을 겪는 만 8세 이하의 아동을 둔 가정을 위해 가족돌봄 긴급지원(휴가사용기간 및 돌봄비용 지원기간 연장)을 제공하고, 코로나의 장기화에 따른 유연근무의 필요성, 돌봄에 대한 부담 가중 등을 고려하여 유연근무제를 활용하는 사업주에게 간접노무비를 지원한다. 이와 더불어, 고등학생, 청년, 어르신 등 약 2천만 명의 이동통신요금(2만 원)을 할인하여 비대면 경제 · 사회 활동을 장려하고, 가정 내에서 머무는 아동이 많아짐에 따라 아동학대나 방임을 방지하고, 심리치료 인프라를 구축하는 등의 아동보호 사업을 제공한다.

제2차 긴급재난지원금의 특징은 피해 계층에 대한 맞춤형 서비스를 제공하기 위해서 4개의 패키지로 구성된 것이다. 위축된 가구 소비를 활성화하기 위한 목적으로 전 국민에게 현금지원을 했던 1차 때와 달리, 제2차 긴급재난지원금의 기본 방향성은 피해가 집중된 계층을 지원하여 다양한 민생문제(고용불안, 생계위협, 육아부담 등)를 해소하는 것이었다(기획재정부, 2020d). 따라서 제2차 긴급재난지원금은 소규모 경제주체와 취약계층(실직자 및 실직위험 계층, 위기 및 육아부담 가구)을 주요 대상으로 삼고, 각각 당면한 문제를 해결할 수 있는 여러 종류(현금급여, 융자 · 보증, 서비스 연계 등)의 사업들을 마련하여 패키지화하였다. 아울러, 하위 사업의 효과성을 높이기 위해서 현금성 급여지급 방식을 차등적으로 디자인하거나, 특정한 수급 조건(교육이수 등)을 부과하였다. 또한, 신속하고 효율적인 지원을 위해서 대상자 선정 및 발굴에 있어 사업부처별 행정정보를 활용하였다(아래의 〈부록 표 1-2〉 참조). 즉, 제2차 긴급재난지원금은 선별적 지급구조의 효율성과 효과성을 최대한 높일 수 있도록 하위 사업들을 구조화하는 것으로 피해 규모가 큰 집단에 대한 보장성을 강화하고자 하였다(기획재정부, 2020d).

한편, 지원 패키지에 따라 지급 시기에는 차이가 있으나 대부분 9월 24일부터 온 · 오프라인 신청을 받기 시작했고, 다음 날인 25일부터 지급되었다(아래의 〈부록 표 1-2〉 참조). 신속한 지급을 위해서 여러 기관의 행정정보(국세청, 건강보험공단 등)를 바탕으로 지원대상을 파악하여 지급 절차를 간소화했고, 안내 문자를 발송하는 등의 노력을 통하여 조기 신청을 유도하기도 했다(기획재정부, 2020d).

<부록 표 1-2> 제2차 긴급재난지원금의 내용과 특징

<table>
<tr><th>구분</th><th>제2차 긴급재난지원금</th></tr>
<tr><td>지급대상</td><td>- 소상공인 · 중소기업(380만 명, 소상공인 373만 명 + 중소기업 7.1만 명)
- 고용 취약계층(119만 명)
- 생계위기가구(89만 명)
- 육아부담가구(670만 명)</td></tr>
<tr><td>지급규모</td><td>- 7.8조 원(국채 7.5조 원, 중소기업진흥채권 0.3조 원)</td></tr>
<tr><td>지급수단
및
제한조건</td><td>
<table>
<tr><th colspan="2">지급수단</th><th>업종제한</th></tr>
<tr><td>소상공인 새희망자금</td><td rowspan="5">현금 지급
(신청인 금융 계좌)</td><td rowspan="6">지역 및 용도
제한 없음</td></tr>
<tr><td>긴급고용안정지원금</td></tr>
<tr><td>청년특별구직지원금</td></tr>
<tr><td>아동특별돌봄지원금
및 비대면 학습지원금</td></tr>
<tr><td>긴급생계지원</td></tr>
<tr><td>이동통신요금 지원</td><td>연말 감액</td></tr>
</table>
</td></tr>
<tr><td>지급시기
및
신청방법</td><td>지원기간 : 2020년 9월 24일(신청), 25일(지급 개시)
신청방법 : 온라인 · 오프라인
* 신청 대상자에게 사전에 문자통보 발송, 3개월(10~12월) 한시 지급</td></tr>
<tr><td>지원내용
(맞춤형
긴급재난
지원
패키지)</td><td>1. 긴급 피해지원 (소상공인 · 중소기업)
○ 소상공인 경영안정 · 재기지원
<table>
<tr><th>소상공인 새희망자금</th><th>폐업점포 재도전 장려금</th><th>소상공인 1 · 2단계
금융지원</th></tr>
<tr><td>- 일반업종 100만 원 지원(긴급경영안정자금)
- 집합금지업종(영업중단) 200만 원 지원(긴급경영안정자금 100만 원+추가지원 100만 원)
- 집합제한업종(영업시간 제한) 150만 원 지원(긴급경영안정자금 100만 원 + 추가지원 50만 원)
- 행정정보 활용 지원절차 간소화(별도 서류제출X)</td><td>- 폐업 소상공인의 취업 · 재창업 준비를 위한 '폐업점포 재도전 장려금' 50만 원 지급
- 조건부 지급 : 취업 · 재창업 관련 온라인교육 이수 등</td><td>- 1단계 : 소상공인 저리융자금 공급(피해 집중 업종에 대한 1천만 원 지원)
- 2단계 : 지원 한도 상향 (2천만 원)</td></tr>
</table>
○ 중소기업 긴급 유동성 공급
<table>
<tr><th>코로나 특례신용대출 확대</th><th>중소기업 긴급경영안정자금 융자</th></tr>
<tr><td>- 신용보증기금 : 내수위축으로 피해받은 중소기업(공연 · 관관업 등) 대상 코로나 특례신용대출 1.6조 원 추가 공급
- 기술보증기금 : 기술 중소기업(수출 · 벤처 등) 대상 코로나 특례신용대출 0.9조 원 추가 공급</td><td>- 중소기업의 유동성 애로 해소를 위한 '긴급경영안정자금' 0.3조 원 확대
- 일반업종 : 영세 중소기업 대상 정책자금 0.2조 원 확대(1,250개사)
- 집합금지업종 : 집합금지명령 대상 중소기업 초저금리 자금 0.1조 원 공급(1,000개사)</td></tr>
</table>
</td></tr>
</table>

2. 긴급 고용안정 (고용 취약계층)

근로자 고용유지지원금	2차 긴급 고용안정 지원금	청년 특별취업 지원 프로그램	구직급여	코로나 극복 일자리
- 고용유지지원금 추가 지원 (지원대상 및 지원기간 확대)	- 특수형태근로종사자 및 프리랜서 등 70만 명에 2차 긴급고용안정지원금 (50-150만 원) 지원	- 취업 애로를 겪는 청년(만 18~34세)에 '특별 구직지원금' 50만 원 지급 - 취업상담 연계	- 대규모 실업자 발생 대비 구직급여 추가 확충	- 생계곤란 계층을 대상으로 긴급 일자리 제공(생활방역, 재난지역 환경정비 등)

3. 긴급 생계지원 (생계위기가구)

위기가구 긴급 생계지원	내일 키움 일자리 신설
- 중위소득 75% 이하의 위기가구(실직 · 휴폐업 등) 대상 긴급 생계자금 지원(1인 40만 원, 2인 60만 원, 3인 80만 원, 4인이상 100만 원) - 동일 사유로 긴급지원 프로그램을 수혜한 가구는 제외 - 자산요건 완화(대도시 3.5→6.5억원, 중소도시 2→3.5억원, 농어촌 1.7→3억원)	- 기존 자활사업(중위소득 50% 이하)에 참여하지 못한 근로능력이 있는 저소득층(75% 이하)을 대상으로 일자리 제공 및 취업 지원(월 180만 원, 2개월 단기 일자리 제공), 종료 후 근속장려금(20만 원) 지급 - 사업 종료 후 사회적 경제 조직으로 취업 연계 지원

4. 긴급돌봄 지원 (육아부담가구)

아동 특별돌봄 지원	비대면 학습지원	가족돌봄휴가비용 긴급지원
- 아동 1인당 20만 원 제공(미취학 아동 · 초등학생)	- 비대면 학습지원금 아동 1인당 15만 원(만 13~15세 중학생 · 학교 밖 청소년)	- 가족돌봄휴가 사용 기간을 최대 10일 → 20일로 확대
유연근무제 간접노무비 지원	**이동통신요금 지원**	**아동보호**
- 간접노무비 대상 확대 (1.4→3.4만 명) - 유연근무 실시 사업주에 근로자 1인당 1주일에 10만 원 지원	- 만 16~34세와 만 65세 이상 국민(2,039만 명) 통신비 부담 경감(2만 원) 지원	- 위기아동 보호 인프라 구축(상담시설 보강, 심리치료 인프라 확충, 아동보호 전담요원 조기 배치)

자료 : 2차 긴급재난지원금 관련 기획재정부 자료(2020d, 2020e)를 토대로 작성.

3) 제3차 긴급재난지원금

2020년 9월 말부터 10월 초 사이에 코로나 일일 평균 확진자는 60명대로 줄어들어 전염병 확산세가 억제되는 것처럼 보였다(질병관리청, 2020). 이에 10월 11일 중앙재난안전대책본부는 격상되었던 사회적 거리두기 단계 조정을 논의하였고, 코로나 장기화에 따른 국민적 피로감과 내수 침체를 고려하여, 10월 12일부로 수도권(2.5단계-2단계) 및 비수도권(2단계-1단계)의 사회적 거리두기를 하향 조정하였다(BBC NEWS 코리아, 2020.10.12). 그러나 11월부터 코로나 확진자 수가 100명대로 증가하면서 재확산 조짐을 보였고, 12월 초 일일 확진자는 평균 500명을 돌파했고, 12월 중순에는 1,000명 대로 급증했다(보건복지부, 2020c). 정부는 전염병 확산에 대응하여 12월 8일 수도권 내 사회적 거리두기를 2.5단계로 다시 격상하였고 비수도권 지역도 2단계로 상향 조정했다(보건복지부, 2020c).

3차 대유행이 가시화되면서 완화되었던 방역 수준이 다시 강화되었고, 이로 인해 2020년 2분기 이후 점진적인 회복세를 보여왔던 경제지표들도 다시 악화 조짐을 보였다(주원, 2020). 실제로 경제성장률은 3분기(2.1%)와 비교해 4분기(1.1%)에 1.0%가량이 감소하였고, 민간소비도 감소했다(한국은행, 2021b). 아울러 2020년 4분기 가구당 월평균 소득은 전년동분기 대비 1.8%가량 증가한 것으로 나타났으나, 근로 및 사업소득은 각각 -0.5%, -5.1%가량이 감소하였다(보건복지부, 2021a). 2020년 4분기 실업률은 3.7%로 3분기(3.6%) 때보다 소폭 증가했고, 취업자 증감률은 -44.1%

로 전기 대비(-33.4%) 감소율이 높아졌다(통계청, 2022).

한편, 코로나 확진자가 늘어나기 시작한 11월부터 정치권 일각에서는 제3차 긴급재난지원금 지급을 준비해야 한다는 주장이 제기되었다. 지급 규모와 지급 대상 등에는 이견이 있었으나, 여 · 야 정치인들 모두가 제3차 긴급재난지원금 지급에 대한 논의가 필요하다는 데에는 공통된 입장을 보였다(경향신문, 2020.11.23). 반면, 여당 지도부와 정부는 일전에 지급된 제1 · 2차 지원금으로 국가부채가 늘어나면서 재정적 부담을 느꼈고, 코로나 재확산을 방지하기 위한 방역 조치를 이행하는 과정에서 제3차 긴급재난지원금의 초기 논의에 대해서는 소극적인 입장이었다(경향신문, 2020.11.23). 그러나 3차 대유행이 본격화되면서 여당과 정부는 11월 29일 고위 당정 협의를 개최하여 제3차 지원금의 주요 지원대상과 지원사업에 대한 대략적인 예산 규모 및 재원 마련 방안에 대한 논의를 했고, 다음 연도(2021년) 예산안에 3차 지원금에 관한 예산 배정을 발표하였다(연합뉴스, 2020.11.29). 이후 12월 27일 당정청 협의회에서는 제3차 긴급재난지원금에 관하여 세부적인 사업 내용과 그에 따른 예산 확대 및 지급 시기 등을 논의하여 제63회 국무회의(12월 29일)에서 최종적으로 9조 3,000억 원 규모의 '맞춤형 피해지원 대책'을 결정하였다(관계부처합동, 2020b).

제3차 긴급재난지원금도 2차 지원금처럼 피해 집단과 고용 취약계층을 선별하여 매출 감소를 보전하고 생계안정을 도모하고자 했다(관계부처합동, 2020b). 제3차 지원금은 '긴급피해지원(5조 6천억 원)', '방역강화(8천억 원)', '맞춤형 지원패키지(2조 9천억 원)' 등의 하위 패키지로 구성되었으며, 지원대상은 코로나 피해가 집중된 소상공인 · 중소기업과 고용 취약계층(약 580만 명)이었다.

먼저 긴급피해지원 패키지를 살펴보면, 소상공인을 지원하는 '피해 소상공인 임차료 지원'과 고용 취약계층을 위한 '고용 취약계층 소득안정자금'으로 구성되었다. 피해 소상공인 임차료 지원은 소상공인의 영업피해와 임차료를 직접 지원하는 '소상공인 버팀목 자금'과 간접적으로 지원하는 '임차료 융자 프로그램', '착한 임대인 세제지원', '소상공인 사회보험료 납부유예'사업 등의 하위 사업으로 구성된다. 소상공인에게 직접적인 현금성 급여를 제공하는 '버팀목 자금'사업은 지급 기준(19년 또는 20년 매출액 10~20억 원 이하, 20년 기준 5~10인 미만)에 부합한 소상공인을 대상으로 현금성 급여를 제공하며, 매출 감소 여부와 영업 제한 수준에 따라 지원금을 차등적으로 지급한다(일반업종 100만 원, 영업 제한 업종 200만 원, 집합금지 업종 300만 원). 소상공인에게 임차료를 지원해주는 '소상공인 임차료 융자 프로그램'은 방역 조치로 영업이 제한되거나 금지된 업종에 임차료 및 운영자금 공급을 위해서 최대 1,000만 원 수준의 저금리(집합금지 1.9%, 집합제한 2~4%) 금융지원을 제공한다. 아울러, 인하된 임대액에 대한 임대인 소득 · 법인세공제율을 기존 50%에서 70%까지 확대하는 '착한 임대인 세제지원'과 2021년 1분기 사회보험료(고용 · 산재보험료 · 국민연금보험료)와 전기 · 가스요금 납부를 유예하거나 분할납부를 허용해주는 '소상공인 사회보험료 납부유예'사업이 포함되었다. 한편, 고용 취약계층 소득안정자금 패키지는 특수형태근로종사자와 프리랜서 70만 명을 대상으로 지원금(기존 1 · 2차 수혜자 50만 원, 신규

수혜자 100만 원)을 지급하고 돌봄 종사자와 법인택시 기사에게 각각 생계 및 소득안정 명목의 지원금(50만 원)을 지원하는 사업으로 구성된다.

다음으로 계층별 맞춤형지원 패키지를 살펴보면, 해당 패키지 내 하위 사업들은 사업대상에 따라 크게 3가지로 범주화된다. 첫 번째는 코로나로 인해 사업 운영에 어려움을 겪는 소상공인과 영세사업자를 지원하는 '소상공인 중소기업 회복지원'이며, 두 번째는 고용 취약계층을 대상으로 하는 '근로자 · 실직자 긴급 고용안정 지원'이다. 세 번째는 재난적 상황에서 긴급지원이나 자녀 양육 및 돌봄서비스가 필요한 사람에게 제공되는 '취약계층 사회안전망 보강'이다.

첫 번째 범주인 '소상공인 · 중소기업 회복지원'은 다시 '소상공인 재기 · 판로 · 매출회복 지원'과 '소상공인 · 중소기업 긴급 유동성 공급' 유형으로 나뉜다. '소상공인 재기 · 판로 · 매출회복 지원'패키지에 포함된 하위 사업의 내용은 다음과 같다. '폐업점포 재도전 장려금'사업은 폐업 및 폐업 위기에 직면한 소상공인의 재창업 · 재도전 역량 강화 혹은 사업 개선이나 폐업과정 등을 지원하기 위해서 50만 원의 지원금을 지급한다. 또한, 경영 및 사업 전환 교육부터 취업장려수당(최대 100만 원) 지급, 재창업 지원(최대 1,000만 원) 등 폐업(예정)자의 경제적 부담완화와 경제활동 재개를 위한 각종 지원을 신속히 제공하는 '희망리턴패키지'로 구성되어 있다. 다음으로 '전통시장 · 소상공인 비대면 판로확보 지원'사업은 사회적 거리두기 방역지침으로 대면 서비스 제공이 어려운 사업체(전통시장 · 소상공인)가 비대면 서비스(배송, 온라인 판매 · 마케팅 등)를 제공할 수 있도록 지원하는 사업이다. 마지막으로 소상공인이나 전통시장 영세상인의 매출 감소를 완화하기 위해 지역화폐(지역사랑 · 온누리상품권)를 통한 매출 회복 지원사업이 포함되었다. 세 번째로 '소상공인 · 중소기업 긴급 유동성 공급'에는 '특별 융자 · 보증지원'과 '연말연시 방역강화 조치에 따른 피해업종 지원(이하 피해업종 지원)'사업으로 구성된다. 각각의 범주에 속한 사업을 살펴보면, '특례 융자 · 보증지원' 범주에는 소상공인과 중소기업에 대한 융자 및 보증지원 사업들이 구성되어 소상공인 융자의 보증수수료 인하(첫해 0.6%), 중소기업에 대한 저금리(1.9%) 긴급경영안정자금 또는 특례보증(보증비율 95%, 보증료율 1.0%)에 대한 지원내용을 담고 있다. 피해업종 지원 범주에는 방역 강화로 피해가 집중된 업종(겨울 스포츠 시설 및 해당 시설 내 부대 업체, 숙박시설)에 대한 버팀목 자금 연계, 융자금 상환 연장, 관련 기관 종사자 교육, 일자리, 방역 지원 등이 포함되었다.

두 번째 범주인 '근로자 · 실직자 긴급 고용안정 지원'은 근로자 및 실직자 집단을 위해서 '근로자 고용유지 선제 지원', '실직자 재취업 및 청장년 맞춤형 일자리 창출', '특고 · 프리랜서 · 필수노동자 생계 · 처우개선'과 같은 하위 사업으로 이루어졌다. 구체적으로 보면, 우선 '근로자 고용유지 선제 지원'에서는 고용유지지원금의 신속 지원과 영업제한 및 금지업종 종사자에 대한 고용유지지원금 지원 비율을 90%로 상향(3개월 한시)하는 것과 특별지원업종에 대한 무급휴직지원금을 3개월 연장(월 50만원), 노사 간 사업운영과 고용유지를 위해 임금감소를 합의할 경우 임금감소의 일정 부분을 지원하는 '노사 합의 고용유지 지원금'을 1년 연장하는 사업들을 제공한다. 다음으로 '실직자 재취업 및 청장년 맞춤형 일자리'는 저소득층과 청년, 중장년층을 대상으로 취업 관련 제도(국민취업지원제도, 취업성공패키지 등)를 연계하여 맞춤형 직업교육 및 직업훈련과 훈련수당(코로나 대응 특별 수당 30만 원 한시 지원)을 지급하거나 지역사회 일자리를 발굴하여 직접 연계하는 서비스를 제공한다. 마지막으로 '특고 · 프리랜서 · 필수노동자 생계 · 처우개선'은 특고 종사자(산재보험 미가입)에게 생활안정자금 융자를 신규로 지원하고, 사회기능 유지의 필수분야(보건 · 의료 · 돌봄 · 배송 · 환경미화) 종사자들에 대한 건강관리, 처우개선, 사업장 내 관련 인력 추가 확충을 지원한다.

세 번째 범주인 '취약계층 사회안전망 보강'은 취약계층을 위한 사회적 안전망을 보강하는 차원에서 '긴급복지 확대'와 '돌봄부담 완화' 지원 사업이 제공된다. 먼저 '긴급복지 확대'는 2020년 제2차 재난지원금 지급 시 한시적으로 적용되었던 긴급복지 지원요건 완화 조치를 2021년 1분기(1월~3월)까지 연장하는 사업이다. 다음으로 '돌봄부담 완화'는 유치원 · 어린이집의 휴업 또는 학교 휴교로 인한 가정 내 자녀 돌봄을 활성화시키기 위해서 근로시간 단축, 재택근무 등을 허용한 사업주에 간접노무비 지원을 확대하는 사업과 서비스 이용 가구(맞벌이 · 한부모 · 장애부모 등)의 이용료에 대한 자부담 수준을 완화하는 아이돌봄사업, 학부모 돌봄부담을 완화하기 위한 긴급돌봄 프로그램 운영 사업 등이 포함되었다.

제3차 긴급재난지원금은 패키지의 구성이나 제도적 특징이 2차 지원금과 대부분 유사하다. 하지만, 전반적인 지원 수준이 상향되었고 패키지의 구성이 긴급지원사업과 맞춤형지원 사업으로 분화되었다는 점에서 차이가 있다. 대상별로 6개의 패키지가 구성되었던 2차와 달리, 3차 지원금에서는 3가지 패키지로 단순화되었고 각종 경제적 지원사업이 포함된 패키지는 '긴급피해지원'과 '맞춤형지원 패키지'로 구분되어 급여와 서비스가 제공되었다(관계부처합동, 2020b). 이는 제3차 지원금의 기본 방향성이 코로나와 방역 강화에 따른 경제적 충격에 선제적으로 대응을 하는 것이기 때문에 피해가 집중될 수 있는 대상을 최우선으로 지원하고자 '긴급피해지원' 패키지를 따로 마련한 것이다(관계부처합동, 2020b).

한편, 제3차 긴급재난지원금은 2021년 1월 6일에 사업 공고가 났다. 2차 지원금 수령자를 대상으로 문자 안내를 통해 신청을 받아, 2021년 1월 11일부터 지급되기 시작하였다.

<부록 표 1-3> 제3차 긴급재난지원금의 내용과 특징

<table>
<tr><th>구분</th><th>제3차 재난지원금</th></tr>
<tr><td>지급대상</td><td>- 소상공인 · 고용 취약계층 · 생계위기 및 육아부담 가구(약 580만 명)</td></tr>
<tr><td>지급규모</td><td>- 9.3조 원(목적예비비 4.8조 원, 20년 집행잔액 0.6조 원, 21년 기정예산 3.4조 원, 기금운용계획 변경 0.5조 원)</td></tr>
<tr><td>지급수단
및
제한조건</td><td>- 현금성 급여제공 사업 중심으로 정리
<table>
<tr><th colspan="2">지급수단</th><th>업종제한</th></tr>
<tr><td>소상공인 버팀목자금</td><td rowspan="5">현금 지급
(신청인 금융
계좌)</td><td rowspan="5">지역 및 용도
제한 없음</td></tr>
<tr><td>고용취약 계층 소득안정지원금</td></tr>
<tr><td>소상공인 · 중소기업 회복지원금
(폐업점포 재도전 장려금 · 취업장려 수당)</td></tr>
<tr><td>고용유지지원금 · 무급휴직지원금 ·
노사합의고용유지지원금</td></tr>
<tr><td>구직촉진수당 · 코로나 대응 특별 훈련수당</td></tr>
</table></td></tr>
<tr><td>지급시기
및
신청방법</td><td>지원기간 : 2021년 1월 10일(신청), 11일(지급 개시)
* 3개월(1~3월) 한시 지급
신청방법 : 온라인 · 오프라인
* 신청 대상자에게 사전에 문자통보 발송</td></tr>
<tr><td>지원내용
(맞춤형
긴급재난
지원
패키지)</td><td>1. 긴급 피해지원
○ 피해 소상공인 임차료 등 지원
<table>
<tr><th>소상공인 버팀목 자금
(임차료 경감 지원 등)</th><th>임차료 간접지원 등
(임차료 융자, 착한 임대인 세제지원,
소상공인 사회보험료 납부유예)</th></tr>
<tr><td>- 일반업종 긴급경영안정자금 100만 원 지원(코로나19 재확산 이후 매출이 감소한 연매출 4억 원 이하의 중소기업)
- 집합금지업종(영업중단) 200만 원 지원
- 집합제한업종(영업시간 제한) 150만 원 지원
- 행정정보 활용 지원절차 간소화(별도 서류제출X)</td><td>- 소상공인 임차료 융자 : 집합금지업종(저금리 1.9% 임차료 대출 지원), 집합제한업종(2~4%대 금리 융자금 공급, 5년간 보증료 면제 및 경감), 최대 1,000만 원 한도
- 착한 임대인 세제지원 : 임대료 인하액에 소득 · 법인세 세액공제율 50% →70% 확대 조정
- 소상공인 사회보험료 납부유예 : 2021년 1분기 영세사업장 및 자영업자의 고용 · 산재보험료 3개월 납부유예, 국민연금보험료 3개월 납부예외 허용, 1분기 전기 · 가스요금 3개월 납부유예 및 9월까지 분할납부 허용</td></tr>
</table>
○ 고용 취약계층 소득안정자금
<table>
<tr><th>특고 · 프리랜서
긴급고용안정지원금</th><th>방문 · 돌봄 서비스
종사자 생계지원금</th><th>법인택시 기사
소득안정자금</th></tr>
<tr><td>- 특수형태근로종사자 · 프리랜서 현금성 급여 지급
(기존 신청자 50만 원,
신규 신청자 100만 원)</td><td>- 방문 · 돌봄 서비스 종사자에 대한 생계지원금 50만 원 지급</td><td>- 법인택시 기사에 소득안정자금 50만 원 지급</td></tr>
</table></td></tr>
</table>

2. 맞춤형 지원 패키지

○ 소상공인 · 중소기업 회복지원

소상공인 재기 · 판로 · 매출회복 지원	소상공인 · 중소기업 긴급 유동성 공급 등
〈폐업소상공인 재기(재도전 · 재취업) 지원〉 - 폐업 소상공인 대상 '폐업점포 재도전 장려금' 50만 원 지급 - 희망리턴패키지 지원(전환교육 · 취업장려수당 최대 100만 원. 재창업 사업화 지원 최대 1,000만 원 지원) 〈전통시장 · 소상공인 비대면 판로확보 지원〉 - O2O 플랫폼 입점: 온라인 · 어플 검색 및 광고료 등 업체당 30만 원 내외 서비스 지원 - 전담 셀러 연계: 온라인 판촉 전문인력과 연계 지원 등 업체당 50만 원 내외 서비스 지원 - 시장경영바우처: 100개의 전통시장 신속집행 집행 〈지역상품권 조기집행을 통한 매출회복 지원〉 - 지역상품권(지역사랑 · 온누리상품권) 2021년 1분기 내 조기집행 실시	〈특별 융자 · 보증지원〉 - 소상공인 융자: 보증수수료 첫해분 0.6% 인하 - 중소기업 융자: 집합제한 및 금지 중소기업에 저금리(1.9%) 긴급경영안정자금 0.2조 원 공급 - 중소기업 보증: 중소기업 특례보증(보증비율 95%, 보증료율 1.0%) 2.4조 원 공급(신용보증+기술보증) 〈연말연시 방역강화 조치에 따른 피해업종 지원〉 - 겨울스포츠시설 소규모 부대업체: 소상공인 요건 해당시 집합금지 업종으로 간주, 소상공인 버팀목 자금 300만 원 지원 - 중 · 대규모 겨울스포츠시설: 피해시설 신규 융자, 기존 융자금 상환 연장, 안전 · 강습요원 일자리 및 방역 지원 - 소규모 숙박시설: 소상공인 요건 해당시 소상공인 버팀목자금 200만 원 지원 - 중 · 대규모 숙박시설: 융자 및 융자금 상환 연장, 맞춤형 종사자 교육 및 방역 지원

○ 근로자 · 실직자 긴급 고용안정 지원

근로자 고용유지 선제 지원	실직자 재취업 및 청장년 맞춤형 일자리 창출	특고 · 프리랜서 · 필수노동자 생계 · 처우개선
- 유급 고용유지지원금 조기 집행 및 지원비율 90% 3개월 한시 상향(휴업수당 2/3 수준) - 무급휴직지원금 3개월 연장(월 50만 원) - 노사합의고용유지지원금 1년 연장(노사간 임금감소 합의시 감소분의 50% 지원)	- 국민취업지원제도 : 저소득층 및 청년 집중지원(구직촉진수당 50만 원, 최대 6개월 지원) - 청년층: 비대면 분야 구직 및 일자리 창출 지원, 취업성공패키지 및 일자리 직접연계 - 중 · 장년층: 코로나 대응 특별 훈련수당 30만 원 한시 지원, 맞춤형 직업 훈련 및 지역별 일자리 사업 적극 발굴	〈특고 · 프리랜서 생계 지원〉 - 산재보험 미가입 특고 종사자에도 생활안정자금 융자 신규 지원 〈필수노동자 처우 및 근무여건 개선〉 - 건강관리: 건강검진 확대, 건강센터 의료인력 및 장비확충 등 건강관리 지원 확대 - 처우개선: 취약계층 돌봄종사자(사회복지시설, 장애인 활동보조) 처우개선(시간당 단가 인상 등) - 인력확충: 돌봄, 환경미화, 보건의료 분야의 보충인력 확보(보조 · 연장교사, 한시 특별인력, 교육 전담간호사 등)

○ 취약계층 사회안전망 보강

긴급복지 확대	돌봄부담 완화
- 긴급복지 지원요건 완화(2021년 1분기까지 연장) - 지원단가: 4인 기준 월 127만 원(6개월) - 지원대상: 기준중위소득 75% 이하 - 재산: 대도시 3.5억 원, 중소 2억 원, 농어촌 1.7억 원 - 재지원: 동일 사유로 2년 이내 재지원 금지 폐지	- 가족친화 고용지원: 사업주에 간접노무비 지원(근로시간 단축 임금감소액 보전금 월 27만 원, 간접노무비 월 20만 원, 유연근무제 간접노무비 월 36만 원) - 아이돌봄: 서비스 이용가구(맞벌이 · 한부모 · 장애부모 등)의 자부담 완화(1분기 한시 적용) - 긴급돌봄: 유치원 · 초등학교 3월 긴급돌봄 프로그램 운영

자료 : 3차 긴급재난지원금 관련 관계부처합동 자료(2020b)를 토대로 작성.

4) 제4차 긴급재난지원금

제4차 긴급재난지원금에 대한 논의는 2021년 1월 초부터 여권(그 당시, 더불어민주당) 인사들을 중심으로 공론화되었다. 여당은 선별적 지급 방식의 2차 · 3차 재난지원금에 대하여 형평성 문제를 제기하면서, 3차 코로나 팬데믹의 확산추세가 점차 안정되어 가는 국면에 침체된 경제를 회복시킬 수 있는 지원책이 필요하다고 주장했다(연합뉴스, 2021a.01.07). 그러나 야당(그 당시, 국민의힘)은 제3차 재난지원금이 지급되기도 전인 시점에 추가적인 지원금에 대한 논의는 차기 4월 보궐선거에 대한 포퓰리즘이라고 비판하였고, 정부도 제4차 재난지원금에 대한 논의는 시기상조라는 입장을 보였다(정책브리핑, 2021a.01.18). 이러한 가운데, 2021년 2월 1일 수석 · 보좌관회의에서 문재인 대통령이 정부 차원의 추가적인 지원책을 마련하도록 지시했고, 여당과 이낙연 대표는 2월 2일 국회 제2차 본회의에서 전 국민 보편적 지급과 피해 계층 맞춤형 지원을 동시에 고려한 제4차 지원금에 대한 추경안을 2월 중으로 편성하자고 제안했다(한경정치, 2021.02.01).

대통령의 지시와 여당의 적극적 추진으로 급물살을 탈 것 같던 제4차 재난지원금은 기획재정부에 의해 제동이 걸렸다. 홍남기 경제부총리 겸 기획재정부 장관은 제4차 긴급재난지원금을 지급하는 것에 대해서는 동조했으나 국가부채와 재정건정성을 문제 삼아 보편적 지원 방안에 대해서는 반대 입장을 보였다(한겨례, 2021a.02.03.). 이러한 가운데 피해 계층과 사각지대에 있는 사람들을 지원하기 위해 2021년 2월 10일 비상경제 중앙대책본부 회의가 개최되어, 제3차 지원에 대한 검토를 토대로 제4차 재난지원금의 지급 방안이 마련되었다(기획재정부, 2021a). 코로나와 방역 강화로 인한 피해를 신속하게 보상하기 위해 보편적 지급에 대한 논의를 미루고, 제2차와 제3차와 같은 형태의 지급방식을 채택하였다. 2021년 2월 말 제4차 재난지원금 예산안에 대한 논의가 이루어졌고, 3월 초 제9회 국무회의에서 '제4차 맞춤형 피해지원대책'에 대한 예산과 사업 내용을 포함한 '2021년도 추가경정예산안'이 의결되었다(기획재정부, 2021a). 이후 한 달이 채 되지 않은 3월 말 국회 본회의를 통과하고 제4차 지원금이 지급되기 시작하였다(기획재정부, 2021b).

제4차 긴급재난지원금의 주요한 목적은 제2차, 제3차 지원금과 동일하게 피해가 집중된 계층에 대한 추가적인 지원과 거듭된 방역 조치에 따른 고용악화 상황을 개선하는 것이며, 사각지대를 적극적으로 검토하여 지원대상에 포함하는 것이었다(기획재정부, 2021c). 이러한 목적 아래 업종을 세분화하여 그동안 포함되지 않았던 업종과 사업체를 포함하였다.

제4차 긴급재난지원금의 예산은 19조 5천억 원(추경 15조 원, 기정예산 4조 5천억 원)으로 앞선 2차와 3차 때의 예산보다 훨씬 큰 규모로 책정되었다. 제4차 긴급재난지원금은 추가경정예산을 바탕으로 '소상공인 긴급 피해지원(8조 1천억 원)', '긴급 고용대책(2조 8천억 원)', '방역대책(4조 1천억 원)'이 마련되었고, 기정예산을 토대로 '소상공인 · 중소기업 지원(2조 5천억 원)', '고용지원(1조 8천억 원)', '저소득층 · 취약계층 지원(2천억 원)'이 마련되었다(기획재정부, 2021c).

제4차 긴급재난지원금의 예산안과 내용을 보면, 먼저 추경안에 포함된 첫 번째 패키지인 '소상공인 긴급 피해지원' 패키지는 '소상공인 버팀목 플러스', '소상공인 전기요금 감면', '근로취약계층 고용안정지원금', '취약계층 생계지원금' 등의 4가지 하위 사업으로 구성되었다. 소상공인의 안정적인 사업 운영을 지원하기 위해 일정 수준의 현금 급여를 지원하는 '버팀목 플러스' 사업은 자격요건 완화와 업종 세분화로 3차 때의 '버팀목 자금'보다 전반적으로 사업 규모가 커졌고, 기존에 3가지로 구분되었던 지원업종(일반 · 제한 · 금지)은 매출 감소와 방역조치 수준에 따라 5개 유형으로 재분류되었다.

다음으로 '소상공인 전기요금 감면' 사업은 3개월간 소상공인의 전기요금을 감면(집합제한 30%, 집합금지 50%)하는 신규사업으로 최대 180만 원까지 감면이 가능하였다. '근로취약계층 고용안정지원금' 사업은 3차 지원금과 동일한 수준으로 특수형태 근로자 및 프리랜서(기존 50만 원, 신규 100만 원), 돌봄서비스 종사자(50만 원), 그리고 법인택시기사(20만 원이 인상되어 70만 원)를 지원했다. 한편, 2차 지원금의 하위 사업으로 포함되었으나 3차에서는 제외되었던 '취약계층 생계지원금'이 다시 추가되어, 한계근로빈곤층에 대한 지원 외에도 지자체별로 관리되고 있는 노점상도 개소당 한시생계지원금(50만 원)을 받게 되었으며, 생계위기가구의 대학생들도 지원대상(근로장학금 명목으로 5개월간 250만 원 지급)으로 포함되었다.

두 번째 패키지인 '긴급 고용대책'은 '고용유지', '일자리 창출', '취업지원서비스', '돌봄 및 생활안정' 등의 4가지 사업으로 구성되었다. '고용유지'사업은 고용유지조치를 취한 집합 제한 및 금지업종과 경영 위기 일반업종에 대한 특례지원을 3개월 연장하고 90% 수준으로 상향하는 사업과 휴업 및 휴직수당 융자 사업을 6개월 연장하는 내용이 포함되었다. '일자리 창출' 사업은 3대 계층(청년 · 중장년 · 여성)을 대상으로 5대 분야(디지털, 문화체육 · 관광, 방역 · 안전, 그린 · 환경, 돌봄 · 교육)의 일자리를 연계하는 사업이다. '취업지원서비스' 사업은 코로나의 장기화로 취업에 어려움을 겪는 청년과 자녀 양육에 따른 경력단절 우려가 있는 여성을 대상으로 취업 활동과 일자리 연계를 지원하는 사업이다. 특히 해당 사업은 일회적인 지원에 그치지 않고 지속 가능한 일자리를 창출하기 위해서 신기술 관련 교육 및 훈련 사업을 마련하거나 기존의 고용서비스 사업과 연동하여 지속적인 지원과 관리를 받을 수 있도록 하고, 지역사회 내 기업들과 연계하여 구직활동을 지원한다. '돌봄 및 생활안정' 사업은 근로자들의 비대면 근무(단축근로 · 재택근무 등)를 지원한 사업주를 대상으로 현금급여를 제공하고, 자녀를 돌보기 위해서 무급휴가를 사용한 근로자에게는 돌봄 비용을 지원하는 등의 생활 안정을 위한 사업으로 구성되었다.

한편, 기정예산에 포함된 패키지들의 하위 사업 내용을 살펴보면, 첫 번째로 '소상공인 · 중소기업 피해지원' 패키지는 '중소기업 긴급 금융지원', '소상공인 등 긴급 금융지원', '버팀목자금 추가 지원', '소상공인 · 중소기업 경쟁력 회복' 등의 4가지 사업으로 구성된다. '중소기업 긴급 금융지원'의 경우 코로나 관련 피해로 경영에 어려움을 겪는 중소기업의 경영 정상화를 위한 융자 지원 사업이며, 경영 위기 기업이나 피해가 집중된 수출 · 관광기업에 직접 대출, 보증, 융자금 상환유예 등의 금융 지원을 한다. 다음으로 '소상공인 등 긴급 금융지원' 사업은 소상공인의 폐업 후 보증금 상환을 일정 기간 유예할 수 있게 지원하는 '브릿지보증', 소상공인의 스마트기술 도입과 제조 공정 과정을 스마트화할 수 있도록 지원하는 '소상공인 스마트화', 소상공인의 이차보전을 위해 대출만기를 연장하는 '시중자금 만기연장', 농어가 경제 활성화를 위해서 자금을 저금리 융자로 지원하고 원금 상환을 유예해주는 '농어업 융자 지원'과 같은 사업들로 구성되었다. 이 두 사업의 목적은 소상공인과 중소기업에 금융지원을 해줌으로써 사업 운영을 안정시켜 사업체들이 폐업하는 것을 방지하고 고용악화를 완화하는 것이다. '버팀목자금 추가 지원'은 3차 지원금이 지급되는 1분기에 '버팀목자금'의 지원대상이 증가하여 추가적인 소요 예산을 배정하기 위한 사업이다. 마지막으로 '소상공인 · 중소기업 경쟁력 회복'은 사업 대상인 전통시장, 폐업소상공인, 경영애로 업종의 매출 회복과 경쟁력 강화를 지원하는 사업으로, 전통시장의 매출 회복을 위한 지역화폐(지역사랑상품권 · 온누리상품권) 발행과 경쟁력 강화를 위한 온라인플랫폼 전환(시장경영바우처) 사업, 폐업한 소상공인의 재기 및 재교육 · 재취업 지원(폐업점포 재도전 장려금, 희망리턴 패키지) 사업, 경영애로 업종(문화 · 관광 · 화훼농가 등)에 대한 재기 및 디지털 전환 사업 등이 포함된다.

다음으로 '고용 지원' 패키지에는 크게 '고용연계 융자 지원'과 '경영애로 업종 고용창출 · 교육 지원' 사업으로 구분되는데, 전자의 경우 사업체가 근로자들의 고용을 유지하는 조건으로 1%대의 초저금리 융자를 지원해주는 '고용유지 플러스 융자'와 창업 및 고용우수 중소기업(3년 연속 일자리 증가 기업, 내일채움공제 가입기업 등)에 대한 저금리 융자 지원사업인 '고용창출 플러스 융자' 사업이 포함된다. 한편, 후자에는 관광업(여행 · 마이스업) 종사자 및 예비인력에 대한 디지털 역량강화 교육 지원사업과 실직 상태인 영화계 종사자에 대한 직업훈련 및 온라인 뉴미디어 영상콘텐츠 제작 일자리 지원 사업이 있다. 마지막으로 '저소득층 · 취약계층 지원' 패키지에는 긴급복지지원 제도의 자격요건을 한시적으로 완화하는 조치를 3개월 연장하는 내용과 아동 돌봄서비스를 이용하고 있는 가구(맞벌이 · 한부모 등)의 서비스 이용금에 대한 부담을 완화하는 사업(35% 인하)이 포함된다.

4차 지원금은 앞서 제공된 2차와 3차 지원금의 사업구조와 대부분 유사하다. 하지만, 4차 지원금의 차이점은 사업목적에서도 드러난 것처럼 피해 계층을 최대한 두텁게(사각지대 해소 · 형평성 제고) 지원한 것이었다. 또한, 사업별로 자격요건을 완화하거나 몇몇 신규사업이 추가되었다. 예컨대 대표적인 현금지원사업인 '소상공인 버팀목 플러스' 사업의 경우 사각지대 해소 및 형평성 제고를 위해서 지원대상 선정기준을 조정하였는데, 사각지대의 경제주체들을 제도권 내로 포함하기 위해서 상시근로자 수가 5인 이상인 사업체나 신규창업자를 지원대상에 포함했고, 일반업종의 매출 한도도 상향 조정하였다(4억 원에서 10억 원). 아울러 일반업종 중에서 피해가 큰 업종을 '경영위기업종'으로 분류하여 더 많은 급여를 지원했고, 피해가 중첩될 우려가 있는 다수의 사업장을 보유한 1인 사업자에게는 추가 지원을 했다. 그렇지만, 형평성 문제를 완화하기 위하여 집합제한 업종 중 매출이 증가한 업종은 지원대상에서 제외하기도 하였다.

한편, 제4차 긴급재난지원금은 2021년 3월 29일부터 신청 및 급여지급이 시작되었고, 3월과 4월 사이에 피해 계층에 대한 경제적(현금 · 금융) 지원, 고용안정 및 일자리 창출과 같은 사업들을 중심으로 적극적인 재정집행이 이루어졌다(기획재정부, 2021c).

<부록 표 1-4> 제4차 긴급재난지원금의 내용과 특징

<table>
<tr><th>구분</th><th>제4차 긴급재난지원금</th></tr>
<tr><td>지급대상</td><td>- 소상공인 · 중소기업 · 고용 취약계층 · 생계위기 및 육아부담 가구(약 691만 명)</td></tr>
<tr><td>지급규모</td><td>- 19.5조 원(추가경정예산 15조 원, 기정예산 4.5조 원)</td></tr>
<tr><td>지급수단
및
제한조건</td><td>
<table>
<tr><th colspan="2">지급수단</th><th>업종제한</th></tr>
<tr><td>소상공인 버팀목자금 플러스</td><td rowspan="5">현금 지급
(신청인
금융
계좌)</td><td rowspan="5">지역 및 용도
제한 없음</td></tr>
<tr><td>근로취약계층 고용안정지원금</td></tr>
<tr><td>취약계층 생계지원금</td></tr>
<tr><td>고용유지지원금 · 구직촉진수당</td></tr>
<tr><td>일가정양립 활성화 사업주 인센티브, 돌봄 비용 지원</td></tr>
</table>
</td></tr>
<tr><td>지급시기
및
신청방법</td><td>지원기간 : 2021년 3월 29일(신청 및 지급 개시)
신청방법 : 온라인 · 오프라인
* 신청 대상자에게 사전에 문자통보 발송, 3개월(3~6월) 한시 지급</td></tr>
<tr><td>지원내용
(맞춤형
긴급재난
지원
패키지)</td><td>
〈추가경정예산안〉
1. 소상공인 · 고용취약계층 긴급 피해지원금
<table>
<tr><th colspan="3">소상공인 버팀목자금 플러스</th></tr>
<tr><td colspan="3">- 사각지대 해소(상시근로자 수 5인 이상 사업체, 신규창업자 등 포함)
- 형평성 제고(일반업종 중 경영위기 업종 신설, 1인 다수 사업체 추가지원 및 매출 증가 업종 제외)
- 1인 다수 사업체는 지원금의 최대 2배까지 지원(사업체 2개 150%, 3개 180%, 4개 200%)
- 방역조치 강도, 업종별 피해수준에 따라 5개 유형으로 확대
- 일반업종(매출감소) 100만 원 지원(실내체육시설 · 노래연습장 · 유흥업소 11종)
- 일반업종(경영위기) 200만 원 지원(학원, 겨울스포츠시설 2종)
- 집합제한업종 300만 원 지원(식당 · 카페, 숙박업, PC방 등 10종)
- 집합금지업종(완화) 400만 원 지원(여행 · 공연업 등 평균 매출 20% 이상 감소)
- 집합금지업종(연장) 500만 원 지원(매출감소로 연매출 10억 원 이하)</td></tr>
<tr><th>소상공인 전기요금 감면</th><th>근로취약계층
고용안정지원금</th><th>취약계층 생계지원금</th></tr>
<tr><td>- 정부의 방역조치 대상 업종 전기요금 3개월간 감면(집합금지 50%, 집합제한 30%)
- 감면 수준은 최대 180만 원 한도</td><td>- 특수형태근로종사자 · 프리랜서(고용보험 미가입) 현금성 급여 지급(기존 신청자 50만 원, 신규 신청자 100만 원)
- 법인택시기사(전년대비 매출 감소) 고용안정자금 70만 원 추가 지급
- 돌봄서비스 종사자 생계안정지원금 50만 원 추가지원</td><td>- 한계근로빈곤층 대상 한시생계지원금 50만 원 지급(일회성)
- 생계위기가구 대학생 대상 특별 근로장학금 250만 원 지급(5개월 분할)</td></tr>
</table>
</td></tr>
</table>

2. 긴급 고용대책

고용유지	일자리 창출
- 고용유지지원금 집합제한 · 금지업종 90% 특례지원(휴업 · 휴직수당 2/3→9/10 상향) - 경영위기 10개 업종 90% 신규 상향 - 휴업 · 휴직수당 융자 사업 6개월 연장	- 3개 계층(청년 · 중장년 · 여성) 일자리 창출 지원 - 주요 5대 분야 중심의 일자리 지원(청년 대상 디지털 · 문화체육 · 관광, 중장년 대상 방역/안전 · 그린/환경, 여성 대상 돌봄/교육) - 기존 제도(청년추가고용장려금, 국민취업지원, 취성패 등)와 연계
취업지원서비스	돌봄 및 생활안정
- 맞춤형 신기술 훈련 : 신기술 분야 기업수요 맞춤형 훈련 지원 (K-digital training), 디지털 취약계층 기초훈련 바우처 지원 (K-digital credit) - 국민취업지원제도 : 청년(중위 120% 이하) 대상 구직촉진 수당 및 취업서비스 제공 - 구직단념 청년 : 구직단념 청년 적극 발굴 및 기존 고용프로그램 연계 - 고졸 · 여성 : 고졸청년 · 경력단절여성 특화 지자체 맞춤형 일자리 사업 신설, 지역사회 연계 구직활동 지원	- 코로나19에 의한 돌봄공백으로 발생할 수 있는 여성의 경력단절을 방지하기 위한 제도 · 인프라 확충 지원 - 일가정양립 지원 : 비대면 근무 활성화를 위한 사업주 인센티브 확대(주 3회 이상 재택근무 시, 사업주에 근로자 1명 당 주 10만 원 지원) - 가족돌봄휴가 장려 : 만 8세 이하 자녀 돌봄을 위해 무급돌봄휴가 사용 근로자에게 돌봄 비용 지원(1인 최대 10일, 1일 5만 원) - 생활안정을 위한 저소득 근로자 · 특고의 생활자금 저리융자 확대(중위소득 2/3→100%, 금리 1.5%, 최대 1,000만 원), 저소득 장기 직업훈련생 생계비 융자 확대(중위소득 100%, 금리 1.0%, 지원한도 1,000만 원→2,000만 원)

〈기정예산〉

1. 소상공인 · 중소기업 피해지원

중소기업 긴급 금융지원	소상공인 등 긴급 금융지원
- 경영위기기업 : 취약 중소기업(시중은행 자금조달 어려움)을 위한 2,000억 원 규모 긴급경영안정자금 추가 공급 - 수출기업 : 유동성 문제로 수출품 제작이 어려운 종소기업을 위한 무역보증, 직접융자 등 4,000억 원 규모의 자금공급 - 관광기업 : 관광기업 생존 및 회복을 지원하기 위한 관광기금 융자지원 (금리 1~2.25%, 최대 30억 원) 및 융자금 상환 1년 유예	- 브릿지 보증 : 소상공인이 폐업 후 지역신보 보증 상환을 일정기간 유예할 수 있도록 지원 - 소상공인 스마트화 : 스마트상점 · 공방 도입 소상공인에 1,000억 원 규모 융자 조기 지원 - 시중자금 만기연장 : 신용보증기금 이차보전을 통한 초저금리 대출 만기 연장 - 농어업 융자 지원 : 농어가 지원 정책자금 금리 인하 및 원금 상환유예

버팀목자금 추가 지원	소상공인 · 중소기업 경쟁력 회복
- 1분기 지급 중인 '버팀목자금' 지원 대상 증가로 추가소요 재원 보충	- 지역상권의 매출회복을 위한 지역사랑상품권 · 온누리상품권 2분기 5조 원 발행 - 온라인플랫폼 진출 등을 통한 경쟁력 상화를 위해 2분기 100개 전통시장에 시장경영바우처 지원 - 폐업점포 재도전 장려금 요건 완화, 희망리턴 패키지 지원 - 경영애로업종(문화 · 관광 · 화훼농가 등)에 대한 지원 및 디지털 전환 등으로 경쟁력 강화 지원

2. 고용 지원

고용연계 융자 지원	경영애로업종 고용창출 · 교육지원
- 고용유지 플러스 융자 : 30% 이상 매출감소 중소기업 대상 고용유지(대출 후 1년) 조건부 초저금리 융자 공급(1년차 2.0~2.15%, 2~5년차 1.0%) - 청년 근로자 고용 또는 고용유지(대출 후 1년) 소상공인에 인센티브 제공(1년차 최저 1.55%→2~5년차 최저 1.15%) - 고용창출 플러스 융자 : 창업을 통한 고용창출, 고용우수(3년 연속 일자리 증가 기업, 청년내일채움공제 가입기업 등, 0.3~0.4% 금리 우대)	- 관광업(여행 · 마이스업 등) 종사자, 예비인력 디지털 역량강화 교육 지원 - 문화 콘텐츠업 종사자(현장영화인) 직업훈련 및 온라인 뉴미디어 영상 콘텐츠 제작 일자리 지원

3. 저소득층 · 취약계층 지원 등

저소득층 · 맞벌이부부 지원
- 긴급복지지원제도 지원 요건 한시적 완화(재산: 대도시 1.88→3.5억 원, 중소 1.18→2억 원, 농어촌 1.01→1.7억 원, 재지원: 동일 사유로 2년 이내 재지원 금지 폐지 등) 조치 3개월 연장 - 맞벌이 · 한부모 등 돌봄서비스 이용요금 자부담 완화(35% 인하)

자료 : 4차 긴급재난지원금 관련 기획재정부 자료(2021c)를 토대로 작성.

5) 제5차 긴급재난지원금

2021년 7월 중순 기존의 알파형 바이러스보다 전파력이 훨씬 높은 델타형 변이 바이러스가 국내로 유입되면서 4차 유행이 본격화되었다. 이에 정부는 7월 27일부터 2주 동안 수도권과 비수도권의 사회적 거리 두기 단계를 각각 4단계와 3단계로 격상하였다(보건복지부, 2021b). 전염병 확산세가 두드러진 몇몇 비수도권 지역(대전, 부산 등)도 사회적 거리두기를 4단계로 격상하는 조치가 이어졌으며, 8월 중순 코로나 일일 신규 확진자 수가 2천 명대로 늘어나면서 정부는 강화된 방역조치를 2주간 더 연장하였다. 2021년 7월 1일부터 실시된 거리두기 4단계의 경우 사업장에 대한 전반적인 규제 수준(사적모임 규모, 다중이용시설 수용 인원, 운영시간 등)은 이전 5단계 체계와 비교하여 완화되었으나, 방역수칙을 한 번만 위반해도 영업정지 처분이 내려지는 '원스트라이크아웃 제도'가 도입되면서 방역수칙에 대한 관리 · 감독 수준은 강화되었다(보건복지부, 2021c). 이와 같은 조치는 코로나 확산에 대한 대응력을 강화하면서 동시에 소규모 경제주체들의 부담을 경감시키려는 접근이었다(보건복지부, 2021c).

2021년 2분기의 경제성장률은 전년동기 대비 6.2% 증가하여 높은 회복세를 보이기도 하였다. 그러나 거듭되는 전염병 재유행과 장기간 유지되는 방역조치로 소상공인을 비롯한 소규모 경제주체들의 경제적 어려움은 여전하였고 특히, 코로나 재확산(4차 유행)과 그에 따른 강화된 방역조치가 이행된 3분기 경제성장률은 전년동기 대비 4.0%로 회복세가 하락하였다(한국은행, 2021c). 아울러 민간소비의 경우 비내구재에 대한 지출은 증가하였으나 내수경기에서 큰 비중을 차지하는 대면서비스업종(식당, 숙박업소, 문화시설 등)에 대한 지출은 감소(-0.2%)한 것으로 나타났다(한국은행, 2021c). 따라서 소비를 촉진하여 위축된 내수경제를 활성화하는 것과 소상공인들의 누적된 피해를 해소할 수 있는 지원책 마련이 요구되었다.

2021년 6월 초 청와대와 여당은 30조 원이 넘는 초과 세수를 바탕으로 제5차 긴급재난지원금에 대한 논의를 시작했다(매일경제, 2021.06.06). 그동안 코로나 사태를 진정시키기 위한 방역대책과 경제 피해를 극복하기 위한 대응책을 마련하는 데 발목을 잡았던 국가부채의 부담을 초과 세수가 줄여주었는데, 정부와 여당은 추가국채 발행 없이 20~30조 원 규모의 추경안 편성을 할 수 있었다(매일경제, 2021.06.06). 또한, 코로나 4차 유행이 가시화되는 가운데 '제2차 확대경제장관회의(2021년 6월 28일)'에서 문재인 대통령이 2차 추경의 신속한 추진을 주문하면서 제5차 긴급재난지원금에 대한 논의는 급물살을 타게 되었다(서울파이낸스, 2021.06.28).

정부는 7월 1일 임시국무회의에서 코로나 이전 수준의 경제회복과 민생안정 및 전염병 재확산으로 확대된 방역조치에 관한 예산이 포함된 2차 추가경정예산안을 의결하였고 7월 2일 국회에 제출하였다(기획재정부, 2021d). 여당은 7월 7일 의원총회를 개최하여 전문가들을 초청한 자리에서 정부가 제안한 지원금 지급방식(소득 하위 80% 한정 재난지원금 지급)에 관한 토론을 진행했으며, 대부분 의원들이 장기간 누적된 국민적 피로감을 해소하는 것에 동조하였다(동아일보, 2021.07.07). 이에 따라 7월 13일 최고위원회에서 '전 국민 재난지원금 지급'을 당론으로 결정하였고, 7월 중순까지 2차 추가경정예산안에 대한 국회 의결처리를 완료할 것이라고 발표하였다(연합뉴스, 2021b.07.13). 그러나 홍남기 기재부 장관은 기존에 정부가 설정한 80% 지급안을 고수하겠다고 밝히면서 여당과 정부 사이에는 4차 지원 때와 유사한 갈등 양상을 보였고 야당도 신중한 태도를 보였다(아주경제, 2021.07.19). 이후로 국회 내에서 여 · 야 · 정 간

제5차 긴급재난지원금에 관한 긴밀한 의견 조율과정이 이어졌고, 7월 23일 전 국민(88%)에게 1인당 25만 원 수준의 지원금을 지급하는 것을 골자로 하는 2차 추경안에 대한 합의가 이루어져, 26일에 제5차 긴급재난지원금 지급을 위한 2차 추경안이 국회를 통과하였다(뉴데일리경제, 2021.07.23. 정책브리핑b, 2021.07.26).

제5차 긴급재난지원금의 예산은 34조 9천억 원(추경 33조 원, 기정예산, 1.9조 원)으로 책정되었고, 문재인 정부에서 제공된 5차례의 긴급재난지원금 중 가장 큰 규모의 예산이었다. 정부는 2차 추경예산을 토대로 '코로나19 피해지원(17조 3천억 원)', '백신 · 방역 보강(4조 9천억 원)', '고용 및 민생안정 지원(2조 5천억 원)', '지역경제 활성화(12조 6천억 원)' 등의 사업을 편성하였다(기획재정부, 2021e).

먼저, '코로나19 피해지원' 패키지는 '소상공인 피해지원', '코로나 상생 국민지원금', '상생소비지원금' 등의 3가지 하위 사업으로 구성된다. '소상공인 피해지원'패키지는 방역조치로 사업 운영에 어려움을 겪는 소상공인에게 현금급여를 제공하는 사업으로 1차 지원부터 빠짐없이 포함되어 왔던 주요 사업이다. 특히 4차 지원금에서 제공되었던 '버팀목플러스 자금'사업과 비교하여 지원금액이 대폭 인상되었는데, '희망회복자금'의 지원금액은 최소 50만 원에서 최대 2,000만 원(경영위기 최대 400만 원, 영업제한 최대 900만 원, 집합금지 최대 2,000만 원)까지 지원되었다. 아울러, 기존 경영위기업종의 범위를 확대하거나 영업제한업종의 매출 감소 기준을 완화하는(매출 감소 60% 이상, 10~20% 구간 신설) 등 전반적인 자격요건을 개선하였다. 두 번째 '상생 국민지원금'은 가구 소득이 하위

80% 이하인 가구를 대상으로 현금 급여를 지급하였다.[4] 지원금액은 가구원 1인당 25만 원으로 4인 가구 기준 100만 원이 지급되며, 저소득층에게는 '저소득층 소비플러스 자금' 사업이 별도로 마련되어 기존의 지원금에 1인당 10만 원씩 추가된 급여가 지급되었다. 마지막으로 '상생소비지원금'은 전체 소비를 진작시키고자 2021년 2분기 신용 · 체크카드 사용실적이 있는 사람을 대상으로, 이전 분기의 월평균 카드 사용액의 3% 이상을 지출하면 인센티브(1인당 월별 10만 원 한도, 최대 30만 원 이내 캐시백 환급)를 제공하는 방식이었다.

다음으로 '고용 및 민생안정 지원' 패키지는 '고용 조기회복 지원', '청년 희망사다리 패키지', '문화 · 예술 · 관광업계 활력 제고', '소상공인 및 취약계층 안전망 보강' 등의 4개 사업으로 구성되었다. '고용 조기회복 지원'은 전염병 확산과 강화된 방역조치로 위축된 노동시장에서 실직이나 취업상의 어려움을 겪는 취약계층(청년 · 노인 · 장애인 · 저소득층)의 고용을 촉진하기 위한 일자리 창출 및 연계 사업(신규 일자리 창출)이 포함되었다. 아울러, 상시적인 인력 수요가 있는 사업(조선업 · 건설업 · 방역 · 안전사업) 또는 신규 육성사업(SW · AI 등)의 인력양성을 위하여 전문적인 직업훈련과 훈련수당을 제공하는 사업(직업훈련 · 인력양성), 고용 안정성을 높이기 위한 고용유지지원금, 생계비 융자, 산재예방 서비스

---

4) 소득 기준은 가구의 건강보험료를 합산한 금액(4인 가구 기준 31만 원 이하)으로 산출되었다. 소득 기준 산출 시 1인 가구와 맞벌이 가구는 완화된 선정기준이 적용되었는데, 1인 가구는 5천 800만 원 이하의 건보료(17만 원)가 적용되었고, 맞벌이 가구는 가구원 산정 시 가구원 1명이 추가된 건강보험료가 적용되었다. 따라서 실제로 전 국민의 80% 이상이(약 88%) 대상이 되었다.

등을 제공하는 사업(고용유지 지원 등 고용안전망 보완)을 제공한다. 두 번째 사업인 '청년 희망사다리 패키지'는 청년층의 취 · 창업을 지원하거나 주거를 포함한 일상생활의 경제적 어려움을 완화할 수 있는 금융지원(자산형성, 임대주택, 전세보증) 사업들이 포함되었다. 세 번째 사업인 '문화 · 예술 · 관광업계 활력 제고'에는 피해가 집중된 업종(여행 · 공연 · 체육)의 실직 · 휴직 종사자들의 재고용이나 추가적인 고용 사업, 저소득층 또는 청년층 예술인에 대한 경제적 지원(창작준비금 300만 원, 소규모 공연 기획 지원) 사업, 위축된 문화 · 여가 분야의 소비를 진작시키기 위한 목적으로 여러 혜택이 부여된 바우처 발행 사업 등이 포함되었다. 네 번째 사업인 '소상공인 및 취약계층 안전망 보강'은 '소상공인 긴급자금 및 폐업 소상공인 지원'과 '저소득 취약계층 지원' 사업으로 나뉜다. 전자는 소상공인을 대상으로 임차료 및 사업운영 자금을 조달하기 위한 금융지원(저금리 대출 및 보증) 사업과 폐업 소상공인의 원활한 사업정리 및 채무상환을 지원하기 위한 사업들('폐업지원금', '브릿지보증', '원스톱 지원')로 구성되며, 후자는 저소득층을 지원하는 사업들로 구성되었다. 예컨대, 2022년 1월 폐지가 예정되었던 부양의무자 기준 전면폐지 조치를 2021년 10월로 앞당겨 적용하여 국민기초생활보장제도 생계급여 지급대상을 확대하였고, 냉 · 난방 에너지바우처도 추가로 발급하였다. 또한, 4차 지원에서 연장되었던 긴급복지 지원요건의 한시적 완화조치를 추가로 3개월 연장(6월-9월)하였고, 근로빈곤층에 대한 자활근로 연장, 노인 · 장애인 취업지원 사업이 포함되었다.

마지막으로, '지역경제 활성화' 패키지는 지역 내 소규모 경제주체(소상공인, 소기업, 농어가)들의 매출 회복을 유도하기 위한 지역화폐(온누리상품권, 지역사랑상품권, 농 · 축산물 소비쿠폰 등)를 추가 발행하는 '지역상권 · 농어가 지원' 사업과 지역별 전염병 확산 수준에 따른 방역 및 피해지원에 대한 지자체의 부담을 완화하고자 지방교부세와 지방교육재정교부금을 추가로 지원하는 '지방재정 보강' 사업으로 편성되었다.

선별적 지원이라는 측면에서는 1차 때와 구분이 되며, 2차, 3차, 4차 지원금이 주로 코로나의 피해가 집중된 대상(소규모 경제주체, 취약계층)에게 집중되었던 것과 달리, 5차 지원금은 국민 대부분(소득하위 80% 이하)으로 대상 범위를 대폭 확대하였다는 점에서 구별된다. 즉, 5차 지원금의 특징은 소규모 경제주체 및 취약계층에 대한 선별적 지원과 함께 보편적 지원을 동시에 고려했다는 점이다. 보다 많은 국민들에게 긴급재난지원금을 제공하여 소비를 진작시키고 이와 동시에 피해가 큰 집단을 선별하여 효과성을 높이려 했다.

한편, 5차 지원금은 2021년 9월 6일부터 신청 및 지급이 시작되었고, 추석 전까지는 지급이 완료되는 것을 목표로 삼았다. 2021년 12월 3일을 기준으로 일반신청 및 이의신청을 모두 포함하여 4,303만 명이 '상생 국민지원금'을 받았으며, 10조 7,565억 원의 재원이 소요되었다(행정안전부, 2021b). 이보다 먼저 신청 및 지급이 이루어진 '저소득층 소비플러스 자금'은 9월 15일까지 100%(296만 명) 지급되었고 '소상공인 희망회복자금'은 9월 8일을 기준으로 전체 대상자의 90%(171만 6천 명)에게 지급되었다(정책브리핑, 2021c.09.09).

<부록 표 1-5> 제5차 긴급재난지원금의 내용과 특징

<table>
<tr><th>구분</th><th>제5차 긴급재난지원금</th></tr>
<tr><td>지급대상</td><td>- 전 국민의 80%+α (4,472만 명)</td></tr>
<tr><td>지급규모</td><td>- 34.9조 원(추가경정예산 33조 원, 기정예산 1.9조 원)</td></tr>
<tr><td>지급수단
및
제한조건</td><td>- 상생 국민지원금 지급일부터 2021년 12월 31일까지 사용가능
- 사용기간 종료 시 지원금 소멸
<table>
<tr><th colspan="2">지급수단</th><th>업종제한</th></tr>
<tr><td>소상공인
피해지원</td><td>현금 지급
(신청인 금융 계좌)</td><td>지역 및 용도 제한 없음</td></tr>
<tr><td>상생
국민지원금</td><td rowspan="2">신용 · 체크카드/선불카드/지역사랑상품권</td><td rowspan="3">지역제한: 신청인 주민등록상 주소지 내 가맹점
용도제한: 백화점, 복합쇼핑몰, 대형마트 및 기업형 슈퍼마켓, 면세점, 유흥업종, 사행산업, 대형 전자판매점 및 직영매장, 프랜차이즈 직영 매장, 외국계 매장, 대형 온라인몰, 홈쇼핑, 대형 배달앱 등 사용불가</td></tr>
<tr><td>저소득층
소비플러스 자금</td></tr>
<tr><td>상생소비지원금</td><td>신용 · 체크카드</td></tr>
</table></td></tr>
<tr><td>지급시기
및
신청방법</td><td>지원기간 : 2021년 9월 6일(신청 및 지급 개시)
신청방법 : 온라인 · 오프라인
* 신청 대상자에게 사전에 문자통보 발송, 3개월(9~12월) 한시 지급
<table>
<tr><th>주요사업 신청 · 지급시기</th></tr>
<tr><td>- 희망회복자금 : 2021년 8월 17일, 30일(1 · 2차 신속지급)
- 상생 국민지원금 : 2021년 9월 6일-10월 29일(온라인, 상품권 홈페이지 및 스마트 앱), 9월 13일-10월 29일(오프라인, 주소지 관할 읍면동 주민센터)
- 저소득층 소비플러스 자금 : 2021년 8월 24일 지급(별도 신청 없음)
- 상생소비지원금 : 2021년 10월 1일-11월 30일</td></tr>
</table></td></tr>
<tr><td>지원내용</td><td>1. 코로나19 피해지원 3종 패키지
<table>
<tr><th>소상공인 지원 (희망회복자금)</th></tr>
<tr><td>- 집합금지업종 장기(6주 이상), 단기(6주 미만)로 구분
- 영업제한업종 장기(13주 이상), 단기(13주 미만)로 구분
- 경영위기업종 2019년 대비 2020년 업종별 매출감소율(10~60%)로 구분
- 매출규모는 2019년 또는 2020년 중 신청자가 유리한 기준(낮은 매출액) 적용
- ‘상생국민지원금’ 중복수령 가능
<table>
<tr><th colspan="2" rowspan="2">구 분</th><th colspan="4">매출규모별 지원금액 (만 원)</th></tr>
<tr><th>4억 원 이상</th><th>4억 ~ 2억 원</th><th>2억 ~ 8천만 원</th><th>8천만 원 미만</th></tr>
<tr><td rowspan="2">집합
금지</td><td>장 기</td><td>2,000</td><td>1,400</td><td>900</td><td>400</td></tr>
<tr><td>단 기</td><td>1,400</td><td>900</td><td>400</td><td>300</td></tr>
<tr><td rowspan="2">영업
제한</td><td>장 기</td><td>900</td><td>400</td><td>300</td><td>250</td></tr>
<tr><td>단 기</td><td>400</td><td>300</td><td>250</td><td>200</td></tr>
<tr><td rowspan="4">경영
위기</td><td>60% 이상</td><td>400</td><td>300</td><td>250</td><td>200</td></tr>
<tr><td>40~60%</td><td>300</td><td>250</td><td>200</td><td>150</td></tr>
<tr><td>20~40%</td><td>250</td><td>200</td><td>150</td><td>100</td></tr>
<tr><td>10~20%</td><td colspan="4">50</td></tr>
</table></td></tr>
</table></td></tr>
</table>

상생 국민지원금	저소득층 소비플러스 자금	상생소비지원금
- 가구소득기준 하위 80% 지원 - 맞벌이 가구 : 가구원 수 1명을 추가한 건강보험료 기준 적용 - 1인 가구 : 연소득 5천 800만 원 수준의 건강보험료 기준 적용 - 가구원 1명당 25만 원 지급(4인 기준 100만 원)	- 저소득층(기초수급자, 차상위, 한부모가족) 대상 가구원 1인당 10만 원 추가지급	- 2021년 2분기(4-6월) 월평균 카드사용액 대비 10 · 11월 카드사용액이 3% 이상 증가한 경우(103%), 10% 캐시백 환급(1인당 월별 10만 원 한도, 최대 30만 원) - 지원금 사용기간은 환급일부터 2022년 6월 30일까지

2. 고용 및 민생안정 지원

○ 고용 조기회복지원

<table>
<tr><th colspan="2">신규 일자리 창출</th></tr>
<tr><td colspan="2">- 고용취약계층 지원 및 방역수요에 따른 인력 창출, 4대 분야 일자리 마련 지원</td></tr>
<tr><td>일자리 조기회복</td><td>- 특별고용촉진장려금 확대(실업자 채용 지원)</td></tr>
<tr><td>청년 고용촉진</td><td>- 신산업(AI · SW 등) 및 지역기반기업 채용 지원
- 여행 · 공연 · 체육 등 문화 분야 일자리
- 멘토링 등 교육 분야 일자리</td></tr>
<tr><td>백신 · 방역 · 안전 수요 대응</td><td>- 백신 접종 보조 및 보건소 인력 지원
- 공공시설 · 학교 · 관광지 방역지원
- 산재예방 등 안전 분야 일자리 지원</td></tr>
<tr><td>취업 취약계층</td><td>- 노인 · 저소득층 · 장애인 일자리 확대
- 예술인 일자리 지원</td></tr>
</table>

SW · 조선업 등 직업훈련 및 인력양성	고용유지 지원 등 고용안전망 보완
- 신산업(AI · SW 등) 전문인력 양성을 위한 교육과정(K-Digital Training, S-OJT 등) 신설 및 확대 - 조선업 인력 보강을 위한 채용연계 교육(특별 훈련수당 140만 원 지급), 유급휴가 연계형 특화 훈련 확대, 중소조선사 대상 공동근로복지기금 지원 - 건설업 인력의 직업능력 향상을 위한 기능훈련 인원 확대 - '사업주 직업능력개발 훈련' 사업의 훈련수당 한시적 인상(20만 원 → 30만 원)	- 고용유지원금: 특별고용지원업종(항공 · 여행 · 영화업 등) 대상 90% 수준의 특례지원 기간 3개월 연장(6개월 →9개월) - 직업훈련 생계비: 직업훈련 참여대상(비정규직, 실업자)의 생계부담 완화를 위한 저금리(연 1%, 최대 2,000만 원 한도) 생계비 융자 확대 - 산재예방: 사고방지시설 설치 지원 확대, 안전 컨설팅 업종(건설업) 추가 - 취업취약계층: 장애인 구직 지원 및 예술인 창작준비금(일회성 300만 원) 지원 확대

○ 청년 희망사다리 패키지

청년 일자리 지원	역동적 청년 창업 생태계 조성
- 신산업분야 및 지역기반 기업 채용 및 직업훈련 지원	- 성장단계의 청년 창업기업에 대한 모태펀드, 정책융자 공급

- 청년 수요가 높은 분야(체육 · 공연 · 관광 · 교육 등) 일자리 확대 - 실업청년 대상 특별고용촉진장려금(1인당 월 최대 100만 원) 확대 - 자격증 취득비(직업계고 학생 50만 원, 전문대 재학 · 졸업생 70만 원) 지급, 미취업 졸업생 고교 실습보조 지원 - 대학생 내일배움카드 발급대상 확대(4학년 → 3~4학년) - 국민취업지원제도 청년재산요건 완화(3억 원 → 4억 원 이하)	- 유망 스타트업의 글로벌 VC 투자 유치 및 해외 진출 지원(자금공급, 엑셀러레이팅) - 비수도권 창업생태계 조성을 위한 지역뉴딜 벤처펀드 확대(1,700억 원 → 2,300억 원), 로컬크리에이터 협업사업화 자금 지원대상 확대(280개 팀 → 320개 팀)
청년 주거비 부담 완화	청년 생활 · 금융 지원
- 전세임대주택: 주택 5천호 확보, 청년층에게 임대 - 전세보증금: 전세반환 보증 보증료 인하(보증금 2억 이하 80%, 초과 70% 인하) 기간 6개월 연장(21년 6월 → 12월)	- 군급식: 2021년 7월 1일부터 군장병 급식 단가 인상(8,790원 → 10,000원, 13.8%) - 청년내일채움공제: 중소기업 신규채용 청년의 자산형성 지원 확대 - 햇살론: 연소득 3,500만 원 이하의 저소득 청년 · 대학생 대상 저금리(3~4%) 대출 지원 확대

○ 문화 · 예술 · 관광업계 활력 제고

여행 · 공연 · 체육업계 일자리 지원	코로나로 위축된 공연 · 예술활동 회복
- 관광업계 실직 · 휴직자 고용(관광지 방역 관리) 지원 - 중소 여행사 ICT 인력 채용 지원 - 공연예술가 및 실내체육시설 종사자 채용 지원	- 창작준비금 지원대상 확대(12,000명 → 21,000명) - 소규모 대중음악 기획공연(750팀), 청춘마이크(400팀), 공연예술제(30건) 지원

문화소비 · 여가활동 재개

- 저소득층 대상 문화소비 활성화를 위한 쿠폰 · 바우처 신규 및 추가 발행(5종)
- 기금수입이 급감한 관광기금 보강

신규발행		추가발행	
프로스포츠 관람권 (100만 명 지원)	축구, 야구, 배구, 농구 관람 50% 할인	체육쿠폰 (40만 명 지원)	실내체육시설 월 3만 원 지원
영화쿠폰 (167만 명 지원)	영화관람권 1매당 6천 원 지원	통합문화 이용권 (20만 명 지원)	저소득층 문화 · 관광 · 체육 연 10만 원 지원
철도 · 버스 쿠폰 (14.5만 명 지원)	사업 기간 국내 여행 교통비 할인		

○ 소상공인 및 취약계층 안전망 보강

소상공인 긴급자금 및 폐업 소상공인 지원
- 임차료 대출 한도 확대, 보증료 인하, 중 · 저신용 소상공인 대출 · 보증 공급

구분	지원방법	대출조건
임차료(집합금지)	소진융자	대출한도 2천만 원, 금리 1.9%
임차료(제한 · 위기)	신보보증	대출한도 2천만 원, 금리 2~3%대, 보증료(2년간 면제, 3~5년차 △0.2%p)
저신용(금지 · 제한 · 위기)	소진융자	소진융자, 대출한도 1천만 원, 금리 1.5%
중 · 저신용(일반업종)	지역보증	대출한도 2천만 원, 금리 2.3% 내외, 보증료(1년차 면제, 2~5년차 △0.2%p)

- 폐업 소상공인의 사업정리, 금융 · 현금 · 컨설팅 지원

- 브릿지 보증(폐업 후 채무 분할 상환) 확대 및 보증료 인하(금리 2.3% 내외, 보증수수료 1년간 △0.5%p 인하)
- 폐업지원금(50만 원) 연말까지 기한 연장
- 원스톱 지원(채무조정 · 컨설팅 · 철거비 등)

저소득 취약계층 지원
- 부양의무자 기준 조기 폐지(4.9만 가구 추가 지원) - 냉 · 난방 에너지(전기, 도시가스, 지역난방, 등유 등) 바우처 지원대상 확대 - 긴급복지 지원요건 한시적 완화 조치 3개월 추가 연장(2021년 6월 → 9월) - 자활근로 연장 및 확대(신규 3천 명) - 노인일자리 및 중증장애인 취업(진로설계, 인턴)지원 확대 - 근로취약계층(법인택시 · 버스기사) 80만 원 지원 - 결식아동 방학 중 급식비 한시적 국고 지원

3. 지역경제 활성화

지역상권 · 농어가 지원	지방재정 보강
- 지역 · 온누리상품권 추가 발행 - 농 · 축 · 수산물 쿠폰 추가 발행 - 집중호우 등 피해가 큰 양식업 지원(우량 치패 입식 실증, 재해 예방형 가두리 시설 설치, 굴패각 처리 등)	- 지경경제 활성화를 위한 지방교부세(5.9조 원), 지방교육재정교부금(6.3조 원)보강 - 코로나19 피해지원금 지방비 매칭 지원

자료 : 5차 재난지원금 관련 기획재정부 자료(2021e)를 토대로 작성.

6) 제6차 긴급재난지원금

제6차 긴급재난지원금은 이재명 대선 후보에 의해서 처음으로 언급된 것으로 알려져 있다. 2021년 10월 말 민주당이 주최한 국회 간담회에서 이재명 후보는 코로나 장기화와 그에 따른 피해보상을 위해서 전 국민에게 추가적인 재난지원금(30~50만 원)이 필요하다는 주장을 했다(경향신

문, 2021.10.29). 민주당 내 주요 인사(당 대표, 원내대표 등)들은 이재명 후보의 제안에 즉각적인 지지 의사를 표명했으며, 제6차 재난지원금을 검토하고 추진할 것을 당내 방침으로 공식화했다(서울경제, 2021.11.12). 그러나 야당(국민의힘)은 이재명 후보가 제시한 추가 지원안에 대해서 20대 대선을 위한 '매표행위'이자 '포퓰리즘'이라며 강하게 비판하였고, 정부(김부겸 총리, 홍남기 장관 등)도 전 국민을 대상으로 하는 보편적 지급방식에 있어서 부정적 반응을 보였다(조선일보, 2021.11.01; 한겨레, 2021b.11.05). 특히 홍남기 장관은 피해 계층에 대한 맞춤형 지원 입장을 고수하였고 정부와 여당은 또다시 대립하는 구도가 형성되는 양상을 보였다. 즉, 제6차 긴급재난지원금을 지급하는 것은 여 · 야 · 정 사이에 큰 이견이 없었으나, 지급방식(선별 · 보편)에서는 '보편적 지원'이 설득력을 얻지 못하였다. 또한, TBS가 한국사회여론연구소(Korea Society Opinion Institute)에 의뢰하여 실시한 조사에서는 '전 국민 재난지원금 추가지급'에 대한 부정적 응답이 절반 이상(60.1%)을 차지하면서 국민적 지지도 얻지 못하였다(KSOI, 2021).

이재명 후보와 민주당은 야당 및 정부의 비판과 국민적 여론을 수용하여 11월 18일 전 국민 재난지원금 지급 방침을 철회하였고, 종래의 2 · 3 · 4차 지원과 같은 형태(피해가 집중된 소규모 경제주체)의 지원방안에 관한 논의하였다(한겨레c, 2021.11.20). 특히 2021년 추가 세수(대략 19조 원)에 관한 추계가 발표되면서 이재명 후보와 민주당은 위기업종에 해당하는 경제주체들을 신속히 지원하자고 제안하였고, 당 · 정 · 청 사이의 논의과정을 거쳐서 11월 23일 기획재정부는 초과세수의 일부와 기정예산을 합하여 대략 12조 7천억 원(초과세수 5.3조 원, 기금변경 · 자체재원 0.9조 원, 소상공인 · 관광융자 금융지원 조건 개선 6.3조 원, 기타 0.2조 원) 규모의 '소상공인 및 민생경제 재정지원' 방안을 발표하였다(디지털타임스, 2021.11.23; 관계부처합동, 2021).

'소상공인 및 민생지원 방안' 패키지는 '소상공인 지원(10.8조 원)', '고용 취약계층 등 지원(1.4조 원)', '서민 물가안정 · 부담경감 지원(0.4조 원)', '돌봄 · 방역 지원(0.1조 원)' 등의 4가지 하위 패키지로 구성되었다(관계부처합동, 2021). '소상공인 및 민생경제 재정지원'은 2021년 9월부터 지급된 5차 지원에 뒤이어 이루어진 조치이다. 시기적으로 제6차 재난지원금으로 볼 수도 있으나 핵심사업이 소규모 경제주체에 대한 금융지원(재출, 융자 등)이고, 패키지별 사업 대부분이 5차 지원의 선행사업에 예산을 추가하여 보강하는(기존의 지원수준 제고, 지원대상 확대 등) 내용이며, 앞서 제공된 선별적 재난지원금의 '새희망자금(2차)', '버팀목 자금(3차)', '버팀목 자금 플러스(4차)', '희망회복자금(5차)'사업처럼 소상공인에 대한 직접적 현금 급여를 지원하는 사업은 빠져있다(관계부처합동, 2021). 즉, '소상공인 및 민생지원 방안' 패키지는 5차 재난지원금의 보완적 성격이 강하며, 재난지원금의 정체성을 나타내는 대규모 현금 급여가 포함되지 않았다는 측면에서 5차와 6차 사이에 이루어진 보충적 지원으로 이해할 수 있다.

2021년 12월 초에 델타 변종과 비교해 2배 이상 전파력이 높은 오미크론 변이체의 감염이 보고되면서 확진자 수는 급증하기 시작하였다. 실제로 12월 1일을 기준으로 주간 신규 확진자 수는 4천 명대였으나 2022년

1월 중순에는 1만 명을 돌파했다. 정부는 오미크론의 확산에 대응하고자 2021년 11월 1일부터 시행되어온 '단계적 일상회복' 조치를 12월 3일부로 잠정 중단하였고 방역방침을 다시 강화하였다(국회예산정책처, 2022). 12월 23일 정부는 방역조치의 재이행에 따른 경제적 충격에 즉각적으로 대응하기 위한 특별 조치로 소상공인과 자영업자(320만 명)를 지원하는 3조 2천억 원 규모의 '소상공인 방역지원금' 지급계획(방역지원금 100만 원 지급)을 발표하였다(중소벤처기업부, 2021). 이후 '소상공인 방역지원금'은 12월 27일부터 신청 및 지급이 시작되어 2월까지 총 5차례에 걸쳐 순차적 지원이 이루어져 2월 21일을 기준으로 304.6만 개의 사업체에 3조 464억 원(전체 예산의 95.2%) 규모의 방역지원금이 지급되었다(중소벤처기업부, 2022a). 한편, 방역지원금과 함께 방역물품지원금과 손실보상금 지급도 계획되었는데, 방역패스를 운영하는 소상공인을 대상으로 방역물품지원금(최대 10만 원)은 12월 29일부터 지급되기 시작했고 손실보상금은 2022년 1차 추경에 포함되어 집행되었다(중소벤처기업부, 2021).

코로나 재유행과 강화된 방역조치가 이어지는 가운데 기획재정부는 2022년 1월 21일에 제1회 추가경정예산안을 발표하였고, 국회 의결을 거쳐(2월 중순)서 3월부터 제6차 긴급재난지원금이 지급되었다. 즉, 6차 지원금은 앞서 12월 말부터 지급되기 시작한 소상공인 방역지원금(1차)과 방역물품지원금 등 사업의 연장선이라고 볼 수 있다. 6차 지원금의 주된 대상은 피해가 집중된 계층(소상공인, 사각지대의 피해업종, 고용취약계층 등)이며, 피해계층에 대한 맞춤형 지원과 방역망 보강이 주된 목적이라는 점에서 2차-4차의 지원금과 유사한 형태이다(기획재정부, 2022).

6차 지원금의 예산 16조 9천억 원(국채 11.3조 원, 기금재원 3.3조 원, 특별회계 세계잉여금 2.3조 원)으로 소상공인 및 취약계층에 대한 지원 패키지인 '소상공인 및 사각지대 지원(13조 5천억 원)'과 오미크론의 본격적인 확산에 대응하기 위한 '방역 지원(2조 8천억 원)' 패키지 및 '예비비(6천억 원)'로 편성되었다(기획재정부, 2022).

먼저, '소상공인 및 사각지대 지원' 패키지는 '소상공인 지원'과 '취약계층 등 사각지대 보완'사업으로 구성된다. '소상공인 지원' 패키지는 다시 '소상공인 손실보전금'과 '2차 방역지원금'으로 구분된다. 지난 2021년 10월 8일 정부는 '소상공인 보호 및 지원에 관한 법률(이하 소상공인법)'을 일부 개정하여 방역조치(집합금지, 영업제한)로 인해 영업 손실이 발생한 소상공인들의 피해를 보상하기 위한 제도적 근거를 마련하였다(중소벤처기업부, 2022b). 개정된 소상공인법에 따라, 2021년 10월 27일부터 3분기(7월~9월)의 손실분부터 보상금(손실규모에 비례)이 지급되었고, 4분기(10월~12월) 손실에 대한 보상금은 2022년 3월 3일부터 이루어졌다. 손실보전금은 개별업체들의 손실규모에 따라 차등적으로 지급되었다. 6차 지원금의 '소상공인 손실보전금' 사업은 2021년 4분기 손실분에 대한 손실보전금의 보정률을 상향(80%에서 90%)하고 지급대상을 확대(밀집완화 조치 이행 식당 · 카페 등)하는 내용을 담고 있다(기획재정부, 2022). '2차 방역지원금'은 매출이 감소한 업종을 대상으로 방역지원금(300만 원)을 지원하는 사업으로, 2021년 12월에 선지급된 1차 방역지원금과 비교해 지원대상의 폭이 커졌다. 예를 들어, 6차 지원금에서는 간이과세자의 매출 감소 요건을 월별(11월 · 12월) 감소에서 연간 감소로 전환하는 것과 지급대상에 연평균 매출이 10억에서 30억 사이의 업종을 포함하였다.

다음으로 '취약계층 등 사각지대 보완' 패키지의 하위 사업은 '특고 · 프리랜서 긴급고용안정지원금', '법인택시 · 버스기사 소득안정자금', '문화예술 맞춤형 종합지원', '돌봄지원'으로 구성되었다. 각각의 지원내용을 간략하게 살펴보면, 첫 번째 '특고 · 프리랜서'사업은 방문교사, 문화 · 여가 · 관광업 종사자 등의 특고 · 프리랜서에게 긴급고용안정지원금(기존 50만 원, 신규 100만 원)을 지원하는 사업으로 종래의 사업들과 유사하다. 두 번째로 '법인택시 · 버스기사 소득안정자금'은 전염병 유행으로 승객이 감소하면서 경제적 어려움을 겪는 법인택시와 전세 및 비공영제 노선버스 기사에게 지원금(100만 원)을 제공한다. 세 번째 '문화예술 맞춤형 종합지원'은 저소득 문화예술인에게 일회성 활동지원금(100만 원)을 제공하며 소규모 공연장이나 관광지에 대한 방역인력, 방송콘텐츠(영상, 영화) 제작비, 대관료 등을 지원하는 내용이 포함되었다. 마지막으로 '돌봄지원'은 요양보호사에게 20만 원의 추가수당 지급과 장애인 돌보미의 활동바우처 지원 단가 인상, 가족돌봄휴가비 지원(일 5만 원, 최대 10일)으로 구성되었다. 이 외에도 6차 지원금에는 오미크론 발 전염병 재유행에 대비하기 위한 각종 방역지원 사업과 재원조달 사업 등이 포함되었다(기획재정부, 2022).

한편, 제6차 재난지원금은 2022년 2월 23일[5]부터 신청 및 지급을 시작

---

5) 제6차 긴급재난지원금 지급 시기를 보다 구체적으로 구분하면, 2021년 12월에 제공된 '소상공인 방역지원금(1차 방역지원금)'의 지급 시기는 12월 27일이며, 2022년 1차 추경예산을 바탕으로 한 '6차 지원(2차 방역지원금 포함)'의 지급 시기는 2월 23일이다(중소벤처기업부, 2021; 국회예산정책처, 2022).

하여 2022년 4월을 기준으로 15조 8,092억 원이 집행되었는데, 이는 전체 예산의 96.7%가 소요된 것이다(국회예산정책처, 2022). 6차 지원은 피해 계층을 지원하는 것에 집중했다는 점에서 앞서 제공되었던 선별적 재난지원금(2차 · 3차 · 4차)의 제도적 방향성을 그대로 계승하였고, '손실보상법'개정안이 시행되면서 손실이 발생한 소규모 경제주체들의 보상이 체계적으로 정비되면서 6차 지원 패키지의 구성사업은 이전(2차 · 3차 · 4차 지원)과 비교해 훨씬 간소화되었다는 특징이 있다.

<부록 표 1-6> 제6차 재난지원금의 내용과 특징

<table>
<tr><th>구분</th><th>제6차 재난지원금</th></tr>
<tr><td>지급대상</td><td>- 소상공인 · 중소기업(약 422만 개)
- 고용 취약계층 · 문화예술인 · 방문돌봄 종사자 · 자녀돌봄 가구(약 131.3만 명)</td></tr>
<tr><td>지급규모</td><td>- 16.9조 원(국채발행 11.3조 원, 공공자금관리기금 3.3조 원, 특별회계 세계잉여금 2.3조 원)</td></tr>
<tr><td>지급수단
및
제한조건</td><td>
<table>
<tr><th colspan="2">지급수단</th><th>업종제한</th></tr>
<tr><td>소상공인 손실보상</td><td rowspan="6">현금 지급
(신청인 금융 계좌)</td><td rowspan="6">지역 및 용도 제한 없음</td></tr>
<tr><td>2차 방역지원금</td></tr>
<tr><td>특 · 고프리랜서 긴급고용안정지원금</td></tr>
<tr><td>법인택시 · 버스기사 소득안정자금</td></tr>
<tr><td>문화예술인 활동지원금</td></tr>
<tr><td>돌봄지원(방문돌봄 종사자 지원, 가족돌봄비용) 6만</td></tr>
</table>
</td></tr>
<tr><td>지급시기
및
신청방법</td><td>지원기간 : 2022년 2월 23일(신청 및 지급 개시)
신청방법 : 온라인 · 오프라인
* 신청 대상자에게 사전에 문자통보 발송, 3개월(3~6월) 한시 지급</td></tr>
<tr><td>지원내용</td><td>
1. 소상공인 및 사각지대 지원
<table>
<tr><th>소상공인 손실보상</th></tr>
<tr><td>- '2021년 4분기 손실보상' 보상기준 재설정
- 손실보상 보정률 80% → 90% 상향
- 분기별 하한액 10만 원 → 50만 원 인상
- 지원대상 확대 : '밀집도 완화조치(시설 인원제한)' 이행 소상공인 및 소기업</td></tr>
<tr><th>2차 방역지원금</th></tr>
<tr><td>- 지원대상 : 2022년 1월 17일 기준 영업중인 소상공인, 소기업(연매출 10~30억 원 이하 업체 추가-숙박 · 음식점, 교육 · 보건 · 사회복지관련 업종 등)
- 지원금액 : 기존 100만 원 → 300만 원 인상
- 지급기준 : 매출감소
<table>
<tr><td>1) 버팀목자금플러스 또는 희망회복자금 수급자(매출감소 인정)</td></tr>
<tr><td>2) 19년 또는 20년 동기 대비 2021년 11월 또는 12월 매출액 감소 업체(매출감소액 큰 시기 선택)</td></tr>
<tr><td>3) 간이과세자 한정 19년 또는 20년 동기 대비 2021년 부가세 신고매출액 감소 업체(기존 월별 매출감소 → 연간 매출감소 전환)</td></tr>
</table>
- 다수사업체 지원기준 : 최대 4개까지 정액지급(100%, 최대 400만 원) → 차등지급(100%, 50%, 30%, 30%, 최대 600만 원)</td></tr>
</table>
2. 취약계층 등 사각지대 보완
<table>
<tr><th>특고 · 프리랜서 긴급고용안정지원금</th><th>법인택시 · 버스기사 소득안정자금</th></tr>
<tr><td>- 지원대상 : 코로나 피해 지속 업종(방문교사, 방과후강사, 대리운전기사, 여가 · 관광업 종사자 등) 지원</td><td>- 지원대상 : 법인택시, 전세버스, 비공영제 노선버스 기사
- 지원금액 : 100만 원(소득안정자금)</td></tr>
</table>
</td></tr>
</table>

- 지원금액 : 긴급고용안정지원금 차등 지급(기존 50만 원, 신규 100만 원)	
문화예술 맞춤형 종합지원	돌봄지원
- 지원대상 : 저소득 문화예술인 - 지원내용 : 1) 문화예술 창작 · 유통지원 사업 - 활동지원금 100만 원 - 예술단체 대관료 지원 - 소규모 대중음악공연 개최 지원 - 영화관 특별기획전 개최 지원 2) 방역 지원 및 일자리 창출 - 관광지 방역수용태세 개선 - 공연장 방역안전 지킴이 - 방송영상 제작 인력 지원 - 영화 제작 인력 지원	- 지원대상 : 방문돌봄 종사자(요양보호사, 장애인돌보미), 자녀돌봄 가구 - 지원내용 : 1) 요양보호사 추가 수당(20만 원) 2) 장애인돌보미 활동바우처 단가 가산(일/4.8만 원) 3) 가족돌봄휴가비 지원(일 5만 원/최대 10일)

자료 : 6차 재난지원금 관련 기획재정부 자료(2022)와 중소벤처기업부 자료(2022a)를 토대로 작성.

부록 2: 코로나19와 정신건강[1)]

<부록 표 2-1> 코로나19가 우울, 자아존중감, 가족관계 만족도에 미치는 영향

VARIABLES	(1) 우울	(2) 자아존중감	(3) 가족관계 만족도
Post	0.911***	-0.028***	-0.100***
	(0.173)	(0.007)	(0.019)
가구주 나이	-0.430*	0.019	0.140***
	(0.202)	(0.010)	(0.024)
가구주 나이제곱	0.004**	-0.000**	-0.001***
	(0.002)	(0.000)	(0.000)
혼인상태(기준=배우자 있음)	-0.134	-0.014	1.135***
	(0.872)	(0.034)	(0.093)
가구원수	0.163	0.008	0.075*
	(0.258)	(0.013)	(0.031)
가처분소득	-0.400*	0.012	0.075***
	(0.187)	(0.009)	(0.020)
종사상지위(기준=정규직)	-0.934*	0.017	-0.045
	(0.413)	(0.019)	(0.047)
주관적 건강상태	-1.780***	0.064***	0.025
	(0.141)	(0.006)	(0.013)
지역 더미	포함	포함	포함
상수	25.622***	2.423***	-2.945***
	(6.826)	(0.323)	(0.815)
Observations	11,896	11,896	11,896
Number of group	6,400	6,400	6,400

주. Robust standard errors in parentheses.
*** p<0.001, ** p<0.01, * p<0.05

1) 한국복지패널 조사 14차(2018년의 소득정보와 2019년 3월의 정신건강 정보를 제공)와 16차(2020년의 소득정보와 2021년 3월의 정신건강 정보를 제공)조사의 정보를 추출하여 분석을 한 결과임.

<부록 표 2-2> 가구유형별 코로나19의 영향: 우울, 자아존중감, 가족관계 만족도에 미치는 영향

	(1) 우울	(2) 자아존중감	(3) 가족관계 만족도	사례수	개인관찰치
1인가구	-0.197	0.045	-0.004	4,214	2,448
	(0.929)	(0.040)	(0.062)		
청년가구주 가구(18~34세)	0.643	-0.115*	-0.097	649	438
	(0.877)	(0.050)	(0.186)		
노인가구	1.804***	-0.010	-0.102*	5,801	3,183
	(0.403)	(0.015)	(0.052)		
장애인가구	2.581**	-0.062	-0.170*	798	486
	(0.908)	(0.045)	(0.073)		
일반가구	0.564	-0.036*	-0.110	6,095	3,447
	(0.442)	(0.017)	(0.071)		

주. Robust standard errors in parentheses. 인구사회학적 변수들(시변인들)이 모든 분석에서 통제되었음. 각 집단은 상호배타적으로 구분된 것이 아님.

*** $p<0.001$, ** $p<0.01$, * $p<0.05$

<부록 표 2-3> 종사상지위별 코로나19의 영향: 우울, 자아존중감, 가족관계 만족도에 미치는 영향

	(1) 우울	(2) 자아존중감	(3) 가족관계 만족도	사례수	개인관찰치
상용근로자	-0.143	-0.066	-0.079	2,692	1,641
	(0.757)	(0.036)	(0.169)		
임시.일용근로자	0.095	0.008	-0.294***	1,715	1,226
	(0.352)	(0.020)	(0.052)		
고용주	6.314	-0.416	0.039	261	188
	(3.958)	(0.280)	(0.634)		
영세자영업자	0.526	-0.026	-0.171***	2,019	1,224
	(0.341)	(0.031)	(0.050)		
자활근로, 공공근로, 노인일자리	-2.842	-0.053	0.479	581	401
	(9.936)	(0.362)	(0.653)		
기타(무급가족종사자, 학생, 실직자 등)	1.502***	-0.035*	-0.147***	4,628	2,866
	(0.409)	(0.015)	(0.036)		

주. Robust standard errors in parentheses. 인구사회학적 변수들(시변인들)이 모든 분석에서 통제되었음.
*** $p<0.001$, ** $p<0.01$, * $p<0.05$

<부록 표 2-4> 소득분위별 코로나19의 영향: 우울, 자아존중감, 가족관계 만족도에 미치는 영향

	(1) 우울	(2) 자아존중감	(3) 가족관계 만족도	사례수	개인관찰치
소득1분위	1.012	-0.024	-0.195**	2,400	1,611
	(0.822)	(0.027)	(0.065)		
소득2분위	1.819***	-0.030	-0.222***	2,368	1,771
	(0.455)	(0.045)	(0.051)		
소득3분위	0.700	-0.020	-0.120**	2,398	1,813
	(0.434)	(0.019)	(0.040)		
소득4분위	-0.812	-0.003	0.185**	2,376	1,786
	(0.684)	(0.022)	(0.060)		
소득5분위	1.374	0.001	0.058	2,354	1,556
	(0.964)	(0.059)	(0.400)		

주. Robust standard errors in parentheses. 인구사회학적 변수들(시변인들)이 모든 분석에서 통제되었음.
*** $p<0.001$, ** $p<0.01$, * $p<0.05$

<부록 표 2-5> 긴급재난지원금이 우울, 자아존중감, 가족관계 만족도에 미친 영향

VARIABLES	(1) 우울	(2) 자아존중감	(3) 가족관계 만족도
Post*가처분소득	-0.652***	0.001	-0.003
	(0.166)	(0.008)	(0.017)
Post	6.048***	-0.036	-0.073
	(1.371)	(0.064)	(0.137)
가처분소득	-0.107	0.012	0.077***
	(0.208)	(0.009)	(0.023)
가구주 나이	-0.023	0.018	0.142***
	(0.211)	(0.011)	(0.027)
가구주 나이제곱	0.001	-0.000*	-0.001***
	(0.002)	(0.000)	(0.000)
혼인상태(기준=배우자 있음)	0.076	-0.014	1.136***
	(0.872)	(0.034)	(0.093)
가구원수	0.107	0.008	0.075*
	(0.259)	(0.013)	(0.031)
종사상지위(기준=정규직)	-0.897*	0.017	-0.045
	(0.413)	(0.019)	(0.047)
주관적 건강상태	-1.781***	0.064***	0.025
	(0.141)	(0.006)	(0.013)
지역 더미	포함	포함	포함
Constant	10.808	2.445***	-3.024**
	(7.168)	(0.368)	(0.946)
Observations	11,896	11,896	11,896
Number of h_merkey	6,400	6,400	6,400

주. Robust standard errors in parentheses. 인구사회학적 변수들(시변인들)이 모든 분석에서 통제되었음.
*** p〈0.001, ** p〈0.01, * p〈0.05

<부록 표 2-6> 가구유형별 긴급재난지원금의 영향: 우울, 자아존중감, 가족관계 만족도에 미치는 영향

	(1) 우울	(2) 자아존중감	(3) 가족관계 만족도	사례수	개인관찰치
1인가구	-0.802	-0.014	0.029	4,214	2,448
	(0.422)	(0.019)	(0.033)		
청년가구주 가구(18~34세)	1.356	-0.006	0.039	649	438
	(0.825)	(0.052)	(0.092)		
노인가구	-0.817**	-0.003	-0.009	5,801	3,183
	(0.312)	(0.014)	(0.032)		
장애인가구	-1.599	-0.018	-0.027	798	486
	(1.337)	(0.051)	(0.110)		
일반가구	-0.166	-0.007	0.013	6,095	3,447
	(0.266)	(0.012)	(0.022)		

주. Robust standard errors in parentheses. 인구사회학적 변수들(시변인들)이 모든 분석에서 통제되었음. 각 집단은 상호배타적으로 구분된 것이 아님.
*** p<0.001, ** p<0.01, * p<0.05

<부록 표 2-7> 종사상지위별 긴급재난지원금의 영향: 우울, 자아존중감, 가족관계 만족도에 미치는 영향

	(1) 우울	(2) 자아존중감	(3) 가족관계 만족도	사례수	개인관찰치
상용근로자	0.863	-0.030	-0.086	2,692	1,641
	(0.537)	(0.031)	(0.054)		
임시.일용근로자	0.982	-0.003	0.117	1,715	1,226
	(0.709)	(0.034)	(0.076)		
고용주	-2.130	-0.058	0.217	261	188
	(1.874)	(0.098)	(0.214)		
영세자영업자	-0.751	-0.024	-0.026	2,019	1,224
	(0.509)	(0.028)	(0.051)		
자활근로, 공공근로, 노인일자리	3.020	-0.059	-0.085	581	401
	(1.683)	(0.078)	(0.132)		
기타(무급가족종사자, 학생, 실직자 등)	-1.118**	0.024	0.006	4,628	2,866
	(0.390)	(0.016)	(0.036)		

주. Robust standard errors in parentheses. 인구사회학적 변수들(시변인들)이 모든 분석에서 통제되었음.
*** p<0.001, ** p<0.01, * p<0.05

<부록 표 2-8> 소득분위별 긴급재난지원금의 영향: 우울, 자아존중감, 가족관계 만족도에 미치는 영향

	(1) 우울	(2) 자아존중감	(3) 가족관계 만족도	사례수	개인관찰치
소득1분위	-1.096	-0.017	0.013	2,400	1,611
	(0.830)	(0.043)	(0.073)		
소득2분위	0.138	0.022	0.243	2,368	1,771
	(2.616)	(0.116)	(0.216)		
소득3분위	-2.049	0.105	0.176	2,398	1,813
	(2.501)	(0.109)	(0.222)		
소득4분위	-4.447*	0.127	-0.699*	2,376	1,786
	(2.073)	(0.109)	(0.276)		
소득5분위	0.910	-0.038	-0.163	2,354	1,556
	(0.941)	(0.057)	(0.128)		

주. Robust standard errors in parentheses. 인구사회학적 변수들(시변인들)이 모든 분석에서 통제되었음.

*** $p<0.001$, ** $p<0.01$, * $p<0.05$

가계금융복지조사(2021), “2021 가계금융복지조사 결과”, 출처: https://kostat.go.kr/portal/korea/kor_nw/1/1/index.board?bmode=read&aSeq=415642

경향신문(2020), “코로나 3차 재난지원금 공론화, 여당 · 정부 ‘난색’…야권 “필요””, 출처: https://m.khan.co.kr/national/health-welfare/article/202011232102015#c2b (2022.11.23.)

경향신문(2021), “이재명, 전국민 6차 재난지원금 지급 추진···”, 출처: https://m.khan.co.kr/politics/assembly/article/202110291651001#c2b (2021.10.29.)

고용노동부(2021a), “코로나19 긴급고용안정지원금”, 출처: https://covid19.ei.go.kr/eisp/eih/es/cv/main.do 에서 2021. 2. 16 인출.

고용노동부(2021b), “특고, 프리랜서 고용안정지원금”, 출처: https://covid19.ei.go.kr/eisp/eih/es/cv/retrieveCv600Info.do 에서 2021. 5. 6 인출.

관계부처합동(2020a), “긴급재난지원금 도입 방안”, 출처: https://www.moef.go.kr/nw/nes/detailNesDtaView.do?searchBbsId=MOSFBBS_000000000028&searchNttId=MOSF_000000000032940&menuNo=4010100

관계부처합동(2020b), “코로나19 3차 확산에 대응한 맞춤형 피해지원 대책”, 출처: https://eiec.kdi.re.kr/policy/materialView.do?num=208993

관계부처합동(2021), “소상공인 등 민생경제 지원방안”, 출처: https://htiger31.tistory.com/18423782

국회예산정책처(2021), “2021년도 제1회 추가경정예산안 분석”, 출처: https://viewer.nabo.go.kr/streamdocs/view/sd;streamdocsId=72059260634233258

국회예산정책처(2022), “2022년도 제2회 추가경정예산안 분석”, 출처: https://www.nabo.go.kr/Sub/01Report/recent_ajaxBoard.jsp?bid=19&item_id=7

743&arg_id=7743&funcSUB=view

기획재정부(2020a), “2020년도 제4회 추가경정예산안-맞춤형 긴급재난지원 패키지”, 출처: http://gzone.kr/gzone/gZoneSearchDetailList.do?contentsId=PLC20200255940

기획재정부(2020b), “코로나19 극복을 위한 긴급재난지원금 지원방안(2020년도 제2회 추가경정예산안)”, 출처: https://policy.nl.go.kr/search/searchDetail.do?rec_key=SH2_PLC20200249263

기획재정부(2020c), “2020년도 제2회 추가경정예산 국회확정”, 출처: https://www.mois.go.kr/frt/bbs/type010/commonSelectBoardArticle.do?bbsId=BBSMSTR_000000000008&nttId=76942

기획재정부(2020d), “2020년도 제4회 추가경정예산안”, 출처: https://www.korea.kr/news/pressReleaseView.do?newsId=156410404

기획재정부(2020e), “2020년도 제4회 추가경정예산 국회 확정”, 출처: https://eiec.kdi.re.kr/policy/materialView.do?num=205273

기획재정부(2021a), “「제29차 비상경제 중앙대책본부 회의」 개최”, 출처: https://www.korea.kr/news/pressReleaseView.do?newsId=156436281

기획재정부(2021b), “2021년도 추가경정예산안 편성”, 출처: https://www.korea.kr/news/pressReleaseView.do?newsId=156438868

기획재정부(2021c), “2021년도 제1회 추가경정예산 국회 확정”, 출처: https://www.korea.kr/news/pressReleaseView.do?newsId=156442777

기획재정부(2021d), “코로나19 극복을 위한 상생과 피해회복 지원의 「2021년도 제2회 추가경정예산안」 편성”, 출처: https://www.korea.kr/news/pressReleaseView.do?newsId=156459512

기획재정부(2021e), “2021년도 제2회 추가경정예산 국회 확정”, 출처: https://eiec.kdi.re.kr/policy/materialView.do?num=216395

기획재정부(2022), “2022년도 제1회 추가경정예산 국회 확정”, 출처: https://www.korea.kr/news/pressReleaseView.do?newsId=156496491

김공회(2020), “긴급재난지원금은 기본소득의 마중물인가? 기본소득(론)의 과거, 현재, 미래”, 『마르크스주의 연구』, 17(3): 106-131.

김교성 · 백승호 · 서정희 · 이승윤(2018), 『기본소득이온다: 분배에 대한 새로운 상상』. 서울: 사회평론아카데미.

김미루 · 오윤해(2020), “1차 긴급재난지원금 정책의 효과와 시사점”, KDI 정책포럼 281: 1-8.

김승연 · 김진하 · 문진영(2020), “코로나에 따른 경제적 재난상태 대응 서울시, 긴급재난지원금 지급 바람직”, 『서울연구원』, 2020-06.

김준헌(2020), “미국의 코로나19 위기에 대응한 「CARES Act」의 주요내용과 시사점”, 『국회입법조사처』, (41).

김준헌 · 박인환(2021), “주요국의 재난지원금 지급사례와 분석”, 『국회입법조사처』, 214: 1-25.

김태근(2020), “미 연방정부의 코로나19 팬데믹 대응 정책에 대한 고찰: 현금지원 정책(Economic Impact Payment)을 중심으로”, 『국제사회보장리뷰』, 13: 21-35.

김태완(2021), “범주형 기본소득, 사회수당”, 『복지동향』, 274: 28-32.

김태완 · 이주미(2020), “코로나 시대의 소득불균형 심화와 정책적 대응”, 『보건복지포럼』, 2020(12): 20-33.

김태완 · 최현수 · 강지원 · 김성아(2021), “코로나19 민생 지원 특단의 대책-포용적 회복을 위한 민생회복 방안”, 『한국보건사회연구원』 2021-01.

남재현 · 박형존(2021), “국민기초생활보장제도가 수급가구의 저축에 미치는 영향”, 『사회복지연구』 52(3): 55-84.

남재현 · 이래혁(2020), “코로나19의 영향 모두에게 동등한가? - 종사상 지위별 소득과 빈곤에 미친 영향을 중심으로”, 『한국사회복지학』 72(4): 215-241.

남재현 · 이래혁(2021), “코로나19 긴급재난지원금이 가구 소비에 미치는 영향-소득 계층별 비교를 중심으로”, 『사회복지정책』 48(1): 63-95.

노대명(2020), “재난기본소득 논의를 통해서 본 한국 소득보장제도의 문제점과 향후 과제”, 『보건복지포럼』 281: 64-84.

노호창 · 김영진(2021), “긴급재난지원금과 기본소득을 둘러싼 법적 쟁점”, 『사회보장법학』 10(1): 81-138.

뉴데일리경제(2021), “재난지원금 1인당 25만원…전국민 88%가 대상”, 출처: https://biz.newdaily.co.kr/site/data/html/2021/07/23/2021072300160.html (2021.07.23)

다카미(2021), “코로나 19 확산이 일본 고용 · 노동에 미친 영향: 노동시간 변화와 계층별 격차를 중심으로”. 『국제노동브리프』, 9-34.

대외경제정책연구원(2020), “일본: 코로나19 관련 동향”, 출처: https://www.kiep.go.kr/boardDownload.es?bid=0042&list_no=9463&seq=1

동아일보(2021), “與, 재난지원금 갈팡질팡…‘80% 지급’ 재논의 결과는?”, 출처: https://www.donga.com/news/Politics/article/all/20210707/107842898/1, (2021.07.07)

디지털타임스(2021), “7월이후 발생한 초과세수 19조… 사용 가능한 재원 10조 안팎뿐”, 출처: http://www.dt.co.kr/contents.html?article_no=2021112102109958063001 (2021.11.21)

매일경제(2021), “올해 추가 세수 32조 예측…2차 추경 20조~30조 검토”, 출처: https://www.mk.co.kr/news/economy/view/2021/06/544064/ (2021.06.06)

문경준 · 이창우 · 한용희(2021), “긴급재난지원금의 소상공인 지원 효과: 유통업 중심으로”, 『대한경영학회지』, 34(8): 1465-1490.

박준희(2020), “코로나19가 일본 노동시장에 미친 영향과 정부의 대응”, 『국제노동브리프』, 82-93.

배준섭(2021), “일본의 코로나 대응에 관한 정책 동향: 경제와 방역 사이의 고민”. 『국제사회보장리뷰』, 18: 125-132.

보건복지부(2020a), “코로나바이러스감염증-19 국내 발생 현황(8월 27일 0

시)", 출처: https://www.mohw.go.kr/react/al/sal0301vw.jsp?PAR_MENU_ID=04&MENU_ID=0403&page=1&CONT_SEQ=359201

보건복지부(2020b), "코로나바이러스감염증-19 중앙재난안전대책본부 정례브리핑", 출처: http://www.mohw.go.kr/react/al/sal0301vw.jsp?PAR_MENU_ID=04&MENU_ID=0403&page=1&CONT_SEQ=362390

보건복지부(2020c), "코로나바이러스-19 중앙재난안전대책본부 정례브리핑", 출처: http://www.mohw.go.kr/react/al/sal0301vw.jsp?PAR_MENU_ID=04&MENU_ID=0403&page=1&CONT_SEQ=362390

보건복지부(2021a), "2020년 4/4분기 가계동향조사 결과", 출처: https://eiec.kdi.re.kr/policy/materialView.do?num=210730

보건복지부(2021b), "비수도권 사회적 거리두기 3단계로 격상(7.27(화)~8.8(일)", 출처: http://ncov.mohw.go.kr/tcmBoardView.do?contSeq=366594

보건복지부(2021c), "사회적 거리두기 체계 개편방안", 출처: https://www.mohw.go.kr/react/al/sal0301vw.jsp?PAR_MENU_ID=04&MENU_ID=0403&page=1&CONT_SEQ=366125

서왕진(2020), 『세계도시동향』, 서울 : 서울연구원.

서울경제(2021), "민주당, 1인당 50만원 · 예산 25.9조 증액 요구…'이재명 지원금' 밀어붙인다", 출처: https://www.sedaily.com/NewsView/22TZ6JA7GQ (2021.11.12)

서울파이낸스(2021), "정부, 올해 성장률 4.2%로 상향 · · · 11년 만에 최대 전망", 출처: https://www.seoulfn.com/news/articleView.html?idxno=423872 (2021.06.28)

아주경제(2021), "2차 추경 처리될까… 소상공인 · 국민지원금 '촉각'", 출처: https://www.ajunews.com/view/20210718163500458 (2021.7.19)

양돈선(2020), "20장 독일의 코로나 19 대응", 『선진화 정책시리즈』, 482-493.

여유진 외(2021), "코로나19의 사회 · 경제적 영향 분석 및 「긴급재난소득」의 효과 평가 연구", 경제인문사회연구회.

연합뉴스(2020), “코로나 피해 소상공인 등에 4조 지원금 추진…백신포함시 5조대(종합)”, 출처: https://m.bokjiro.go.kr/ssis-tbm/cms/mob/news/news/6694309.html (2020.11.29)

연합뉴스(2021a), “‘거부할 수 없는 유혹’ 전국민 재난지원금 현실화하나”, 출처: https://www.yna.co.kr/view/AKR20210106092900002 (2021.01.07)

연합뉴스(2021b), “與, 전국민 재난지원금 당론추진…‘캐시백’ 폐기 가닥(종합)”, 출처: https://www.yna.co.kr/view/AKR20210713155251001, (2021.07.13)

윤성주 · 구윤모(2021), “미국 코로나19 대응 정책 종합 보고서”, 『한국조세재정연구원』.

이승석(2020), 『KERI 경제동향과 전망 2020년 3분기』, 제30권 제3호, 서울 : 한국경제연구원.

이승현(2020), “독일의 코로나 19 관련 자영업자 및 중소기업 지원정책”, 『국제노동브리프』, 57-69.

이승호 · 홍민기(2021), “코로나19와 1차 긴급재난지원금이 가구 소득과 지출에 미친 영향”, 『한국사회정책』 28(3): 17-44.

이우진 · 강창희 · 우석진(2021), “2020년 제1차 긴급재난지원금이 가구 소비에 미친 영향: 가계동향조사를 이용한 분석”, 2021년 경제학 공동학술대회 발표문.

이정철 · 황휘욱(2020), “고양시 코로나19 대응 현황 분석 및 감염병 관리 방안”, 『고양시정연구원』.

이투데이(2020), “통합당 “코로나19, 정치공세 아니라 위기 극복에 힘 써야””, 출처: https://www.etoday.co.kr/news/view/1932538 (2020.08.24.)

정책브리핑(2021a), “2021 신년 기자회견”, 출처: https://www.korea.kr/news/blueHouseView.do?newsId=148882793 (2021.01.18.)

정책브리핑(2021b), “34.9조 추경 국회 통과…국민 88%에 재난지원금 25만원 지급”, 출처: https://www.korea.kr/news/policyNewsView.do?newsId=

148890692 (2021.07.26.)

정책브리핑(2021c), “소상공인 · 소기업 ‘희망회복자금’ 90% 집행 완료”, 출처: https://www.korea.kr/news/policyNewsView.do?newsId=148892961 (2021.09.09.)

조선일보(2021), “이재명發 ‘6차 재난지원금’ 급물살…부담 커지는 與지도부”, 출처: https://biz.chosun.com/policy/politics/2021/11/01/SOGGGAXEHFEXFCHDANNSAW7RIM (2021.11.01.)

주원(2020), “2차 코로나발 경제 충격파에 대비하자-최근 경제 동향과 경기 판단(2020년 4분기)”, 『한국경제주평』, 896: 1-27.

중소벤처기업부(2021), “소상공인방역지원금, 12월 27일(월)부터 지급 개시”, 출처: https://www.korea.kr/news/pressReleaseView.do?newsId=156487691

중소벤처기업부(2022a), “2월 23일부터 2차 방역지원금 10조원 지급 개시”, 출처: https://www.mss.go.kr/site/smba/ex/bbs/View.do?cbIdx=86&bcIdx=1032027

중소벤처기업부(2022b), “2021년 4분기 소상공인 손실보상금 3월 3일(목)부터 신청 · 지급”, 출처: https://www.mss.go.kr/site/smba/ex/bbs/View.do?cbIdx=86&bcIdx=1032052&parentSeq=1032052

진재문 · 최유석 · 김용문(2021), “포스트 코로나 시대, 소득보장의 대안”, 한국사회복지정책학회.

질병관리청(2020), “코로나바이러스감염증-19 국내 발생 현황 [10월 1일]”, 출처: http://ncov.mohw.go.kr/tcmBoardView.do?brdId=&brdGubun=&dataGubun=&ncvContSeq=360135&contSeq=360135&board_id=&gubun=ALL

최은미(2021), “일본의 코로나 19 대응과 정책결정과정”, 『일본연구』, (87), 147-168.

최한수(2020), “긴급재난지원금을 둘러싼 쟁점과 과제”, 『월간 복지동향』, (261),

18-23.

통계청(2021), 『2021년 가계금융복지조사 지침서』. 세종: 저자.

통계청(2022), 『경제활동인구조사』, https://www.index.go.kr/potal/main/EachDtlPageDetail.do?idx_cd=1063에서 2022. 8. 29 인출

통계청(n.d.), 『통계이해』. 출처: https://kostat.go.kr/understand/info/info_lge/1/detail_lang.action?bmode=detail_lang&pageNo=2&keyWord=9&cd=SL4246&sTt=

한겨레(2021a), "여당, 홍남기 사퇴까지 거론…재난지원금 놓고 당정 2차 충돌", 출처: https://www.hani.co.kr/arti/politics/assembly/981730.html (2021.02.03.)

한겨레(2021b), "김 총리 "재난지원금, 국회가 예산 만들어야 집행…정부는 방법 없다"", 출처: https://www.hani.co.kr/arti/economy/economy_general/1018166.html (2021.11.05)

한겨레(2021c), "당-정 갈등 상처만 남기고…이재명, 전국민 지원금 철회", 출처: https://m.hani.co.kr/arti/politics/assembly/1019856.html#ace05Ky (2021.11.20)

한경정치(2021), "文 대통령 "추가 지원책 강구해야" … 4차 재난지원금 당정 협의 급물살", 출처: https://www.hankyung.com/politics/article/2021020165707 (2021.02.01.)

한국산업기술진흥원(2020), "독일의 Covid-19 대응 정책 및 기술 현황", 출처: https://www.gtonline.or.kr/kor/data/issue/dataView.do?cPage=1&sch_national_cd=&sch_report_gbn_cd=&sch_tech_1st_gbn_cd=&sch_tech_2nd_gbn_cd=&searchField=&keyword=&data_sid=234923

한국은행(2020a), "코로나19에 대한 고용취약성 측정 및 평가", 출처: https://www.bok.or.kr/portal/bbs/P0002353/view.do?nttId=10059816&menuNo=200433

한국은행(2020b), "2020년 1/4분기 실질 국내총생산(속보)", 출처: https://eiec.

kdi.re.kr/policy/materialView.do?num=199906
한국은행(2021a), 『주요경제지표-GDP성장률』, http://ecos.bok.or.kr/jsp/vis/keystat/#/key에서 2021. 2. 16 인출
한국은행(2021b), “2020년 4/4분기 및 연간 실질 국내총생산(속보)”, 출처: https://www.bok.or.kr/portal/bbs/P0000559/view.do?nttId=10062593&menuNo=200690
한국은행(2021c), “2021년 3/4분기 국민소득(잠정)”, 출처: https://www.bok.or.kr/portal/bbs/P0000559/view.do?nttId=10067757&menuNo=200690
행정안전부(2020a), “정부 「긴급재난지원금」 전국 2,216만 가구에 14조 2,357억원 지급완료-지원금의 99.5% 기한 내 사용완료”, 출처: https://www.mois.go.kr/frt/bbs/type010/commonSelectBoardArticle.do?bbsId=BBSMSTR_000000000008&nttId=80051
행정안전부(2020b), “슬기로운 긴급재난지원금 사용방법”, 출처: https://www.mois.go.kr/frt/bbs/type002/commonSelectBoardArticle.do?bbsId=BBSMSTR_000000000205&nttId=77175 에서 2020. 5. 14 인출
행정안전부(2020c), “「긴급재난지원금」 음식적 · 마트에서 많이 사용-긴급재난지원금 지급 후 동네상권과 전통시장 매출액 증가”, 출처: https://eiec.kdi.re.kr/policy/materialView.do?num=201612&topic
행정안전부(2021a), “행안부 장관, 차질없는 코로나 상생 국민 지원금 지급 당부”, 출처: https://www.mois.go.kr/frt/bbs/type010/commonSelectBoardArticle.do?bbsId=BBSMSTR_000000000008&nttId=86731#none
행정안전부(2021b), “「코로나 상생 국민지원금」, 국민 4,303만명에게 10조 7,565억원 지급 완료”, 출처: https://www.mois.go.kr/frt/bbs/type010/commonSelectBoardArticle.do;jsessionid=j6OFMM5XxoOmq3YOTUnH4sO0.node20?bbsId=BBSMSTR_000000000008&nttId=89108#none

BBC NEWS 코리아 (2020), “코로나19: ‘사회적 거리두기 1단계’ 적용으로 달라지

는 것들", 출처: https://www.bbc.com/korean/features-54489903 (2020. 10.12)

Evans, C. (2021), "코로나 19 대유행 시기 영국의 노동생활", 『국제노동브리프』, 19-33.

Korea Society Opinion Institute [KSOI] (2021), "이재명 제안 추가재난지원금, 반대 60% > 찬성 33%", 출처: http://ksoi.org/20/?idx=8776959&bmode=view (2021.11.08)

Ohmynews (2020a), "긴급재난지원금 전 국민 확대 "찬성" 58.2%... 보수층도 돌아섰다", 출처: http://www.ohmynews.com/NWS_Web/Event/Special/opinion_poll_2019/at_pg.aspx?CNTN_CD=A0002630614 (2020.04.08)

Ohmynews (2020b), "코로나 재유행에... 여당도, 야당도 "2차 재난지원금 필요"", 출처: http://www.ohmynews.com/NWS_Web/View/at_pg.aspx?CNTN_CD=A0002668975&CMPT_CD=SEARCH (2020.08.21.)

REALMTER (2020), "2차 긴급재난지원금 지급 공감도, '지급 찬성' 76.6%", 출처: https://tuney.kr/7uqRpZ (2020.08.26)

Baker, S. R., Farrokhnia, R. A., Meyer, S., Pagel, M., & Yannelis, C. (2020), *Income, liquidity, and the consumption response to the 2020 economic stimulus payments* (No. w27097), National Bureau of Economic Research.

Brewer, M., & Gardiner, L. (2020), *The initial impact of COVID-19 and policy responses on household incomes,* Oxford Review of Economic Policy, 36: 187-199.

Bronka, P., Collado, D., & Richiardi, M. (2020), *The COVID-19 crisis response helps the poor: the distributional and budgetary consequences of the UK lockdown,* INET Oxford Working Paper No. 2020-17.

Buthe, T., Messerschmidt, L., & Cheng, C. (2020), *Policy responses to the coronavirus in Germany*, SSRN Electronic Journal, 97-102.

Center Forward Basics. (2020), History of Stimulus Packages, Center Forward

Chetty, R., Friedman, J., Hendren, N., & Stepner, M. (2020), *How did covid-19 and stabilization policies affect spending and employment? a new real-time economic tracker based on private sector data* (No. w27431), NBER working paper.

Coibion, O., Gorodnichenko, Y., & Weber, M. (2020), *How did US consumers use their stimulus payments?* (No. w27693), National Bureau of Economic Research.

Department of Health and Social Care [DHSC] (2020), *Coronavirus action plan: a guide to what you can expect across the UK-Published 3 March 2020*, Retrieved from https://www.gov.uk/government/publications/coronavirus-action-plan/coronavirus-action-plan-a-guide-to-what-you-can-expect-across-the-uk

Hale, T., Webster, S., Petherick, A., Phillips, T., Kira, B., (2021), *Oxford Coronavirus Government Response Tracker*. https://www.bsg.ox.ac.uk/research/research-projects/coronavirus-government-response-tracker

International Monetary Fund [IMF] (2021), *World Economic Outlook Update*, Retrieved from https://www.imf.org/en/Publications/WEO/Issues/2021/01/26/2021-world-economic-outlook-update

Machin, R. (2021), *COVID-19 and the temporary transformation of the UK social security system*. Critical Social Policy, 41(4), 651-662.

Misra, K., Singh, V., & Zhang, Q. P. (2021), *Impact of stay-at-home-orders and cost-of-living on stimulus response: evidence from the cares act*, Marketing Science, 41(2): 211-229.

Naumann, E., Möhring, K., Reifenscheid, M., Wenz, A., Rettig, T., Lehrer, R., ... & Blom, A. G. (2020), *COVID-19 policies in Germany and their social, political, and psychological consequences*, European Policy Analysis, 6(2), 191-202.

Organization for Economic Cooperation and Development [OECD] (n.d.). *OECD Stat: Gross domestic product(GDP)*, Retrieved from https://stats.oecd.org/index.aspx?queryid=60703

Our World in Data [OWID] (2020), *Emerging COVID-19 success story: Germany's strong enabling environment*, Retrieved from https://ourworldindata.org/covid-exemplar-germany-2020

Prady, D. (2020), "*Managing the Impact on Households: Assessing Universal Transfers (UT)*", IMF: Fiscal Affairs.

PWC (2020), *COVID-19: UK Economic Update-September 2020*, Retrieved from https://www.pwc.co.uk/services/economics/insights/uk-economic-outloo k.html Accessed 11 May 2022

U.S. Bureau of Labor Statistics [BLS] (2020), *Employment Situation News Release*, Retrieved from https://www.bls.gov/news.release/archives/empsit_0508 2020.htm

UK Health Security Agency [UKHSA] (2022), *Coronavirus (COVID-19) in the UK-Cases inUnited Kingdom*, Retrieved from https://coronavirus.data. gov.uk/details/cases, Accessed 11 May 2022

아산재단연구총서

001 전환기의 중국경제
김윤환 외 | 단국대 경제학과

002 폴란드 경제의 변천 개혁과 그 전망
김광수 | 숭실대 경제학과

003 재소한인
이광규 외 | 서울대 인류학과

004 소련산림과 임업
홍성천 외 | 경북대 임학과

005 아세안의 정치경제
김국진 외 | 외교안보연구원

006 태국의 사회변동과 경제발전
최석만 외 | 전남대 사회학과

007 중국의 사회경제 통계분석
신한풍 외 | 고려대 통계학과

008 중국의 정치와 경제
박두복 외 | 외교안보연구원

009 동유럽의 개혁과 시장경제의 도입
허만 외 | 부산대 사범대학

010 동유럽의 개혁운동
박영신 | 연세대 사회학과

011 현대 러시아 연구
기연수 외 | 한국외대 노어과

012 전략적 선택과 기업의 국제경쟁력
이장호 | 서강대 경영대학

013 협동사회의 정착과 정부의 역할
이종범 외 | 고려대 행정학과

014 한국 제조기업 생산성의 동적 분석
노부호 외 | 중앙대 경영대학

015 분배의 정의
변형윤 외 | 서울대 경제학과

016 도덕적 행동의 강화
이훈구 외 | 연세대 심리학과

017 관료부패와 통제
김해동 외 | 서울대 행정대학원

018 한국경제의 내실 있는 성장
정창영 외 | 연세대 경제학과

019 한국국민정신운동의 역사와 발전방향
박수명 외 | 부산대 사범대학

020 한국대학생의 가치성향과 상담효과
이영희 외 | 숙명여대 교육학과

021 가출청소년과 학교관리체제
안창규 외 | 부산대 교육학과

022 동북아 정세변화와 한 · 일관계
한승조 외 | 고려대 정치외교학과

023 언론과 부정부패
정대철 외 | 한양대 신문방송학과

024 한국의 고등학교 교육
이원호 외 | 부산대 교육학과

025 가족과 방송
김학수 외 | 서강대 신문방송학과

026 재정개혁의 전망과 재산세제의 개편과제
오연천 | 서울대 행정대학원

027 청소년을 위한 전자게임 프로그램의 규제 및 평가체계 개발
박혜원 외 | 울산대 가정관리학과

028 정신장애자 가족의 사회심리적 특성
이근후 외 | 이화여대 의과대학

029 가족의 관계역동성과 문제인식
이광규 외 | 서울대 인류학과

030 현대인과 한국전통음식
승정자 | 숙명여대 식품영양학과

031 기업의 초고속정보통신망활용
안중호 | 서울대 경영학과

032 지역발전을 위한 교육자치제의 개선방안
김남순 | 조선대 사범대학

033 전환기의 공무원 가치관
조경호 | 울산대 행정학과

034 지방자치와 사회복지의 과제
김영모 | 중앙대 사회복지학과

035 WTO체제하의 지방중소기업 지원정책
최명주 외 | 계명대 통상학부

036 현대한국의 시민운동
이효선 | 중앙대 사회학과

037 기업 세계화의 단계 및 정도의 측정
허영도 외 | 울산대 경영학과

038 가족복지를 위한 가족주치의 시범사업의 효과
이혜리 외 | 연세대 가정의학교실

039 한국대학생의 삶의 만족도
김재은 외 | 이화여대 교육심리학과

040 지역경제와 지역산업구조의 개편방향
정기화 외 | 전남대 경제학부

041 중국기업의 소유형태별 경영특성
노철화 외 | 부산대 무역학과

042 남북한의 인성 · 사상교육
한승조 외 | 고려대 정치외교학과

043 연계적 뇌기능 조언을 위한 의료용 멀티미디어 시스템의 설계
유선국 | 연세대 의용공학교실

044 다민족국가의 민족문제와 한인사회
최협 외 | 전남대 인류학과

045 저소득층지역 청소년 여가문화와 소집단 활성화
박문수 외 | 서강대 사회학과

046 삶의 질의 국제비교와 지역간 비교분석
이재기 외 | 울산대 경제학과

047 21세기 지역주민의 삶의 질
양종회 외 | 성균관대 사회학과

048 삶의 질에 대한 국가간 비교
조명한 외 | 서울대 심리학과

049 외국인 노동자의 노사관계와 사회적 적응
석현호 외 | 성균관대 사회학과

050 한국의 사법제도와 발전 모델
정종섭 | 건국대 법학과

051 고령화사회와 중상층 노인의 사회활동
조성남 외 | 이화여대 사회학과

052 한국의 서비스 시장 개방정책
한홍렬 | 한양대 경제학부

053 한국과 AFTA간의 교역증진 및 경제 협력방안
손일태 외 | 경희대 경제통상학부

054 물류비 절감을 위한 무역업체의 정보화전략
이영수 외 | 경북대 경제통상학부

055 사회주의 체제전환과 사회정책
오정수 외 | 충남대 사회복지학과

056 남북통일 이후 농업생산체계 개편
홍성규 외 | 건국대 농업경제학과

057 국제화와 세계화
하영선 외 | 서울대 외교학과

058 IMF 개혁정책의 평가와 한국경제의 신(新) 패러다임
조동근 | 명지대 경제학과

059 구조개혁과 실업대책
박동운 | 단국대 경제무역학부

060 21세기 신노사관계
심윤종 외 | 성균관대 사회학과

061 학교에서의 집단 따돌림
이춘재 외 | 가톨릭대 심리학과

062 한국노인의 정신건강실태와 건강증진
조맹제 외 | 서울대 의과대학

063 혁명과 개혁 속의 중국 농민
김광억 | 서울대 인류학과

064 중국의 경제환경과 한국기업의 진출 전략
지용희 외 | 서강대 경영학과

065 김대중 대통령의 시스템 사고
김동환 | 중앙대 공공정책학부

066 실업과 가족해체
최일섭 외 | 서울대 사회복지학과

067 합리적 부채비율 조정방안
오상근 | 동아대 경제학과

068 한국 중산층의 생활문화
문숙재 외 | 이화여대 소비자 · 인간발달학과

069 계층간 갈등상태에서 최적소득세
김진욱 | 건국대 경상학부

070 글로벌 경쟁력 제고를 위한 기업전략과 조직구축
이만우 외 | 고려대 경영학과

071 의료보험과 국민연금의 관리효율화를 위한 통합방안
사공진 외 | 한양대 경제학부

072 정부개혁의 과제와 전략
박우서 외 | 연세대 행정학과

073 책임운영기관 제도에 관한 비교분석
김근세 | 가톨릭대 행정학과

074 새로운 패러다임하에서의 한국기업의 바람직한 지배구조
최운열 외 | 서강대 경영학과

075 현대 한국사회의 계층구조
양춘 외 | 고려대 사회학과

076 한국의 산업정책과 산업구조조정
강인수 | 숙명여대 경제학부

077 기업구조조정
김석진 | 경북대 경영학부

078 지식경영을 위한 인적자원 개발 및 관리체계
장영철 | 경희대 경영학부

079 뉴 비즈니스 모델
전성현 | 국민대 정보관리학부

080 중산층의 정체성과 소비문화
함인희 외 | 이화여대 사회학과

081 외국관광객 유치를 위한 마케팅 전략
박상규 | 강원대 경영학과

082 한국인의 세대별 문학의식
이동순 | 영남대 국문과

083 공공부문의 효율성 평가와 측정
김재홍 외 | 울산대 사회과학부

084 한국 청소년의 정치의식과 형성요인
김광웅 외 | 숙명여대 아동복지학과

085 한국 대학생의 정치의식
배한동 | 경북대 윤리교육과

086 산업의 정보화와 산업발전
이기동 | 계명대 통상학부

087 한국 제조업의 고용조정 분석
이종원 외 | 성균관대 경제학부

088 지식자산에 대한 경영전략적 평가모형 개발
배재학 외 | 울산대 컴퓨터 · 정보통신공학부

089 관광사업을 위한 한국적 이미지의 휴식복 개발
채금석 | 숙명여대 의류학과

090 한국 정치제도의 개혁
신정현 | 경희대 사회과학부

091 e비즈니스와 아웃소싱 전략
정승화 외 | 연세대 경영학과

092 집단 따돌림의 진단 및 치료방안
홍준표 | 중앙대 인간생활환경학과

093 16대 총선과 낙선운동
조기숙 | 이화여대 국제대학원

094 부동층 유권자 행태 분석
진영재 | 연세대 정치외교학과

095 사이버 공동체의 성공요인
이재관 | 숭실대 경영학부

096 온라인 소비자 행동의 이론과 실증
윤성준 | 경기대 경영학부

097 글로벌 시대 정약용 세계관의 가능성과 한계
차성환 | 한일장신대 역사사회학과

098 러시아의 체제전환 과정에서 나타난 국가의 역할과 그 전망
이상민 외 | 부산대 정치외교학과

099 남북한의 경제발전 수준과 산업구조 비교, 그리고 경제교류 협력방향
주성환 | 건국대 경제학과

100 집단따돌림과 교육해체
한준상 | 연세대 교육학과

101 공적연금제도의 효율성과 개선방안
유금록 | 군산대 행정복지학부

102 벤처기업-대기업의 성공적인 협력 모델
나중덕 | 경산대 경영학과

103 북한의 재외동포정책
조정남 외 | 고려대 정치외교학과

104 사이버 공동체 형성의 역동적 모형
장용호 | 서강대 신문방송학과

105 기업이론과 기업의 소유지배구조
김일태 외 | 전남대 경제학부

106 가축분뇨 자원화를 위한 공동이용 조직에 대한 농가선호도 분석
유덕기 | 동국대 생명자원경제학과

107 개혁정책과 전문가 집단
이경원 외 | 제주대 행정학과

108 현대 한국사회의 이중가치체계
신수진 외 | 이화여대 가정관리학과

109 한국의 산업구조 변화와 기업집단 다각화 전략
김용학 외 | 연세대 사회학과

110 지식정보사회의 경제적 모형 설정 및 사례 연구
김범환 | 배제대 경영정보학부

111 변호사징계제도
오종근 | 한림대 법학부

112 인터넷 특허법
김순석 | 광주대 법학과

113 e-비즈니스 시대의 금융 및 재정정책의 새로운 패러다임
이종욱 | 서울여대 경제학과

114 청소년의 하위문화와 정체성
조성남 | 이화여대 사회학과

115 디지털금융시대의 금융구조변화와 정부규제 및 정책
이충열 | 고려대 경제학부

116 지식경영을 위한 기업의 조직설계방안
김경수 외 | 전남대 경영학과

117 전자금융의 발달과 경제정책의 새로운 패러다임
이명훈 | 명지대 경제학과

118 동아시아의 안보와 유엔체제
강성학 편저 | 고려대 정치외교학과

119 유료 치매노인 그룹홈의 개발과 관련 정책
최정신 외 | 가톨릭대 소비자 · 주거학과

120 소비자 지향적 문화산업 정책
홍영준 | 호남대 광고홍보학과

121 국제 · 국가 · 지방 환경규제의 연계
정준금 외 | 울산대 행정학과

122 현행 회사 합병 · 분할제도의 평가와 개선방안
옥무석 외 | 이화여대 법학과

123 배려지향적 도덕성과 정의지향적 도덕성
정옥분 외 | 고려대 사범대학

124 기업구조조정에 대한 채권금융기관 및 금융감독기관의 역할과 책임
이중기 | 한림대 법학과

125 실업대책으로서 한국의 법정기준근로 시간 단축
박영범 | 한성대 경제학과

126 프랑스어의 비분리성 소유개념 표현
노윤채 | 연세대 언어정보연구원

127 지방채의 효율적 관리방안
강태구 | 호원대 법행정학부

128 21세기 산업구조 변화와 과학기술정책
임채성 외 | 그리스도신학대 경영정보학부

129 인터넷 쇼핑몰 이용자의 불평행동
예종석 | 한양대 경영학부

130 한국기업의 성과급제도 현황, 효과 및 개선방안
김성수 | 서울대 경영학과

131 전자상거래와 소비자보호
서민교 외 | 경일대 인터넷국제통상학과

132 평생학습 사회에서의 인적자원개발을 위한 사회적 파트너십 구축
김영화 | 홍익대 교육학과

133 한국 공교육의 새로운 구상과 전략
권대봉 외 | 고려대 교육학과

134 한국의 정부개혁
김태룡 | 상지대 행정학과

135 지방정부 생산성 측정의 이론과 실제
이은국 외 | 연세대 행정학과

136 불가 시문학론
배규범 | 경희대 학술연구 교수

137 남북경제교류의 법적 문제
제성호 | 중앙대 법학과

138 경제위기와 청소년 발달
구인회 | 서울대 사회복지학과

139 생명과학기술의 응용과 기본권보호적 한계
정상기 외 | 한남대 법학과

140 경제발전과 정치환경의 한 · 일 비교분석
정갑영 외 | 연세대 동서문제연구원

141 한국 공교육의 진단
윤정일 외 | 서울대 교육학과

142 우리나라 지방자치 발전을 위한 자치단체장의 역할
정성호 외 | 경기대 사회과학부

143 의료보험제도의 개혁방안
권순원 | 덕성여대 경제학과

144 중등 도덕교육의 현실과 문제
손동현 외 | 성균관대 철학과

145 사이버공동체 발전론
이명식 | 상명대 경영학과

146 남북경협 확대에 대비한 북한 담보제도의 정비방안
박훤일 | 경희대 법과대학

147 한국 공무원 인사제도 개혁
김판석 | 연세대 행정학과

148 교사화법 교육
임칠성 외 | 전남대 국어교육과

149 세계화의 문화정치학
임혁백 외 | 고려대 정치외교학과

150 효과적인 e-SCM을 위한 의사결정조정시스템 모형
이원준 | 성균관대 경영학부

151 환경거버넌스
김종순 외 | 건국대 행정학과

152 자동차산업의 인적자원관리
이덕로 | 서원대 경영학부

153 한국과 영국 간 지식기반산업 비교
이명호 | 한국외대 경영학과

154 한국 벤처기업의 기술네트워킹 및 기술마케팅 전략
장영일 | 인제대 경영학부

155 회사변호사의 윤리
오승종 | 성균관대 법과대학

156 미디어교육론
이정춘 | 중앙대 신문방송학과

157 조선시대 서원과 양반
윤희면 | 전남대 역사교육과

158 환경문제와 철학
박찬국 | 서울대 철학과

159 노인보건복지 이론과 실제
김명 외 | 이화여대 보건교육학과

160 북한의 법체계
권재열 외 | 숭실대 법학과

161 생명공학기술의 안전성 확보에 관한 법적 고찰
이재협 | 경희대 법학부

162 청소년복지학
김성이 외 | 이화여대 사회복지학과

163 변화하는 세계, 변화하는 복지국가
조영훈 | 동의대 사회복지학과

164 의리의 윤리와 한국의 유교문화
김낙진 | 진주교대 도덕교육과

165 미국의 통상정책과 통상법
윤충원 | 전북대 무역학과

166 사회복지 프로그램 평가
김학주 | 경상대 사회복지학과

167 환경주의와 지속가능한 발전
정대연 | 제주대 사회학과

168 무역과 환경
김기흥 외 | 경기대 경제학부

169 산업계 유해폐기물의 위험과 관리
김금수 | 호서대 경상학부

170 백범 김구의 지적 계발과정 탐색
문용린 | 서울대 교육학과

171 태평양전쟁 발발 이후 일제의 인적 지배와 그리스도교계의 대응
윤선자 | 전남대 사학과

172 거버넌스 상황에서 갈등관리를 위한 대체적 분쟁해결제도
서순복 | 광주대 법정학부

173 시장경제의 유형과 민주주의
최배근 | 건국대 경상학부

174 일본고전소설 총론
김현정 | 국립한국전통문화학교

175 국어 교육을 위한 국어 문법론
이관규 | 홍익대 국어교육과

176 율곡의 군주론
전세영 | 부산교대 윤리교육과

177 동북아시아 환경협력
정서용 | 명지대 법학과

178 기후변화협약과 기후정책
신의순 외 | 연세대 경제학과

179 인터넷과 국제 학술정보 네트워크-하이퍼링크 분석
박한우 | 영남대 언론정보학과

180 국내 기업복지의 활성화 방안
최수찬 | 연세대 사회복지대학원

181 세계화와 인간안보
김우상 외 | 연세대 정치외교학과

182 세계문화유산 종묘 이야기
지두환 | 국민대 국사학과

183 한국 평생교육의 사회철학적 과제
곽삼근 | 이화여대 교육학과

184 강점모델
정순둘 | 이화여대 사회복지학과

185 글로벌시대의 계약법
박영복 | 한국외대 법과대학

186 배심제와 시민의 사법참여
안경환 | 서울대 법학과

187 동북아공동체
김재한 | 한림대 정치외교학과

188 정치 참여와 탈물질주의
김욱 | 배재대 정치외교학과

189 퍼지전문가회로망을 이용한 금융기관의 사이버 기업여신결정 지원시스템의 개발
권혁대 | 목원대 경영학과

190 환경정책과 환경법
송인성 | 전남대 지역개발학과

191 포스트모던 시대의 평생교육학
한숭희 | 서울대 교육학과

192 현대 한국인의 세대경험과 문화
박길성 외 | 고려대 사회학과

193 서구의 근로연계복지
김종일 | 건국대 사회복지학과

194 사회복지운동론
현외성 | 경남대 사회복지학과

195 외국의 역모기지 사례
유선종 | 건국대 부동산학과

196 옛이야기와 어린이문학
이지호 | 진주교대 국어교육학과

197 노인사회복지관광의 정책과제와 방안
김창수 | 경기대 관광학부

198 복지서비스의 민간위탁 시스템 분석
김순양 | 영남대 행정학부

199 새로운 빈곤층의 대두와 정부의 정책과제
김진욱 | 건국대 경제학과

200 문화행정론
김정수 | 한양대 행정학과

201 스칸디나비아 노인용 코하우징의 계획과 적용
최정신 외 | 가톨릭대 생활과학부

202 북한의 자연생태계
공우석 | 경희대 지리학과

203 통계로 이해하는 러시아
전홍찬 | 부산대 정치외교학과

204 사회복지법인의 경영과 회계
이동규 | 충남대 회계학과

205 의약분업 정책과정
차흥봉 | 한림대 사회복지학과

206 지역공동체와 평생교육
오혁진 | 동의대 평생교육학부

207 아동보호서비스의 실제
한미현 | 백석대 사회복지학부

208 그린마케팅
박재기 | 충남대 경영학부

209 아동권리와 아동복지
이혜원 | 성공회대 사회복지학과

210 국제 이주와 인도인 디아스포라
김경학 | 전남대 인류학과

211 질병과 의료의 사회학
조병희 | 서울대 보건대학원

212 북한이탈주민의 사회통합을 위한 지역복지실천의 모색
이기영 | 부산대 사회복지학과

213 치매노인케어론
조유향 | 초당대 간호학과

214 노인상담입문
서혜경 외 | 한림대 대학원 사회복지학과

215 '통일 이후 통일과정'으로서의 독일 통일영화
이준서 | 이화여대 독어독문학과

216 중국의 사회보장
오정수 | 충남대 사회복지학과

217 환경자원의 경제적 가치와 환경오염의 사회적 비용
김재홍 | 울산대 사회과학부

218 사회복지프로그램의 경제적 평가방법
박창제 외 | 상주대 사회복지학과

219 자유의지와 결정론
안건훈 | 강원대 철학과

220 심리학자들이 쓴 행복한 결혼의 심리학
채규만 외 | 성신여대 심리학과

221 현대 해석학 강의
양해림 | 충남대 철학과

222 한국인의 주거 빈곤과 공공주택
하성규 | 중앙대 도시및지역계획학과

223 IMF 경제위기와 한국 출산력의 변화
김두섭 | 한양대 사회학과

224 동아시아의 영토분쟁과 국제법
이석우 | 인하대 법학부

225 독일 복지국가와 사회복지서비스
정재훈 | 서울여대 사회사업학과

226 사회복지사를 위한 실용 비모수통계
엄명용 | 성균관대 사회복지학과

227 피해자학 연구
이윤호 | 동국대 경찰행정학과

228 광고언어창작론
박영준 외 | 부경대 국어국문학과

229 환경규제 패러다임의 전환
한철 | 한남대 법학과

230 고령사회의 노동환경변화와 고용 시스템의 문제점 및 법적 대응
고준기 | 국립군산대 법학과

231 세계화와 소득불평등
이성균 외 | 울산대 사회과학부

232 유비쿼터스 사회의 이해
안중호 외 | 서울대 경영학과

233 국제환경책임법론
박병도 | 건국대 법학과

234 한국의 선거와 민주주의
윤종빈 | 명지대 정치외교학과

235 한국 시민운동의 구조와 동학
조대엽 외 | 고려대 사회학과

236 또래관계
송영혜 | 대구대 재활심리학과

237 해외 한국기업과 현지인 노동자
석현호 외 | 에스콰이아학술문화재단

238 독일 국가복지에서 민간복지단체의 역할과 의미
차성환 외 | 한일장신대 사회복지학부

239 청정공학
조정호 | 동양대 생명화학공학과

240 한국전통연희론
심상교 | 부산교육대 국어교육학과

241 정신장애와 가족
서미경 | 경상대 사회복지학부

242 빈곤통계의 작성과 활용
김주환 | 동국대 정보통계학과

243 인터넷과 한국정치
강원택 | 숭실대 정치외교학과

244 북한의 시장경제이행
정영화 외 | 서경대 법학과

245 시스템사고로 본 지속가능한 도시
문태훈 | 중앙대 도시및지역계획학과

246 실버산업과 유비쿼터스 컴퓨팅
고일상 | 전남대 경영학부

247 재활상담과 사례관리
나운환 | 대구대 직업재활학과

248 영유아교육기관에서의 장애 이해 교육
유수옥 | 우석대 유아특수교육과

249 장애의 사회적 의미와 사회통합
박수경 | 대진대 사회복지학과

250 경제분석의 수리적 기초
조인성 | 공주대 경제통상학부

251 비영리부문의 비교연구
김승현 | 서울산업대 행정학과

252 고등교육경제학
반상진 | 전북대 교육학과

253 과학윤리교육의 이론과 방법
조희형 | 강원대 과학교육학부

254 결혼이민자가족의 이해
김오남 | 대불대 사회복지학과

255 동아시아 국가의 공공부조
신동면 | 경희대 사회과학부

256 특수아동 진단 및 평가
이나미 | 대불대 특수교육과

257 계약형 사회복지와 권리옹호시스템
이명현 | 경북대 상주캠퍼스 사회복지학과

258 실내공기질 및 위해성 관리
양원호 | 대구가톨릭대 산업보건학과

259 충남 방언 문법
한영목 | 충남대 국어국문학과

260 교육권론
노기호 | 군산대 법학과

261 도시경관계획론
임승빈 | 서울대 조경 · 지역시스템공학부

262 교통의 새로운 패러다임
김형철 | 경원대 도시계획 · 조경학부

263 노인의 삶의 질 향상을 위한 주거환경 디자인
천진희 | 상명대 디자인대학 실내디자인전공

264 사회복지와 문화
박병현 | 부산대 사회복지학과

265 장애인복지의 이론과 실제
이선우 | 인제대 사회복지학과

266 창의성 개발을 위한 디자인교육 콘텐츠
김선영 | 인천가톨릭대 조형예술대학 환경디자인학과

267 구성주의 사회복지 실천 기술론
고미영 | 서울신학대 사회복지학과

268 장애아교육학
김기흥 | 부산교육대 유아교육과

269 지역사회복지와 자원부문
한상진 외 | 울산대 사회학과

270 환경관리회계
육근효 | 부산외국어대 회계학부

271 인권 관점에서 보는 장애인복지
유동철 | 동의대 사회복지학과

272 정신증상
송지영 | 경희대 의과대학병원 신경정신과

273 사이버공간의 사회심리학
이성식 외 | 숭실대 정보사회학과

274 노인에 대한 사회적 돌봄과 돌봄서비스의 질 보장
최희경 | 신라대 가족노인복지학과

275 아동 심리치료의 실제
신현균 | 전남대 심리학과

276 사회복지와 위험관리
노충래 | 이화여대 사회복지전문대학원

277 국제 탄소시장의 이해
양승룡 | 고려대 식품자원경제학과

278 타자의 초상
신문수 | 서울대 영어교육과

279 한국정치와 환경정치
나정원 | 강원대 정치외교학과

280 북한이주민
윤인진 | 고려대 사회학과

281 음주의 사회경제적 비용
정우진 외 | 연세대 보건대학원

282 지방정치와 동북아 도시거버넌스
박재욱 | 신라대 행정학과

283 노숙인 복지론
남기철 | 동덕여대 사회복지학과

284 유럽통합과정과 지역협력
이규영 | 서강대 국제대학원

285 사회복지재정 연구
지은구 | 계명대 사회과학대학 사회복지학과

286 지역사회 교육개혁을 위한 시민사회 조직의 참여
김영화 | 홍익대 교육학과

287 복지사회를 대비한 국민연금의 구조개혁
박영석 외 | 서강대 경영학부

288 한미 FTA 지재권 협상에 따른 의약품 분야 사회후생 변화
오근엽 | 충남대 무역학과

289 산업입지, 환경 그리고 지역경제
이기동 외 | 계명대 국제통상학과

290 감성지능 개발을 통한 삶의 질 향상
김경수 외 | 전남대 경영학부

291 교육복지론
이용교 외 | 광주대 사회복지학부

292 인간과 행복에 대한 철학적 성찰
박찬국 | 서울대 철학과

293 유럽연합의 사회통합 사례와 교훈
이무성 | 명지대 정치외교학과

294 민영화와 사회후생
이상호 | 전남대 경제학부

295 북한의 교육학 체계 연구
최영표 외 | 동신대 교육대학원

296 한국 지속가능발전의 구조와 변동
정대연 | 제주대 사회학과

297 우리나라의 공익 연계 마케팅에 관한 연구
임승희 | 전주대 경영학부

298 시각장애인복지론
김영일 | 조선대 특수교육과

299 그린에너지와 환경촉매
정석진 | 경희대 화학공학과

300 취약학교 초등학생을 위한 온라인 보건교육 프로그램
박경옥 | 이화여대 보건관리학과

301 신탁제도를 통한 고령자의 보호와 지원
최수정 | 서강대 법학전문대학원

302 사회적 약자계층에 대한 실태분석 및 정책방안
이은우 외 | 울산대 경제학과

303 한류 문화와 동북아 공동체
최혜실 | 경희대 국어국문학과

304 노동유연화와 해고보호법
권혁 | 부산대 법학전문대학원

305 사회복지 위험관리의 이해
박미은 | 한남대 사회복지학과

306 의료기관의 회계와 세무
노준화 | 충남대 경영학부

307 여성인적자원의 전문성 확보를 위한 경력개발
백지연 | 이화여대 국제사무학과

308 정신병리
강선경 | 서강대 신학대학원

309 바다의 반란 적조
윤양호 | 전남대 해양기술학부

310 한국 장애인 복지 발달사
이성규 | 서울시립대 사회복지학과

311 서양예술 속의 동양 탐색
진상범 | 전북대 독어독문학과

312 한국인의 도덕성 발달 진단
문용린 | 서울대 교육학과

313 영국정치와 국가복지
고세훈 | 고려대 공공행정학부

314 인간학적 사유를 여는 중도 · 중복장애 교육학
이숙정 | 단국대 특수교육과

315 개별화 교육과정
이소현 | 이화여대 특수교육과

316 인간의 긍정적 성품
권석만 | 서울대 심리학과

317 지방자치와 지역여성의 전망
이혜숙 | 경상대 사회학과

318 한국 현대 노년소설 연구
전흥남 | 한려대 교양학부

319 정보격차 해소를 위한 창의적 정보교육 프로그램
이영준 외 | 한국교원대 컴퓨터교육과

320 한국 가족과 젠더
손승영 | 동덕여대 교양학부

321 한국의 복지혼합
김진욱 | 서강대 신학대학원

322 사회자본과 자원봉사
김태룡 외 | 상지대 행정학과

323 농촌교육복지연구
박삼철 | 단국대 교양학부

324 사회정체성 평가 차원에 대한 국제비교조사
이명진 | 고려대 사회학과

325 캐나다 복지국가 연구
조영훈 | 동의대 사회복지학과

326 한국의 소수자운동과 인권정책
전영평 외 | 서울대 행정대학원

327 한국과 미국의 보육서비스 전달체계와 품질 비교분석
김근세 외 | 성균관대 국정관리대학원

328 한국사회의 소득불평등과 국민 의료이용
이용재 | 호서대 사회복지학과

329 정보시대의 인간안보
조화순 | 연세대 정치외교학과

330 가족의 사회경제적 특성과 아동발달
김광혁 | 전주대 사회복지학과

331 초 · 중 · 고등학생의 학업소진 진행과정 및 경로분석
이상민 | 고려대 교육학과

332 다문화사회의 사법통역
이지은 | 이화여대 통역번역대학원

333 동아시아 지역주의
유현석 | 경희대 정치외교학과

334 환경친화적 공공시설관리와 지역공동체의 삶의 질
이소영 | 중앙대 실내디자인 · 주거환경학과

335 의료보험의 법정책
김나경 | 성신여대 법과대학

336 양극화 시대 가족해체와 청소년의 적응에 관한 한국과 미국의 비교 연구
오승환 외 | 울산대 사회복지학과

337 기업의 사회적 책임과 지역경제사회 발전 연구
허영도 외 | 울산대 경영학부

338 노인의 삶의 질 향상을 위한 온라인 소셜 네트워크 구축 방안
김진우 | 연세대 경영학과

339 청소년 생활역량
윤명희 외 | 동의대 평생교육학과

340 외국인 배우자의 다양성과 국제결혼의 안정성
김두섭 | 한양대 사회학과

341 정보인권의 규범구체화
이민영 | 가톨릭대 법학과

342 한국 사회복지실천의 고유성
최성재 외 | 서울대 사회복지학과

343 스웨덴의 환경책임 실천모형
최희경 | 경북대 행정학부

344 자율운동과 주거공동체
윤수종 | 전남대 사회학과

345 한국인의 공공봉사동기
김상묵 | 서울과학기술대 행정학과

346 한국 이혼가정 아동의 성장
김혜숙 | 경인교육대 교육학과

347 동양 사상과 노인 복지
홍승표 외 | 계명대 사회학과

348 노동과 사회보장의 연계
오문완 | 울산대 법학과

349 학습장애 위험군 아동의 조기선별을 위한 읽기검사 표준화 연구
김애화 외 | 단국대 특수교육학과

350 신 · 재생에너지에 기초한 녹색성장과 사회통합
김인호 | 이화여대 법학전문대학원

351 문화교류역량과 다문화 경영이 기업 경영성과에 미치는 영향
임병학 외 | 부산외대 경영학부

352 빈곤영유아의 발달과 적응
정익중 외 | 이화여대 사회복지학과

353 민사법질서와 인권
양천수 | 영남대 법학전문대학원

354 성년후견제도와 사회복지제도의 연계
신권철 | 서울시립대 법학전문대학원

355 한국 다문화사회의 이방인
김순양 | 영남대 행정학과

356 현대 시민사회와 소비자계약법
이병준 | 한국외대 법학전문대학원

357 개인의 사회적 정보보호를 위한 공공정보서비스 개선 연구
장항배 | 상명대 경영학과

358 여성교육투자에 대한 교육경제학적 탐색
백일우 외 | 연세대 교육학부

359 사회적 기업과 지속가능한 지역발전
임업 외 | 연세대 도시공학과

360 다문화가정 구성원에 대한 투트랙 한국어 교육방안 연구
박시균 | 군산대 국어국문학과

361 아시아의 빈곤과 한국기업의 역할
한인수 | 충남대 경영학부

362 유치원 · 초등학교 연계 환경교육
박희숙 | 공주대 유아교육학과

445 한국사회 이타적 행동에 대한 이해
강철희 외 | 연세대 사회복지대학원

446 이주민의 사회적 배제: 세대 간 전이와 민족 계급화를 중심으로
최혜지 | 서울여대 사회복지학과

447 사회복지, 업의 변화와 마케팅
이원준 | 청주대 경영학과

448 충남 민속의 이해
이필영 | 한남대 역사교육과

449 한국 청소년들의 공동체지향목표
신종호 외 | 서울대 교육학과

450 저출산 · 고령화와 한국의 연금개혁: 세대 간 공정과 지속가능성
석재은 외 | 한림대 사회복지학과

451 지방 인구구조의 변화와 지역 사회복지 전달체계
기정훈 | 명지대 행정학과

452 고령 친화적 도시재생뉴딜: 일본의 고령 친화 주거지재생 정책 사례 연구
김현주 | 서울연구원 초빙 부연구위원

453 저출산의 심리적 요인: 저출산 원인의 심리학적 요인 분석을 중심으로
진경선 | 성신여대 심리학과

454 남자가 출산휴가를 간다면?: 아빠노동자 형성을 위한 남성 육아휴직 사례 연구
최새은 외 | 한국교원대 가정교육학과

455 한국 다문화 사회의 교육과 복지 실천
김영순 외 | 인하대 사회교육과

456 뉴미디어와 이주민: 소셜미디어시대 서울 지역 중국동포들의 미디어 이용과 적응
김용찬 | 연세대 언론홍보영상학부

457 제1기 헌법재판소: 헌법재판의 황무지에 단단한 초석을 놓다
임지봉 | 서강대 법학전문대학원

458 저소득층 초등학생을 위한 식생활교육 프로그램 개발: 심리 · 사회적, 영양학적 요인을 중심으로
김경원 외 | 서울여대 자연과학대학 식품영양학전공

459 지역공동체 참여의 이론과 현실: 지속가능하고 포용적인 공동체를 위한 대안의 모색
한상일 | 연세대 글로벌행정학과

460 한국가정과 다문화가정 내 배우자 폭력의 유형 및 특성 비교 연구
그레이스 정 | 서울대 아동가족학과

461 한국 유교 圖像의 역사
유권종 | 중앙대 철학과

462 기업과 노동의 사회 책임: CSR에서 ISO26000을 넘어 기업 인권으로
이승협 | 대구대 사회학과

463 청소년을 위한 긍정적 정신건강의 평가와 개입
고영건 | 고려대 학생상담센터

464 이주 시대의 젠더: '다문화' 한국사회와 필리핀 출신 여성들
김민정 | 강원대 문화인류학과

465 상식의 긴 팔: 과학하는 인간의 베이즈주의
여영서 | 동덕여대 교양대학

466 사회복지실천기록: 사회복지사의 기록실무를 위한 지침
백은령 외 | 총신대 사회복지학과

467 대한민국에서 난민으로 살아가기: 의미 탐색과 정책 과제
박순용 외 | 연세대 교육학부

468 다문화사회와 이주민 건강: 헬스커뮤니케이션 차원의 분석과 대안 모색
정의철 | 상지대 미디어영상광고학과

469 전통생태지식과 세대소통: 지속가능발전을 위한 사회생태기억 탐구
김고운 외 | 고려대 오정리질리언스연구원

470 디지털 시대의 사회복지 패러다임: 네트워크적 접근
김수영 | 서울대 사회복지학과

471 디지털 헬스 케어의 법적 쟁점과 과제
이호용 | 한양대 정책학과

472 한국사회의 공공갈등 사례를 통해 본 조정, 참여형 갈등관리, 예방적 접근의 활용과 해외 시스템 연구
김대중 외 | 동아대 국제전문대학원

473 호수환경생태학
김범철 | 강원대 환경학과

474 한국 이민자 복지정책 연구
김안나 | 대구가톨릭대 사회복지학과

475 통합환경법 제정에 관한 연구: 가칭 「이산화탄소 저장 등에 관한 법률」안 제정을 중심으로
고문현 | 숭실대 법학과

476 다문화 프로그램 정책지원을 위한 유초연계 다문화교육
정대현 | 총신대 유아교육과

477 포스트코로나 시대의 교육복지안전망 구축방안: 취약계층아동의 교육불평등 해소를 중심으로
김순양 | 영남대 행정학과

478 코로나19와 긴급재난지원금의 영향: 취약계층을 중심으로
남재현 | 부산대 사회복지학과

아산재단연구보고서

001 한국인의 도덕성 연구
배해수 | 고려대 국문학과

002 산업화와 청소년 진로
이원호 | 울산대 교육학과

003 공동체의식과 시민운동
김영섭 | 한양대 행정학과

004 한국청년의 삶의 의미 충족도와 만족적 태도
안정수 | 경희대 철학과

005 중국조선족의 사회발전과 한 · 중관계의 위상
손장권 | 고려대 사회학과

006 해송림 "솔껍질깍지벌레"의 천적 및 주요 종의 생태
김규진 | 전남대 농생물학과

007 사회정의와 실천윤리
박종대 | 서강대 철학과

008 동구개혁의 영향
김달중 | 연세대 정치외교학과

009 한국청소년의 의식세계
김문조 | 고려대 사회학과

010 고강도 철근 콘크리트 구조의 실용화
정헌수 | 중앙대 건축학과

011 신기술의 연관형태 및 출현예측의 구조모형
권철신 | 성균관대 산업공학과

012 민간기업의 연구개발을 위한 조세정책
권영훈 | 한양대 경제학부

013 기술개발 활성화방안
송승구 | 울산대 화학공학부

014 부패의 현상과 진단
이문조 | 영남대 정치외교학부

015 연구투자의 지역적 편중화와 부산지역의 기초과학연구 활성화방안
윤웅찬 | 부산대 화학과

016 GATT의 신구 덤핑방지협정과 그 대응 방안
전창원 | 동국대 무역학과

017 한국사회의 도덕성 제고를 위한 진단과 처방
황경식 | 서울대 철학과

018 새로운 노사관계 방향
이진규 외 | 고려대 경영학과

019 21세기 동북아 정세예측과 한국의 전략적 대응방안
최평길 외 | 연세대 행정학과

020 소련의 한국에 대한 정책목표분석
신승권 | 한양대 정치외교학과

021 메모리 커패시터용 $Pb(Zr_xTi_{1-x})O_3$ 강유전체 박막의 제작과 특성
장지근 외 | 단국대 전자공학과

022 러시아 국제법학의 전통
김용구 | 서울대 외교학과

023 유럽연합의 현황과 전망
김동현 외 | 성균관대 행정학과

024 중국의 정치동원
송영우 외 | 건국대 정치외교학과

025 산업적 활용을 위한 이동로보트 시스템의 개발
박민용 외 | 연세대 전자공학과

026 중국조선족의 정치사회화과정과 동화적 국민통합의 방향
전인영 외 | 이화여대 사회생활학과

027 공적부조의 이론과 실제
최일섭 외 | 서울대 사회복지학과

028 대외통상환경의 변화와 법제개편
서헌제 | 중앙대 법학과

029 기업금융의 국제화
최생림 | 한양대 경영학부

030 자동차부품공업의 노사관계
김호진 외 | 고려대 행정학과

031 산업화 과정에서의 한국가족의 실태와 전망
정창수 외 | 성균관대 사회학과

032 공무원 가치관 실태와 정립방안
배병룡 외 | 경상대 행정학과

033 해외귀국청소년의 국내적응연구
이장영 | 국민대 사회학과

034 초고속정보통신망에서 LAN서비스 제공방안
이재용 | 연세대 전자공학과

035 WTO체제의 정책적 대응
김병진 외 | 경희대 행정학과

036 유럽의 통합정치
최수경 외 | 충남대 정치외교학과

037 유기질폐기물을 이용한 고단백사료원인 조류의 생산공정
최정우 외 | 서강대 화학공학과

038 초고속정보통신망의 수용성과 정책방향
박영상 외 | 한양대 신문방송학과

039 중국의 강남사회와 한중교섭
조영록 외 | 동국대 사학과

040 세계화시대의 사회 · 문화의식
신행철 외 | 제주대 사회학과

041 국내 외국인 노동자의 문제와 대책
성규탁 외 | 연세대 사회복지학과

042 노인인력 활용정책과 프로그램
김정후 외 | 강원대 법과대학

043 한일간 학술교류 현황과 활성화방안
정홍익 외 | 서울대 행정대학원

044 계량모형에 의한 한일 경제관계의 이해
김명직 외 | 한양대 경제학부

045 직장인의 음주행태와 삶의 질
진기남 외 | 연세대 보건행정학과

046 유통정보 시스템의 구조와 설계
정용길 | 충남대 경영학과

047 남북통일 이후 사회통합을 위한 교육의 역할
안기성 외 | 고려대 교육학과

048 대중음악에 심취한 청소년들의 심리적 특성
김인경 외 | 연세대 인간행동연구소

049 멀티미디어 시스템을 활용한 교육환경의 개선방안
김한일 | 제주대 컴퓨터교육학과

050 탈냉전기 한일관계의 쟁점
최상룡 | 고려대 정치외교학과

051 자치시대 새로운 '삶의 질' 지표의 모색
김형기 외 | 경북대 경제통상학부

052 유럽통합의 역내외 협력과 갈등
이호재 외 | 고려대 정치외교학과

053 21세기를 대비한 신노사관계
김재원 | 한양대 경제학부

054 대학의 시간제학생 등록제
안규철 외 | 전남대 교육학과

055 21세기에 대비한 방송통신정책
한진만 외 | 강원대 신문방송학과

056 주민참여를 통한 혐오시설 관리운영방안
박균성 외 | 경희대 법학부

057 여성의 정치적 권리인식과 정치참여
전경옥 외 | 숙명여대 정치외교학과

058 한국인 위장질환과 식생활 · 환경요인 및 *H. pylori* 감염과의 관계
이양자 외 | 연세대 식품영양학과

059 학생과 시민의 자원봉사활동
윤정일 외 | 서울대 교육학과

060 동북아 환경문제와 지역환경협력의 모색
신연재 외 | 울산대 정치외교학과

061 노인 자원봉사활동을 통한 사회통합 프로그램 개발
김동배 | 연세대 사회복지학과

062 물류정보 시스템
김태현 | 연세대 경영학과

063 전자식 문서교환을 이용한 항공화물 운송체계
민재형 | 서강대 경영학과

064 청소년과 성
이근후 | 이화여대 의과대학

065 민족통합과 무궁화호 위성의 남북한 공동활용방안
방정배 | 성균관대 신문방송학과

066 채식주의가 20대 여성의 영양상태와 에스트로겐 대사에 미치는 영향
성미경 | 숙명여대 식품영양학과

067 가상정보공간을 통한 지역개발 활성화 전략
유재천 외 | 한림대 언론정보학부

068 조산아 관리현황 및 정책수립 방안
박상기 외 | 조선대 의과대학

069 남북한관의 의식조사와 통일교육 개선 방안
김동규 외 | 고려대 북한학과

070 동양 전통 자연사상 탐구
장동순 | 충남대 환경공학과

071 초고속정보망의 시뮬레이터 구현
한기준 | 경북대 컴퓨터공학과

072 유통원가 시스템의 유효성
정다미 | 명지대 경영학과

073 국악과 문화관광의 만남
정익준 외 | 동아대 국제관광통상학부

074 기업의 지식경영 활용사례
김창은 | 명지대 산업공학과

075 선진국과 한국의 직업교육 · 훈련제도의 특성과 한계
정주연 | 고려대 경제학과

076 제주지역 성인 여성의 자원봉사활동
이상철 외 | 제주대 사회학과

077 M&A와 문화충돌 관리
박원우 | 서울대 경영학과

078 폐금속광산 인근 주민들의 중금속 오염실태
정종학 외 | 영남대 의학과

079 북한 농촌 · 농업실태와 인력자원개발 시스템을 통한 북한 농민의 구호방안
박성열 | 건국대 교육공학과

080 중소 소매점의 경쟁력과 소매성과
채명수 외 | 한국외대 무역학과

081 고령자를 위한 쾌적한 실내온도와 착의량의 설정
정운선 | 안동대 의류학과

082 지역문화 이벤트 PR
박종민 | 경희대 언론정보학부

083 인터넷 지역정보화의 실태와 전략
유평준 외 | 연세대 행정학과

084 여성 삶의 질 향상을 위한 사회교육 활성화 방안
김양희 | 중앙대 가족복지학과

085 벤처기업과 벤처금융
강대석 외 | 충남대 무역학과

086 구조조정기에 있어서 실업대책과 사회 안전망 구축
박천익 | 대구대 경제학과

087 한국 유아의 조기교육
이명조 외 | 한국외대 교육대학원

088 남북한 경제공동체 형성전략
이상만 | 중앙대 경제학과

089 지방자치회계의 투명성과 주민의 알 권리
권찬태 외 | 경북대 경영학부

090 정치지도자의 정책리더십
이해영 | 경일대 행정학과

091 경제위기와 한국인의 복지의식
신광영 외 | 중앙대 사회학과

092 북한의 노동
김강식 | 한국항공대 경영학과

093 우리나라 중소기업의 정보기술 활용 현황과 경쟁력 강화를 위한 제안
정승호 | 부산외대 정보시스템학과

094 인간배아복제의 법적 · 윤리적 문제점과 그 해결방안
최병규 | 한경대 법학부

095 가치변화에 따른 투표행태
조찬래 외 | 충남대 정치외교학과

096 인터넷 경매에서의 계약체결과 소비자 보호
이기수 외 | 고려대 법과대학

097 세계화시대 남북한 통합의 방향과 과제
윤민재 | 서울대 사회발전연구소

098 글로벌 시대 지방정부의 문화마케팅 전략
박흥식 | 중앙대 행정학과

099 대졸여성실업의 실태분석 및 대학-노동시장 간 효율적 연계방안
이은우 외 | 울산대 사회과학부

100 그린 투어리즘의 분석
이응진 | 대구대 관광학부

101 지방자치단체장의 부정부패
오일환 | 한양대 아태지역연구센터

102 산업화가 유교체제하 중국여성의 지위에 미친 영향
천성림 | 배재대 사회과학연구소

103 움직이는 말하기
유혜숙 외 | 나사렛대 교양학부

104 장애학생을 위한 특수교육공학의 활용
김용욱 | 대구대 중등특수교육과

105 지식기반사회의 평생교육 이해와 평생교육 프로그램 개발
박성열 | 건국대 교육공학과

106 N세대의 미술교육
김동철 | 대구교육대 미술교육학과

107 노후계획과 투자
권택호 | 여수대 국제통상학과

108 영화산업
양영철 | 경성대 연극영화학부

109 동유럽의 변혁과 언론의 역할
정대수 | 경남대 정치언론학부

110 환율, 임금, 물가가 국제경쟁력 및 수출입산업에 미치는 영향
하인봉 | 경북대 경제통상학부

111 일본기업의 기술혁신 전략
위정현 | 중앙대 상경학부

112 노후보장정책과 역저당연금제도
조덕호 외 | 대구대 행정학과

113 유비쿼터스 라이프와 미래 사회
김석수 | 한남대 멀티미디어공학과

114 죽음과 관련된 생명윤리적 문제들
구인회 | 가톨릭의과대 인문사회과학교실

115 경제적 세계화와 빈곤문제, 그리고 국가
김준현 | 한일장신대 인문사회과학부

116 한국의 세계불교유산
김종명 | 한국학중앙연구원 한국학대학원

117 복지레저서비스론
고태규 | 한림대 국제학부

118 자생적 철학체계로서 인간중심철학
선우현 | 청주교대 윤리교육과

119 전략적 통합과 한반도 평화체제
김승채 | 고려대 정책대학원

120 환경사법론
전경운 | 경희대 법학부

121 인터넷 자료를 통해 본 한국의 이혼문화와 사회복지
성정현 외 | 협성대 사회복지학과

122 유럽연합의 사회정책에 관한 연구
문진영 | 서강대 신학대학원 사회복지학과

123 여성건강의 통합적 관점
김혜원 | 관동대 간호학과

124 복잡계 네트워크 과학
강병남 | 서울대 물리천문학부

125 경제적인 3세대 전원주택 개발
박근준 | 호서대 건축공학과

126 사회복지와 인적자원개발
이상일 | 인제대 국제경상학부